U0087895

以色列史

Israel

改變西亞局勢的國家

陳立樵——著

三民書局

國家圖書館出版品預行編目資料

以色列史：改變西亞局勢的國家／陳立樵著. －－增訂二版一刷. －－臺北市: 三民, 2019
面； 公分

ISBN 978-957-14-6590-6 (平裝)

1. 以色列史

735.31 108002112

© 以色列史
——改變西亞局勢的國家

著作人 陳立樵
發行人 劉振強
著作財產權人 三民書局股份有限公司
發行所 三民書局股份有限公司
地址 臺北市復興北路386號
電話 (02)25006600
郵撥帳號 0009998-5
門市部 (復北店) 臺北市復興北路386號
(重南店) 臺北市重慶南路一段61號
出版日期 初版一刷 2018年1月
增訂二版一刷 2019年3月
編號 S 740650
行政院新聞局登記證局版臺業字第〇二〇〇號

ISBN 978-957-14-6590-6 (平裝)
http://www.sanmin.com.tw 三民網路書店

推薦序 I

中文世界的一般閱聽大眾，對以色列與猶太民族的片段性歷史知識，主要集中於兩個領域，上古史時期，以《聖經》所呈現的古猶太民族史為藍本，包括猶太教眾先知在西亞的曠野流浪、摩西在埃及受壓迫而率眾遷徙於上帝應許的迦南地、大衛建國於耶路撒冷，隨後猶太國遭受西亞列強侵略而亡國；近現代時期，則因大眾媒體的報導，對猶太人遭逢納粹大屠殺的浩劫、重建以色列國、與周邊阿拉伯國家的衝突，都是一般人耳熟能詳的史實。其餘便是停留在猶太人很聰明、很會做生意、自認為是「上帝的選民」等刻板印象了！上述對以色列與猶太民族的歷史與民族特性之通俗知識，其實是被一種過度宗教化或神話化的歷史所建構，或只是基於某種特定偏見、混雜著主觀想像與客觀陳述的意識形態化史觀。陳教授的這本書，算是第一本由中文學者所撰寫、貫穿數千年的以色列通史，對突破長期以來中文讀者對以色列與猶太人民族的前述認識侷限，將有極大的助益。

自十八世紀歐洲啟蒙運動以後，科學的世界觀逐漸取代神學的世界觀，《聖經》也不再被視為神聖不可侵犯的經典，西方學界開始嘗試將《聖經》文本所提供的歷史事實與宗教或神話的論述區隔開來，這股實證與批判的歷史研究遂開啟十九世紀的歷史批判學派。該學派透過對《聖經》細密的文本分析，並結合當時已逐漸成熟的語言學與考古學的重構，再搭配與《聖經》同時期的上古史料比對研究，掀起了人文學術的另一場哥白尼革命，使得西方世界對上古猶太民族史與基督教初期的歷史，擺脫了基督教會正統史觀，開展出對《聖經》去神話化的重新詮釋，這是西方學術思想朝向世俗化與去基督教中心主義最關鍵的一步。但歷史批判方法的應用，也開啟了二十世紀西方基督教界自由派與保守派的神學論戰，前者主張結合歷史批判方法來詮釋《聖經》，後者則反對歷史批判方法、堅持《聖經》作為天啟文本的無謬誤性。無論如何，西方學界對《舊約》所述的猶太民族之崛起、建國與亡國的歷史，對《新約》所述的耶穌生平事蹟及其與羅馬帝國猶太社群的關係，提出了諸多合理的懷疑與顛覆傳統的解釋，也揭發了傳統《聖經》詮釋所未觸及的多元歷史向度。

作者以歷史學者的立場，針對本書前半部上古猶太民族史的書寫，實際上採納了諸多運用歷史批判方法的現代學者對《聖經》歷史重構的觀點，就一般大眾耳熟能詳的摩西身世背景及出埃及史實、大衛在耶路撒冷建都的事蹟、古猶太王國的分裂與亡國、巴比倫流亡等重大歷史事件，皆有不同於傳統宗教觀點、忠於史實脈絡的精彩重述。這部分或許對長期以來習慣於傳統《舊約》神學史觀的讀者而言，相當具有挑戰性；但就西方的學界與教界而言，這類的歷史觀點已經是見怪不怪了！期盼不同宗教立場的讀者，能以心平氣和的態度來欣賞從學術角度對宗教經典的另類詮釋。

本書後半部完整地論述了現代以色列建國始末，從十九世紀的歐洲錫安主義運動、離散猶太人回歸聖地定居、西方列強的支援、與當地阿拉伯民族的衝突，乃至二次大戰後復國迄今的當代史。作者以其擅長的中東外交史專業，持平地從國際政治的脈絡來處理以色列建國、以阿衝突與巴勒斯坦反抗等重大課題，對戰後影響中東局勢較重要的美、俄及以色列周邊的阿拉伯國家所採取的支持、妥協與敵對以色列的各種政策，皆能深入分析其現實利益的考量，著實令人耳目一新，提供了與國人熟悉的主流媒體所再現者相當不同的論點。對當前詭譎多變的中東局勢不熟悉的讀者而言，本書後半段應是重新以全球宏觀視野來看待以阿或以巴衝突，乃至中東變局的最佳入門教材。

歷史乃是由人類主體意志及行動與外在客觀情勢所交織而成，所以看待猶太民族歷史，不應該只偏重在其宗教信仰與族群面向，或者只強調政治經濟因素。猶太民族建國的成敗，固然有本身的政經實力與國際強權的支持，但不可否認地，猶太民族對其宗教聖典與神聖律法的堅定信仰，確實是其維繫集體認同的精神支柱，若不將此主觀因素納入考量，將很難理解一個在上古時代已被亡國的弱小民族，歷經近兩千年的離散與遷徙之後，竟然能在弱肉強食的現代國際舞臺上，建立新而獨立的民族國家。當然，猶太民族以外來者入主猶太、基督、伊斯蘭三教聖地，必然造成與在地民族基於領土主權與生存資源的利益衝突。從宏觀的歷史角度來看，這是後殖民時代一場典型的外來與在地族群的對立，如何尋求兩造之間的和平共存，乃是以色列追求長治久安的當務之急。

本書為以色列史而非猶太民族史專著，故集中在上古猶太國與現代以色列國的這兩段歷史。期盼未來中文學界能有更多如作者一般的學者專家，起而發憤著書，以填補長期以來吾人對猶太民族史，乃至中東歷史一大片知識領域的空白。

國立政治大學宗教研究所所長
蔡源林

2017 年 12 月

推薦序 II

綜觀國內每隔一段時日，總不時會出現穿著納粹黨衛隊制服或是佩帶第三帝國各類徽章的爭議事件，此種現象都說明了國人對於西方歷史及包括猶太人在內的二戰時期各民族受難史的本質認識不清，從而導致爭議事件的一再發生。因而有識之士也紛紛提出諸多建議，咸認為應在以色列及德國駐臺代表處的相關文件與影視題材的襄助下，在各級學校內增闢相關的課程，應能逐步建立起師生正確的歷史觀，進而避免日後再次出現類似的爭議事件。

當然在此也就涉及到問題的核心本質，面對著歐美國家對於這一早已定論且耳熟能詳的猶太民族受難史，即令有著以色列及德國駐臺代表處各項資源的提供，然而欠缺必要背景知識的師生及普羅大眾們，對於鉅細靡遺的大量文本及影音資料，一時之間卻也未必能夠通盤瞭解，遑論全面向下宣導及教育，因而一部以淺顯易懂的方式去闡述、並從頭描繪猶太民族興起及發展的歷史書籍誠有必要。一件不容否認的事實是，長期以來在國內的出版業界之中，除了學術界的專業書籍及期刊之外，始終缺乏一本簡明扼要的猶太民族及以色列國家發展史。因此當本人接到三民書局即將出版陳立樵教授所執筆的《以色列史》的訊息時，甚感欣喜，衷心期待這部文辭流暢且簡明易讀的猶太民族源起始末及其國家重建的發展史，能夠有助於國內讀者釐清這項甚為複雜的歷史主題，進而強化對猶太民族問題的進一步認識。

尤其值得一提的是，陳立樵教授在撰寫這部《以色列史》時，除了在書中前段部分對猶太民族過往的歷史作了一番深入淺出的剖析之外，同時亦在該書的後半段部分另闢篇幅，聚焦探討當代糾結難解的以巴問題。由於歷經了近兩千年的飄泊離散及二戰期間的橫遭大屠殺之後，使得幾遭罹族之禍的猶太民族誓言務必重返巴勒斯坦故土，並在該地重建其母國。然而大舉擁入的猶太人對於世居當地已逾兩千年、該地作為其原鄉擁有高度合法性及不容置疑性的巴勒斯坦阿拉伯人而言，卻是帶來了一場夢魘般的災難。自從 1948 年為了阻止以色列建國而導致阿以雙方爆發「第一次中東戰爭」（又稱以色列獨立戰爭）以來，由於阿方屢戰屢敗，從而導致至今總數超過數百萬名的巴勒斯坦阿拉伯人流離失所，若非淪為周遭其他阿拉伯國家的難民，就是困處於兩片面積極小、環境惡劣且日益縮小的巴勒斯坦阿拉伯人的最後殘餘領土——加薩走廊及約旦河西岸。以阿問題作為當前國際衝突的熱點之一，其最終將如何並以何種方式解決？迄今其前景恐仍是黯淡灰濛之景。

本書對於以阿問題的滯礙難解進行了相當深入的剖析，其間對於以阿雙方的立場、和談的停滯不前，以及以阿優劣情勢的急趨加劇化歷程，皆提出了精闢且平衡的觀點，因而本書的問世，對於廣大的讀者而言，不僅能夠短時間內知悉過往猶太民族興衰的始末，尤能一窺當前複雜的以阿問題衝突形成之所由，誠為瞭解這件當前國際衝突事件的一部不可多得之佳作。

陳立樵教授專攻領域為近現代伊朗史，係屬廣泛的中東問題之一環，熟稔當前的伊斯蘭文明及阿拉伯世界的各項問題形成之所由，作為目前國內為數甚少的中東問題的研究學者，陳教授戮力於相關課題的研究，迄今已發表出版數量可觀的專著、期刊及報章評論，同時更以其豐富的專業知識而在輔仁大學世界史課程中貢獻其所長，因此三民書局國別史系列的《以色列史》由其執筆，當可擺脫立基於以色列的觀點，從而以一位旁觀者的角度而提供兼顧阿以雙方的平衡觀點，據此，陳教授可謂是撰寫本書再適當不過的人選。

身為陳教授的舊識兼摯友，本人非常樂意為廣大的讀者群介紹並推薦這部《以色列史》，透過本書的出版，相信必能有助於提供國內讀者在探究猶太民族及以阿問題時的一部絕佳的入門工具書。

國立中正大學歷史學系助理教授
杜子信
2017 年 10 月

增訂二版序

得知本書將再版時，先想到的就是感謝讀者的支持。同時，正好有本談論巴勒斯坦問題的新書 *Preventing Palestine* 出版，作者 Seth Anziska 認為 1978 年的《大衛營協議》(*Camp David Accords*) 到 1993 年的《奧斯陸協議》(*Oslo Accords*)，看似談論了巴勒斯坦和平的未來，其實是阻擋了往後巴勒斯坦建國的機會。這當然對於多數人來說會是很有爭議的論點，但理解巴勒斯坦問題的人肯定會覺得：「終於有人突破盲點了。」

長久以來阿拉伯國家與以色列多次的和平談判，都禁不起時間考驗。主要是因為只能玩西方人的遊戲規則，甚至符合西方價值觀才能拿諾貝爾和平獎，幾乎沒有一次是能夠以阿拉伯人與巴勒斯坦人的立場為出發點。一旦對談或協議無法再與新的現實局面配合時，遭到忽視的仍然是巴勒斯坦的權益。為巴勒斯坦而奮鬥的阿拉法特與許多有志之士，至今也只能換來自治政府，一切都還是在以色列的掌控之下。

反觀以色列，在美國與主流國際輿論的支持之下而穩定發展（即使他們仍認為國家處於危急存亡之秋）。以色列每年紀念建國日（5 月 14 日）時，人們反而不太關注隔日（5 月 15 日）巴勒斯坦人的災難日。2017 年年底，美國總統川普宣布耶路撒冷作為以色列首都，雖然再度引起巴勒斯坦的動盪，但該地區本來就不甚平靜了，川普並沒有擾亂一池春水，而是在本來就不可能平靜的情況下，再丟入一顆小石頭而已。

以色列在古代與現代的建立過程，不僅引起巴勒斯坦地區的變化，也改變西亞世界的局勢，兩段歷史雖然中間相隔近兩千年，卻呈現相似的情況。本書雖屬於國別通史，但其實有必要帶入歷史學研究的思考與書寫模式，例如破除神話、跳脫既定史觀，讓歷史不是只作為過去的事背起來就好，而是可以作為從不同觀念與面向來討論與爭辯的議題。

本書再版除了調整與刪減了上一版些許的錯誤，也在最後增加了近年來的發展，例如美國總統川普宣布耶路撒冷作為以色列首都之後所帶來的影響。感謝三民書局歷史科編輯的協助，讓這本書得以有更完善的呈現。

陳立樵

2019年1月　輔大文研樓

序言

撰寫本書純屬意外，但過程卻饒富興味。筆者在學生時期就很想瞭解猶太教與基督教，曾修習過「《舊約聖經》導讀」這樣的課程，也買了生平第一本《聖經》。就讀歷史系碩士班期間，發表了一篇文章〈十六世紀的威尼斯「隔都」——一段特殊的猶太歷史〉。儘管是一篇學生作品，但總是完成一件自己有興趣的事情。不過後來筆者並沒有繼續這方面的研究，而是專注於伊朗現代史，以二十世紀英國與伊朗外交關係為主。這樣的研究看似與以色列無關，可是都屬於西亞歷史的一部分，有深入理解的必要性。撰寫過程饒富興味，也是因此而來。

以色列的歷史從古至今並非連貫的，《聖經》記載了古代以色列建國與亡國的過程，事隔近兩千年之後以色列又在大致同樣的地點再次出現，人物不同、語言不同、建國的目的與過程不同，但同樣都在當地引起動盪，演變成複雜難解的國際問題。古代以色列史較現代以色列史不易撰寫，儘管《聖經》可作為權威性的依據，但《聖經》太過於神化了所有事情，以至於許多事情都不甚合理。過去筆者在閱讀《聖經》的時候，就不完全以這部宗教經典來認識猶太教與以色列的歷史，相關的研究與翻譯，無論學術或大眾、歷史或考古領域都有涉獵，也因此讀過了一些挑戰《聖經》真實性的作品，而且特別著迷。或許對於信徒來說《聖經》是不可質疑的，但對於筆者來說，總認為《聖經》應該可以從不同的面向來解讀，以取得有別於宗教解釋的觀點。於是，本書在古代以色列史的部分，便不是一五一十地從《聖經》之中改寫，而是參酌不同資料與研究論述來形塑主要內容的骨幹，再加上筆者的理解而寫成。

以色列的現代部分牽涉範圍甚廣，伴隨著二十世紀一次大戰之後鄂圖曼帝國崩潰，以及英、法在西亞地區的委任託管，諸多國家，如伊拉克、約旦、敘利亞、黎巴嫩，甚至埃及，都是二十世紀中期之後相繼成立的新興國家，各自都有追尋自主、脫離壓迫的歷程。但是，這些新興國家都沒有行之有年的政治傳統，以至於發展路線深受西方影響，而且各自在獨立建國沒多久後，就面臨了 1948 年以色列夾帶西方強權支持下建國的壓力，導致巴勒斯坦阿拉伯人生存空間與權利遭到漠視。二十世紀下半葉的美蘇冷戰，又如籠罩在西亞地區上空的幽靈，使得阿拉伯人與以色列人的問題始終不是單純的阿以問題，而是強權對峙的問題。原本英國在西亞擁有較為強勢的力量，但在二次大戰之後卻失去了委任託管地，也無能穩定巴勒斯坦的局勢，在 1950 年代之後就由美國補上了英國在西亞的角色。阿拉伯國家處理阿以問題時，先後由約旦、埃及、敘利亞來主導，可是只關注自身的利益，導致阿以問題陷入相當複雜難解的情況。這並非阿拉伯國家之間不團結，畢竟大家都是各自獨立的國家，若只是因為他們都是阿拉伯人、信仰伊斯蘭教，所以會團結、或者一定要團結，這樣的想法就未免太過於簡化國際間充滿變數的面向，也落入了美國學者杭亭頓〈文明衝突論〉的窠臼之中。

本書主要有「古代以色列史」與「現代以色列史」兩部分，每部分各分成兩篇。第一篇談論古代以色列建立與衰亡的過程，從出埃及到猶大國滅亡為止。第二篇是從兩約之間的希臘化時期與馬加比運動談起，再進入《新約聖經》時期陳述耶穌的彌賽亞運動以及後續餘波，直至西元132年猶太人抵抗羅馬帝國，勢力大致遭殲滅。第三篇則是有關現代以色列建國，先行描述猶太復國主義興起，到1948年班古里安宣布建國宣言。而第四篇描述以色列建國之後所面臨的內憂與外患，除了猶太復國主義者本身有不同立場與黨派問題之外，還得面對巴勒斯坦人的抵抗，也得與周遭埃及、約旦、敘利亞等阿拉伯國家交戰，而這一切背後都牽涉到美國與蘇聯等強權的干涉。本書雖是談論以色列史，但著述立場並不完全偏向猶太人的立場，畢竟以色列的發展在阿拉伯世界興起相當大的震盪，從阿拉伯人的角度來看是一場大災難，而且持續近半世紀都未能解決，也沒有答案。本書撰寫的目的，也就是致力於用平衡的觀點來書寫阿以問題。

接下這本書時，我還是個博士畢業生，寫了一半之後因為找到教職，然後忙於教學而停下了此書的撰寫進度，對三民書局感到萬分抱歉。此時終於完成這本書，除了對出版社有個交代，也是完成手邊最大的一份工作。感謝編輯人員之協助與耐心校稿，也謝謝政治大學宗教研究所所長蔡源林、中正大學歷史系教授杜子信的推薦，有何疏漏不完善、甚至錯誤之處，煩請讀者不吝批評與指正。

陳立樵

2017年11月　輔大文研樓

以色列史
改變西亞局勢的國家

目次 | *Contents*

第 I 篇

古代以色列之起落

第一章 | Chapter 1

來自埃及的猶太人

理解以色列 (Israel) 的古代歷史是極其困難之事，畢竟當今對以色列古史記載最多的是《舊約聖經》，除信徒以外，多數人也會以這本宗教經典作為理解以色列史的基礎。不過，暫且不論宗教解釋，任何人從《舊約聖經》內容都可以看出有太多不合理之處，比如〈創世記〉中許多人物都活了幾百歲，或是像亞伯拉罕（Abraham，可能是西元前二十世紀的人物）的妾夏甲 (Hagar) 百歲生子。現代人有良好的飲食、進步的醫療，活過百歲就可稱為人瑞了，那麼，幾千年前的古代人應不可能有幾百歲的壽命。《舊約聖經》很大的篇幅都屬於神話性質，難以斷定是歷史事實。而且，就考古的成果來看，在西亞地區鮮少發現有關以色列猶太人 (Jews) 的文獻記載，如果巴勒斯坦 (Palestine) 是耶和華 (Yahweh) 給猶太人的「應許之地」(Promised Land)，理應有很多當時猶太人走過的痕跡、留下的物品。可是，除了《聖經》之外，就沒有相當強有力的文件可以佐證猶太人的事蹟。儘管《舊約聖經》寫到猶太人曾經出走埃及 (Egypt)，但研究埃及史的學者也沒有找到這件大事的紀錄。於是，《舊約聖經》看似如歷史，其本質卻不是，我們應該要從不同角度來思考與著墨。

第一節　古以色列的神話與歷史

一、《舊約聖經》的創世神話

從《舊約聖經》的〈創世記〉故事內容來看，猶太人對於世界成形之描述，與鄰近地區的神話故事極其相似。例如約莫西元前 2370 年的大洪水、方舟等事情，無一不與西亞地區和埃及的神話與歷史有關。先看〈創世記〉第 1 章：「起初，神創造天地。地是空虛混沌，淵面黑暗；神的靈運行在水面上。……神就造出空氣，將空氣以下的水、空氣以上的水分開了。……神就造出大魚和水中所滋生各樣有生命的動物，各從其類；又造出各樣飛鳥，各從其類。……神造出野獸，各從其類；牲畜，各從其類；地上一切昆蟲，各從其類。」〈創世記〉第 2 章寫道：「神用地上的塵土造人，……名叫亞當。……神就用那人身上所取的肋骨造成一個女人。」後來因為女人吃了樹上的果子，神懲罰了男人終身勞苦，而女人生產必多苦痛。

巴勒斯坦鄰近地區也有類似的傳說，像是埃及的創世神話寫道：「起初只有無邊無際的海。生命的一切都在這個大海裡，然後一個稱為瑞 (Ra) 的王出現了，他用自己的呼吸創造了空氣舒 (Shu)，又用唾沫創造出濕氣泰夫努特 (Tefnut)。他又從海裡召喚出植物、鳥類、動物。舒和泰夫努特生了兩個孩子，一個是天空之神努特 (Nut)，一個是大地之神蓋布 (Geb)，他們結為夫妻。但舒因為嫉妒而把兩人分開，便形成了天空和大地。」這與《舊約聖經》的〈創世記〉頗為相像，天地與動物都從混沌之中變化而來，也都有夫妻受懲罰的情節。

有關洪水與方舟的神話，〈創世記〉寫道：「神觀看世界，見是敗壞了；凡有血氣的人在地上都敗壞了行為。」然後神要挪亞 (Noah) 造方舟，因為要使洪水氾濫，毀滅天下。神要挪亞「你和你的全家都要進入方舟」。西元前 3000 年蘇美人 (Sumerians) 的《吉爾迦美什史詩》(*Epic of Gilgamesh*) 也有寫道：「人類惹惱了眾神，於是神就發洪水，摧毀了人類世界。但智慧女神艾亞 (Ea) 卻不忍心，遂命令夏瑪什那皮什提姆 (Shamash-Napishtim) 製造方舟，洪水一來就與他的妻子躲在裡面。」

〈創世記〉的方舟故事，與蘇美人的神話不僅內容相似，時間也幾乎一致。這些神話都表現出神造天造地、決定毀滅人類、命令英雄人物建造大船，然後有洪水、生命滅絕、方舟興建。這些很有可能就是西亞地區所發生過的事情，確實有不少族群因為洪水而離散各地，在重新定居與生活之後把這些歷史經驗書寫下來，才會出現不同地區有類似的故事。只不過因為時間移轉的關係，這些故事經過許多人轉寫、翻譯，甚至穿鑿附會，變得越來越不合理。《吉爾迦美什史詩》也是經過不同語言轉寫、不斷增添更多內容而來，於西元前 900 多年亞述 (Assyria) 帝國時期才有正式版本。《舊約聖經》大致編寫於西元前 1000 年，也就是在蘇美神話之後，必然會有穿鑿附會之語。編著《舊約聖經》時也可能為了強調自身在歷史之中的重要性，而將西亞地區流傳的故事都寫成自己的歷史起源。所以，方舟這樣的大船如何載運各種動物?挪亞該如何處理動物飲食與調配活動空間？方舟是否撐得起動物的總重量？撰寫《舊約聖經》的人並不在意這些造船人必須考慮的實際問題。於是，儘管從宗教的角度解釋，這些都是神的旨意，但從歷史角度來看，卻是不可能發生的事情。

二、猶太人的謎樣來源

就國名與人民的名稱來看，古代生活在巴勒斯坦地區的以色列人，並沒有固定的名稱。我們現在所知道的以色列，其名字之由來可能如〈創世記〉所說，亞伯拉罕的孫子雅各（Jacob，約西元前 1800 年）與天使摔角之後，天使要他自此以後改名為以色列。〈創世記〉第 32 章第 24 節到第 28 節寫道：「只剩下雅各一人。有一個人來和他摔跤，直到黎明。……那人說：『你名叫什麼？』他說：『我叫雅各。』那人說：『你的名不要再叫雅各，要叫以色列；因為你與神與人較力，都得了勝』。」以宗教解釋來說，這是神要試驗雅各的信心、膽量、耐力、責任心。宗教解釋「以色列」是一個有福的名字，而神視雅各為「得勝者」。不過有些相關解釋認為，「以色列」的英文譯文應為「神將會戰鬥」(God shall fight)，衍生的意涵就是「神與他們一同奮戰」。但這樣的解釋是否幾千年前就有，也很難確認。另外，住在巴勒斯坦地區境內的人，我們現在稱為希伯來人 (Hebrews)，說的是希伯來語

(Hebrew)。不過，在《舊約聖經》裡，提到「希伯來」，除了在〈創世記〉六處、〈出埃及記〉十四處、〈撒母耳記〉八處之外，這個名字實在不多見。

此外，我們也會稱希伯來人為「猶太人」，可能是來自於他們在猶地亞 (Judea) 居住之後的名稱。埃及法老王易肯那頓（Akhenaten，西元前 1352～西元前 1336 年在位）時期的《阿瑪那泥板書信》(*Amarna Letters*) 寫道，在西元前 1330 年，有迦南的地方首長請求埃及支援他們防禦哈比魯人（Habiru，也寫作 Apiru）的書信。在西亞地區的文獻之中，這種人是一種游牧、或者半游牧的族群，四處劫掠是他們常作的事情。哈比魯發音近似希伯來，或許在古代有這樣的族群，逐漸形成一個國家，又因為發音轉變的關係而成為現代人所知道的希伯來人。於是，「以色列」雖是雅各的名字，但似乎提到當地的人，卻沒有直接用「以色列人」，反而是「希伯來人」。至於「猶太人」，則可能是因為居住地猶地亞的關係，才逐漸出現猶太這個族群。由此可見，猶太人之所以稱為猶太人，有可能是經過長久的時間才轉變而來。

圖 1：「阿瑪那泥板書信」

在歷史發展的過程之中，正式有「以色列人」的紀錄，卻是出現在埃及新王國 (New Kingdom) 時期

圖 2：梅仁普塔紀念碑

法老王梅仁普塔（Merenptah，西元前 1213～西元前 1203 年在位）對利比亞作戰勝利的紀念碑。這個碑文上最後兩行提到，在迦南附近：「以色列已經掃平，他的子裔也不存」。在西元前 1000 多年，有了這樣明確的文字記載，才算可以確定以色列曾經存在。只是，在更早的文獻之中，卻都找不到以色列或猶太人的蛛絲馬跡，巴勒斯坦是否有「猶太人」居住便是個歷史之謎。

《舊約聖經》記載的古以色列歷史有許多的矛盾之處，例如人所皆知的「應許之地」，即現在的巴勒斯坦、《舊約聖經》所稱的迦南地 (Canaan)，可能不是以色列人應有的居住地。這地區在現代西亞世界占有相當的重要性，可連接兩河流域（即美索不達米亞，Mesopotamia）、阿拉伯半島 (Arabian Peninsula, Arabia)、土耳其 (Turkey)、埃及，在遠古時期必然也是有其重要性。若以色列人在出埃及之後，抵達現今巴勒斯坦這地區定居下來，面對各方強權亞述、巴比倫 (Babylon)、西臺 (Hittite)、埃及的壓力，肯定需要更強有力的交涉手段，甚至是軍事武力才能生存下去。

不過，這塊「應許之地」在《舊約聖經》裡已經提到了這裡不是原本要給以色列人的地。例如,〈創世記〉第 15 章第 13 節寫道:「耶和華對亞伯蘭(Abram,後來稱亞伯拉罕)說,你要的確知道,你的後裔必寄居別人的地,又服事那地的人。」第 17 章第 8 節說:「我要將你現在寄居的地,就是迦南全地,賜給你和你的後裔,永遠為業,我也必做他們的神。」以及,第 37 章第 1 節:「雅各住在迦南地,就是他父親(以撒)寄居的地。」另外,〈出埃及記〉第 6 章第 4 節裡,耶和華也對摩西說:「我與他們堅定所立的約,要把他們寄居的迦南地賜給他們。」因此,迦南地不是原本以色列人居住的地方,反而是他們寄居過的地方。這雖是「應許之地」,但卻是先有一段寄居的時間。

另外,西元前十二世紀初,克里特島 (Crete) 與東地中海沿岸地區的非利士人 (Philistine) 大規模遷往迦南地區,是後來「巴勒斯坦」名稱之由來。現在的阿拉伯語及波斯語中,稱這一區塊仍是 Filistin。可見迦南一帶是以非利士人最為重要,而且以他們的名字作為地方之名。對以色列人來說是「應許之地」,但當地早有其他居民。

此外,《舊約聖經》撰寫與保存,更不可能是自古以來就毫無任何更動地記錄下來。從很多內容都可看出《舊約聖經》一再修改的痕跡,例如〈撒母耳記〉的掃羅(Saul,約西元前 1030 年)是阻擋以色列遭他人搶掠的英雄王者,但是由於執政時期甚短,以至於後代對他的觀感並不好,在晚期編纂而成的〈歷代志〉之中,掃羅變成了小角色,他的繼任人大衛(David,大約西元前 1010 年)反而才是重要人物。《舊約聖經》每一卷經書成書時間不同、撰寫人不同，從經文之中便知道各經書中修改增補與刪減的部分。以色列人的歷史，大約是在大衛登上王位之後，才比較有可信度。這也可能是許多以色列史多從大衛王作為開頭的原因，畢竟要以《舊約聖經》為參考寫出符合真實的歷史，確實是有難度的。有可能《舊約聖經》的人物多屬虛構，故事內容也是承襲各類傳說與神話而來。要是仔細深究《舊約聖經》的內容，可能會發現有太多不合理的問題。此外，1947 年之後在以色列出土的《死海古卷》(*Dead Sea Scrolls*)，可能是《新約聖經》沒有提到的艾賽尼派 (Essenes) 所寫，揭露了更多不同角度的猶太歷史❶。

第二節 「猶太人」與出埃及

一、猶太人與埃及的關係

現今許多學術與非學術的作品，對於《舊約聖經》都有不同

---

❶ 1947 年死海 (Sea of Death) 沿岸的人挖到藏於瓦罐中的經卷。往後幾年以色列的考古工程挖到了九百多件殘破的古代猶太經卷，現稱《死海古卷》。據學者研究，這些經卷大多寫於西元前 250 年到西元 68 年之間，時間落在本書第五章所提到的猶太人與羅馬人交戰之時期。這批經卷可能是由當時猶太人的其中一派別艾賽尼派 (Essenes) 所寫成。西元一世紀的猶太史家約瑟夫 (Titus Flavius Josephus) 有提到這個派別，但《新約聖經》卻沒有寫到，使得這個派別的人是否存在就成了眾多研究爭議之處。

的看法，但一致認為猶太人來自於埃及。羅馬史家塔西陀 (Tacitus) 的《歷史》(*Histories*) 第 5 卷第 2 節，對猶太人的來源有頗為寫實的說明：

> 據說猶太人原來是從克里特島上逃亡出來的；他們……定居在利比亞 (Lybia) 的最邊遠的地區。名字本身對這一點來說就是一個有力的論據：在克里特有一座有名的伊達山 (Ida)，因此那裡的居民就被稱為伊達埃伊人，這個名稱後來按照蠻族的發音方式拖長而成為猶太人。有些人認為伊西斯 (Isis) 的統治時期，埃及的過剩的居民在西耶羅索律木斯和猶達的率領之下移居到相鄰的土地上去；還有許多人則認為他們原來是埃及人，他們是在凱培烏斯的統治時期，由於恐懼和憎恨而不得不移居出來的。但還有一部分人認為，他們是亞述的逃亡者，是一個沒有土地的民族；他們最初控制了一部分埃及，後來他們才有了自己的城市並定居於希伯來的領土和敘利亞 (Syria) 的較近的各個地區。

從塔西陀的敘述來看，猶太人本來不稱猶太人，而且有些說法是他們從外地移居到埃及、或者本身就是埃及人。塔西陀不是猶太人，他是以旁觀者角度來描述一件事情，或許還呈現了部分的史實，也就是「猶太人」其實就是源自於埃及。

埃及史家曼涅托 (Manetho) 對於埃及的記載頗有權威性，儘管原書已經失傳，但在猶太史家約瑟夫的書中有片段引述。其中，有關埃及第十五到十七王朝的希克索 (Hyksos) 時代 （西元前1674～西元前 1552 年），特別具爭議性。曼涅托對希克索人的描述是：

> 底比斯 (Thebes) 的國王反對希克索人，然後爆發了一場大戰，這場戰爭持續了很長時間。最後希克索人戰敗，並且被驅逐出了埃及， 禁閉在一個叫阿瓦利斯 (Avaris) 的地方……底比斯國王用了四十八萬人的軍隊圍攻希克索所在的城鎮，想盡一切辦法讓他們投降。當目的無法達成時，底比斯國王擬定了一份條約，條約說希克索人要撤出埃及並去他們想去的地方，當時有不少於二十四萬人離開了埃及穿過沙漠達到了敘利亞。接著他們又被亞述人的力量給震驚了， 亞述人是當時亞洲的主人， 他們建立了一座城市……接著取名為耶路撒冷 (Jerusalem)。

在曼涅托的描述裡，有大規模的希克索人離開埃及，最後在敘利亞建立了城市耶路撒冷。由此可見，希克索人可能就是猶太人的祖先。曼涅托為何不稱他們為猶太人？因為那時候離開埃及的希克索人就被看作是埃及人，他們也不可能認為自己是「猶太人」。此外，離開埃及的人口數字有過於誇大之嫌，畢竟幾千年前的人口數可能沒那麼多，更何況要集結四十八萬人、二十四萬人，那需要耗費多少時間，也是很大的問題。

二、猶太人與希克索人

或許，希克索人是猶太人的祖先，亞伯拉罕以降的許多重要人物可能都是希克索人。曼涅托及約瑟夫都有記載到猶太人的起源，可見《舊約聖經》並不是猶太歷史的唯一史料。許多研究稱，希克索人可翻譯為「外邦人」(Heka-hasut)，統稱是巴勒斯坦地區的統治者，也就是中王國時期巴勒斯坦已經有希克索人的蹤跡。在第二中間期（即大約西元前1870～西元前1560年），埃及分裂成了兩個國家：南部的上埃及和北部的下埃及。有一個南部法老定都底比斯，還有一個北部法老定都尼羅河三角洲的阿瓦利斯。約自西元前1730年起，在三角洲東部阿瓦利斯城出現了所謂的希克索王朝，也就是第十五和十六王朝。他們的勢力僅止於下埃及。上埃及底比斯城有第十三王朝的剩餘勢力，與希克索人有長時間的對抗。若希克索王朝是由巴勒斯坦發跡進入埃及且擁有龐大勢力，那其實有如《舊約聖經》所說，亞伯拉罕從迦南地進入埃及，然後其曾孫約瑟在埃及成為重要人物，讓父親雅各與兄弟都移居埃及，但最後淪為奴隸，再由摩西帶領所有猶太人出埃及。雅各的十二個兒子，也就是後來猶太人的十二支派起源❷。其實，埃及物產豐饒，向來都是巴勒斯坦地區的人向外遷徙的目的地。希

---

❷ 十二支派分別為：流便 (Reuben)、西緬 (Simeon)、猶大 (Judah)、但 (Dan)、拿弗他利 (Naphtali)、迦得 (Gad)、以薩迦 (Issachar)、亞設 (Asher)、西布倫 (Zebulun)、以法蓮 (Ephraim)、瑪拿西 (Manasseh)、便雅憫 (Benjamin)。

克索人大舉進入埃及，必然是場生存勢力的爭奪戰。猶太人若如《聖經》所說曾在埃及停留很長的一段時間，後來又離開埃及前往巴勒斯坦地區，這確實是跟希克索人的情況非常相似。

希克索人也有另一個譯名為「牧羊人」。在《舊約聖經》裡，亞伯拉罕家族就是牧羊人家族。荷蘭歷史作家房龍 (Hendrik Willem van Loon) 的解釋則是，「約瑟來到埃及時，正是希克索的末期，當底比斯法老趕走了希克索人，讓猶太人處境尷尬，因為他們曾是希克索人的朋友，而且約瑟是這個牧羊人王國和宮廷的重要人物。但猶太人與埃及人相處之後，卻是相互仇恨，使得猶太人面臨著要留下來或者離開的抉擇。」此外，約瑟夫提到，亞伯拉罕面對西亞的亞述人進犯，藉著 318 個僕人打敗強敵。由數字來看，若能夠擁有 318 個僕人，可見亞伯拉罕並不可能是牧羊人，一定是頗有權威的人物，「僕人」可能是「軍人」。《舊約聖經》說的是，「亞伯蘭（亞伯拉罕）聽見他的姪兒被擄去，就率領他家裡生養的精鍊壯丁 318 人，直追到但。」儘管《舊約聖經》的數字從來都是過於不合理或是巧合，比如人物生卒年分太長，或者同樣的數字（例如 7）出現過於頻繁，可是擁有 318 個壯丁的人，依然不會是一般人物。

三、金牛與白羊之爭

從英國學者伊利斯 (Ralph Ellis)❸提供的研究成果來看，數千

---

❸ 伊利斯為《聖經》與埃及史的研究學者，他對於以色列起源的解釋有

年來埃及都以星象觀測作為政治風向的依據，尼羅河 (Nile) 下游吉薩 (Giza) 金字塔為最重要的政治中心，而金牛星群在星象觀測的重心時，崇拜金牛便是長久以來埃及人的傳統。然而，長期以來埃及便有上下埃及之分，政治觀點並不相同，當北方的祭司觀測到星象已經轉向了白羊星群時，埃及會爆發嚴重的南北政治衝突。南方以底比斯為中心的埃及仍是推崇金牛，北方的埃及則以白羊為主。因此，其實《舊約聖經》便已經暗示了金牛與白羊之間的爭執。亞當 (Adam) 的兩個兒子，該隱 (Cain) 與亞伯 (Abel)，該隱是耕地的，亞伯是牧羊的。〈創世記〉 第 4 章第 3 節到第 5 節：「該隱拿地裡的出產為供物獻給耶和華。亞伯也將他羊群中頭生的和羊的脂油獻上。耶和華看中了亞伯和他的供物，只是看不中該隱和他的供物。」後來亞伯拉罕以公羊獻祭，便是有這樣的因素。

〈出埃及記〉中提到摩西帶領猶太人出埃及之後，因為看到人們還在崇拜牛犢而憤怒，也是因為他崇拜白羊、排斥金牛的立場。如果從這角度來看，亞伯拉罕可能就是希克索王朝的法老，曾因為金牛星群轉移到白羊星群的因素，前往下埃及進行政治辯論。而且，約瑟夫的敘述是：「一方面可以享受埃及人的豐富（指富裕的生活），一方面也可以聆聽當地祭司的教導，這樣就可以更

別於主流說法，已有許多研究著作，臺灣也有幾本他的著作中譯本：《宇宙的設計師》、《K2 與金字塔》、《耶穌——最後的法老》、《大風暴與出埃及》。

瞭解他們對諸神的看法。若是他們有比自己更好的見解，就跟隨他們；若是自己的意見更能證明真理，就讓他們改變信仰那更善之道。」約瑟夫繼續說道：「埃及人因個人隨從不同風俗，就彼此藐視，且因此向對方發怒。亞柏蘭和他們討論、駁斥他們熟知的理論和每一樣常規，並表示為此辯論是虛空、沒有價值的。」可見金牛與白羊的辯論，亞伯拉罕似乎占了上風。值得注意的是，〈創世記〉第 25 章第 27 節到第 33 節裡寫道，亞伯拉罕的兩個雙胞胎孫子：以掃 (Esau) 與雅各，以掃較早出生是為長子，但雅各卻設計讓以掃將長子名分賣給他。伊利斯認為這是兩人在爭奪繼承權，而且就是一起白羊與金牛衝突的事件。

約瑟夫《猶太古史記》(*The Jewish Antiquities*) 稱，以掃帶了四百人前去與雅各會面❹。其實，以掃能夠集結四百人前去與雅各會面，按照這個數字來看，這個情景不可能只是兄弟之間見面而已。一樣地，就算數字的正確性令人質疑，也可合理懷疑這會是一場戰爭。不過，雅各不希望戰爭爆發。後來雅各與天使摔角，天使要他改稱以色列，這也就意指希克索人離開埃及之後，改稱自己為以色列。改掉名字，也就是抹去自己「希克索」的過去，以「以色列」重頭開始。伊利斯也主張西元前 1570 年左右，埃及第十八王朝法老王阿赫摩斯一世 (Ahmose I) 的一塊〈大風暴石碑〉(Tempest Stele)，記載的便是底比斯法老與希克索人交戰之後的史實。碑文記載，此後雙方停止敵對關係，允許希克索人離開

❹ 見〈創世記〉第 32 章第 6 節。

埃及，而且底比斯法老同意給予希克索人遠行的盤纏與用品。但希克索人卻在撤離的時候，沿途掠奪民眾財物、褻瀆宗教寺廟。

最後，法老派出軍隊追擊希克索人，致使他們逃亡至耶路撒冷。雙方交戰的時候，底比斯正經歷地震、火山爆發等災情，法老無力再征戰，而希克索人也考慮到終有一天遭法老徹底殲滅，因而雙方簽訂協議，希克索人同意離去，法老要付出的代價就是給予貢品。約瑟夫也寫道，「埃及人相信一旦希伯來人離去，他們就不再有災難。埃及人還送禮物給希伯來人，有的是要他們趕快離開，也有些是基於鄰居友好關係而贈禮。」〈大風暴石碑〉記錄的災情，例如狂風、暴雨、天昏地暗、洪水等，其實很符合〈出埃及記〉提到的十災：血災、蛙災、虱災、蠅災、疫災、疹災、雹災、蝗災、夜災、長子死亡。其中，疫災指牛大量死亡，很符合猶太人崇拜白羊、敵視金牛的政治立場。在曼涅托的敘述中，有提到底比斯法老與希克索人的一項協議，應該就是這個〈大風暴石碑〉。按伊利斯所說，《舊約聖經》裡雅各前往「應許之地」，也與希克索人離開埃及這件事有關。

四、兩次出埃及

學者布賴特 (John Bright) 的《以色列史》(*A History of Israel*) 提到，在西元前十八世紀美索不達米亞的文獻寫道「雅各」是希克索人首領的名字。也許，現在被視為是「猶太人」的雅各，原本就是希克索人。而伊利斯認為，雅各離開埃及是猶太人「第一次出埃及」，而《舊約聖經》的摩西出埃及，卻是後來的事情。曼

圖 3：摩西過紅海　圖為十世紀的「聖經」插圖，描述摩西帶領族人逃離埃及時，耶和華顯神蹟將紅海分開，讓希伯來人順利逃走。

涅托寫道，「法老王阿蒙諾菲斯（Amenophes，也稱阿蒙霍特普 Amenhotep）渴望見到神明，而一位預言師告訴他，只有把埃及境內所有痲瘋病人和其他不潔之人清除乾淨，這個願望才能實現。於是，法老把八萬名痲瘋病人和不潔淨的人集中到尼羅河東部採石場做苦工。法老後來又把他們安置在希克索人的舊都阿瓦利斯城。」然後，這些不潔的人聯絡了在耶路撒冷的希克索人反攻埃及，一度成功，但後來又戰敗離去，在埃及城鎮縱火，夷平神廟，剝光祭司的衣服。曼涅托又提到：「據說，為這些人立下律法與制度的是赫利奧波利斯 (Heliopolis) 人，名為奧薩塞弗，後來改了名字，稱為摩西。」這是「第二次出埃及」。

近代，身為猶太人的心理學家弗洛伊德 (Sigmund Freud)，在他的作品《摩西與一神教》(*Moses and Monotheism*) 裡，也推測摩西根本就是埃及人。他認為在埃及第十八王朝時期，一名法老王（阿蒙諾菲斯）開始推行新的政治觀念，也就是一神的觀念，這與幾千年來埃及的多神傳統有很大的差距。可是阿蒙諾菲斯只有十七年執政時間，於西元前 1358 年去世。一神的觀念，可能是從西元前 1479 年執政的法老圖特摩斯三世 (Thutmosis III) 時期開始出現，因為埃及領土廣及努比亞、巴勒斯坦、敘利亞、美索不達米亞，受到外來影響頗大。直到西元前十四世紀的法老王阿蒙霍特普四世 (Amenhotep IV) 推行了一神觀念，還改名為易肯那頓。

弗洛伊德推論，一神的觀念由阿蒙諾菲斯開始推行，易肯那頓再加以嚴格實踐。可惜兩人執政時期都不長，易肯那頓甚至一度被埋沒在埃及的歷史記載之中。在易肯那頓的追隨者之中，有一名稱為圖特摩西的人，經過一番抗爭之後，帶著他自己的追隨者離開埃及。或許，這位圖特摩西，就是《舊約聖經》裡的摩西，而《舊約聖經》裡摩西激烈抵觸埃及法老王，便是重現上述多神與一神爭論的歷史事實，只不過是由不同的方式來描述。「摩西出埃及」這一事件，也許發生在西元前十四世紀中葉易肯那頓時期結束的時候，而且是在雅各之後的第二次出埃及。從伊利斯的研究來看，這事件發生在易肯那頓推行一神崇拜時期，而這種一神觀念，便是崇拜白羊的一種變異結果。至於摩西開紅海 (Red Sea)，神話性質太高，無論學者對於「紅海」如何解釋，都不可能說清楚是什麼事情，只能當作是想像的書寫方式，不可能是歷史事實。

然而，猶太人出埃及究竟是什麼年代、什麼過程，至今還是學者各持己見的狀況。有研究認為在上述諸位法老王在位時期，其實巴勒斯坦地區都屬於埃及領土，所以猶太人要「出埃及」是不可能的事情。不過，學者格林伯格 (Gary Greenberg) 指出，以往學者過於依賴約瑟夫引用曼涅托的敘述，當曼涅托弄混了出埃及的來龍去脈時，約瑟夫之引用就會出現問題，而藉由這兩人之記載再來推論歷史，就會造成更多困擾。更何況易肯那頓是遭到埃及歷史書寫抹去的法老，他的事蹟是經由考古而重見天日，但這樣的消失又出現的過程，讓歷史有更多令人質疑之處。也有學者認為，出埃及究竟有幾次、究竟是什麼時間，若沒有史料出土證實這件事，再怎麼研究都是浪費時間。而且，摩西出埃及一事，除了年代難以估算之外，摩西的出身也屬虛構。摩西的名字，在語言學的考證之中，是屬於埃及的用語，在西亞地區找不到這樣的名字，不過這樣也代表後代的猶太人在撰寫《舊約聖經》時並沒有完全排除他們先祖的埃及淵源。

既然《舊約聖經》的描述並不屬實，「出埃及」這樣的事情就不可能如經文中寫得那樣驚天動地，歷史原貌也許是再平凡不過的事情，或許也如伊利斯指出，其實摩西的「出埃及」並沒有離開埃及，《舊約聖經》所提到的地名，都在埃及境內。只能說，希克索人離去，還有摩西等不潔的人離去，就是兩次埃及的政治紛爭與內戰，戰敗的人都被驅趕至邊境，即巴勒斯坦一帶。在埃及歷史文獻之中，並未明確提到有以色列人離開埃及之事，並不一定是後代史家抹去這段不光榮的歷史，而是歷史書寫的立場問題，對埃及人來說，離開埃及的是希克索人、不潔的人；對以色列人來說，離開埃及的是猶太人。雙方看待歷史的角度不同，以致於埃及歷史與《舊約聖經》所說的歷史有很大的差別。

第三節　「出埃及後」的規範

一、制訂規範

西元前十四世紀中葉摩西出埃及之後，他的隊伍逐漸陷入內鬥的局面。摩西的隊伍之中，當然不會是單一族群的人。〈出埃及記〉第 12 章第 38 節就說到有許多閒雜人，而〈民數記〉第 11 章第 4 節也指出這些閒雜人有貪欲之心。以色列人的組成，其實是有段相當複雜的過程。為了約束眾人，摩西需要有套行政程序與律法。約瑟夫寫道摩西展開政務分工：「選出萬人和千人的官長，……這些人的品格及公正都要得到百姓的試驗及認可，要讓這些官長們斷定百姓間的糾紛。」離開埃及，以色列人的物資不足以讓他們苦撐。摩西作為後代以色列人的聖人，固然在《舊約聖經》之中表現出的就是堅忍不拔的形象，無論民眾如何對他不滿，也不會表現憤怒之意。約瑟夫說：「摩西和顏悅色，並能夠以話語說服這些百姓。摩西就這樣開始平息他們的怒氣，勸他們不要過於專注眼前的痛苦，免得忘記神從前賜給他們的恩典。他希望百姓千萬不可因為現在的難處，而從心中丟棄了從神而來的那些偉大奇妙的恩惠與賞賜，反而要期盼從眼前這種無法自行解脫的困境中得到救贖。」在約瑟夫筆下，摩西不擔憂自己，而是擔憂百姓生活，更不希望他們受到神的責備。沿途之中從天而降的食物、出土的泉水，都讓民眾對摩西更加欽佩。

除了物資問題之外，以色列人進入巴勒斯坦地區，必須面對當地人的敵視與排斥，像是在迦巴勒 (Gebal) 的亞瑪力 (Amalekite) 人就很不歡迎以色列人的到來。亞瑪力人召集鄰近國家抵擋以色列人，聲稱他們是從埃及逃出來的奴隸。摩西選擇了有智慧的約書亞 (Joshua) 當作統帥，也組織人馬守住有水的地方，徹夜備戰。〈出埃及記〉第 17 章寫道：「摩西對約書亞說，你為我們選出人來，出去和亞瑪力人征戰。明天我手裡要拿著神的杖，站在山頂上」、「約書亞用刀殺了亞瑪力王和他的百姓」、「我要將亞瑪力的名號從天下全然塗抹了；你要將這話寫在書上做紀念，又念給約書亞聽。」與亞瑪力人交戰之後，以色列人取得了許多生活用品、武裝戰備。此後，摩西頒布一套律法，就是後來的十誡：

1. 除了耶和華之外不可有別的神；
2. 不可為自己雕刻偶像，也不可以做什麼形象彷彿上天、下地，和地底下、水中的百物。不可跪拜那些像，也不可事奉它，因為我耶和華，你的神是忌邪的神。恨我的，我必追討他的罪，自父及子，直到三四代；愛我、守我誡命的，我必向他們發慈愛，直到千代；
3. 不可妄稱耶和華，你的神的名；因為妄稱耶和華名的，耶和華必不以他為無罪；

4. 當紀念安息日，守為聖日；六日要勞碌做你一切的工，但第七日是向耶和華你的神當守的安息日。這一日你和你的兒女、僕婢、牲畜，並你城裡寄居的客旅，無論何工都不可做。因為六日之內，耶和華造天、地、海，和其中的萬物，第七日便安息，所以耶和華賜福與安息日，訂為聖日；
5. 當孝敬父母，使你的日子在耶和華，你神所賜你的地上得以長久；
6. 不可殺人；
7. 不可姦淫；
8. 不可偷竊；
9. 不可作偽證陷害人；
10. 不可貪婪人的房屋；也不可貪戀人的妻子、僕婢、牛驢、並他一切所有的。

後來，摩西上西奈山 (Mount Sinai)。〈出埃及記〉第 24 章第 12 節寫道：「耶和華對摩西說，你上山到我這裡來住在這裡，我要將石版、並我寫的律法、和誡命，賜給你，使你可以教訓百姓。」除了詳細的建造會壇、還有獻祭慣例之外，耶和華還要摩西跟以色列人說：「你們要守安息日，以為聖日，……凡在安息日做工的，必要把他治死。故此，以色列人要世世代代守安息日為永遠的約。這是我和以色列人永遠的證據，因為六日之內耶和華造天地，第七日便安息舒暢。」對於安息日，〈出埃及記〉說得非常堅定，必不可犯。

不過，摩西卻發現民眾正在偏離他的旨意，其實也就是還在持續爭執的白羊與金牛論戰。〈出埃及記〉敘述之中：「亞倫（Aaron，摩西的兄長）對他們（猶太人）說，你們去摘下你們妻子兒女耳上的金環，拿來給我。百姓就摘下他們耳上的金環，拿來給亞倫。亞倫從他們手裡接過來，鑄了一隻牛犢，用雕刻的器具作成。他們就說，以色列啊，這是領你出埃及地的神。亞倫看見，就在牛犢面前築壇，且宣告說，明日要向耶和華守節。」當摩西看見這樣的情況：「看見牛犢，又看見人跳舞，便發烈怒……又將他們所鑄的牛犢，用火焚燒，磨得粉碎，撒在水面上，叫以色列人喝。」隨後，摩西下令一天殺了三千人，看得出來，崇拜牛犢是摩西相當不可容許的事情。

此外，據學者考證，《舊約聖經》撰寫的年代是在西元前六世紀之後，書寫的語言不是西元前1000多年前的語言，所以，十誡不見得是摩西所寫，而且其石碑之存在其實是受人質疑的。畢竟由神的力量寫在石碑這樣的事情，對信徒來說必然不容質疑，但現實情況是不可能發生的。而且，十誡在〈出埃及記〉就有兩個版本，〈申命記〉又有另外一版，可見〈出埃及記〉在編寫時就有時間順序不同的情況，也許還有許多人合力完成，既不是神的力量，也不是摩西的個人旨意。此外，十誡當然有其重要性，可是就文字看來，十誡比較像是個人生活之規範，並沒有明確治理眾人的作用，甚至只是對於人民的道德勸說而已。在十誡之後，摩西也下令建造法櫃 (Ark of the Covenant)、祭壇。

在「出埃及」之後的摩西族人，尚還不能夠視為帶有穩定制度的國家，他們仍然是四處遷徙、征戰的族群。如約瑟夫的敘述之中，以色列人四處占領別人的土地。而〈民數記〉第 21 章也寫道：「住南地的迦南人亞拉得 (Arad) 王，聽說以色列人從亞他林路來，就和以色列人征戰，擄了他們幾個人。……耶和華應允了以色列人，把迦南人交付他們，他們就把迦南人和迦南人的城邑盡行毀滅。」隨後，以色列又掠奪了亞摩利 (Amorite)，進而打敗了基列 (Gilead) 與戈蘭地 （Gaulanitis ， 前三處約今日敘利亞南方），米甸（Midian，紅海東岸）也納入以色列的勢力範圍之中。

二、摩西律法確立

摩西去世（年份未知）之後，留下了一套律法散見於〈出埃及記〉、〈利未記〉、〈民數記〉、〈申命記〉，約瑟夫做了統整，這些律法包括了道德層面，當然還有行為規範、男女關係、婚姻家庭，以及對待外人的態度。其實有如十誡的擴大版本，多出了許多明確的規範。學者研究都認為摩西律法可作為人類歷史早期的成文法，為往後的西方文化、制度方面留下重大的影響，像是人與人之間的契約關係，要確立平等、自由、權力維護、安全保障、道德敦化、秩序規範等等。

不過，這還不算是政府制度，畢竟「出埃及」之後，以色列人就是四處流轉的人群，在遷徙、搶奪、內鬥的情況之下，必定不容易管理眾人，也不會有我們一般所知道的政府制度。摩西所言，只能當作是道德勸說，作為一個「國家」律法的可能性相當小，甚至是隨時需要做調整，只能當作是管理這個「出埃及團隊」的公約。如果認為摩西的律法奠定了往後人類社會的財產權法、婚姻制度、刑法、訴訟等方面，那就太提高了摩西律法的重要性。而上述規範出自於《舊約聖經》，內容不會是摩西時期應有的情況，必然是撰寫人所添加進去的，甚至是希臘化時期所翻譯、轉寫而成。

三、安頓生活

此後，約書亞繼承了摩西的領導地位。在他去世之前，最偉大的事蹟便是攻下耶利哥城 (Jericho)。在《舊約聖經》之中，約書亞攻下耶利哥城，是神話方式的描述。〈約書亞記〉第 6 章：「約書亞對百姓說完了話，七個祭司拿七個羊角走在耶和華面前吹角，耶和華的約櫃在他們後面跟隨。……第二日，眾人把城繞了一次，就回營裡去。六日都是這樣行。第七日清早，黎明的時候，他們起來，照樣繞城七次。唯獨這日把城繞了七次。到了第七次，祭司吹角的時候，約書亞吩咐百姓說，呼喊罷。因為耶和華已經把城交給你們了。」由此可見，迦南地固然對於信徒來說是耶和華給的「應許之地」，可是那僅是《舊約聖經》之語。從歷史的角度來思考，反而是以色列人「出埃及」之後，為求生存而不斷抵抗或者進入他人的勢力範圍，一步一步逐漸占地成王，然後定居在巴勒斯坦一帶。

不過，或許征戰不盡然成功，他們所搶得的土地其實頗為貧瘠。就考古證據來看，以色列人居住的地方，應該都在山地之間。

圖 4：約書亞攻下耶利哥城　法國畫家富凱 (Jean Fouquet) 繪於十五世紀。

例如〈約書亞記〉第 17 章第 16 節：「約瑟的子孫說，那山地容不下我們，並且住平原的迦南人，就是住伯善和屬伯善的鎮市，並住耶斯列平原的人，都有鐵車。」也如〈士師記〉第 1 章第 19 節所說：「耶和華與猶大同在，猶大就趕出山地的居民，只是不能趕出平原的居民，因為他們有鐵車。」以色列人的侵犯，對當地人來說實在不堪其擾，只好讓出貧瘠之地給他們居住。於是，不可能如《舊約聖經》所說的是流奶與蜜之地，之後也不可能像〈列王紀　上〉第 4 章寫道所羅門時期那樣強盛的面貌：「所羅門統管諸國，從大河到非利士地，直到埃及邊界。所羅門在世的日子，這些國都進貢服事他……四境盡都平安。所羅門在世的日子，從但到別是巴 (Beersheba) 的猶太人和以色列人都在自己的葡萄樹下和無花果樹下安然居住。」這樣的景象，其實是誇大的描述。

《舊約聖經》有可能是把很多傳說合起來講，上述的征戰也不盡然就是以色列人所遇到的情況。書寫《舊約聖經》的人，或許有意要強調摩西以降的以色列人誓死捍衛自己，便將各式各樣的戰爭寫入自己的歷史之中。儘管約瑟夫的敘述較為實際，但他書寫猶太古史的年代與《舊約聖經》的年代已有六百年的差距，若他撰寫的歷史是參考古老版本的《舊約聖經》，必然也免不了寫下許多不合常理的事情。不過，無論如何，在現有的資料之中我們可以看到，約書亞讓以色列人在征戰或是搶奪之中取得了可以居住的土地，讓以色列人在離開埃及之後終於有了新的開始。

第二章 | *Chapter 2*

西亞局勢與以色列的發展

第一節 上古時期的西亞局勢

以色列人大致定居的巴勒斯坦所要面臨的問題，除了當地勢力之外，西亞地區大國的動向也是與以色列起伏的命運息息相關。在往後幾代以色列人的歷史裡，有多次臣屬於外國勢力之下。這是因為巴勒斯坦一帶靠近地中海東岸，占據沿海貿易的重要位置，也因為正處於西亞地區進入埃及的必經之地，因而西亞國家與埃及之間的關係友好或交惡，都會影響巴勒斯坦的局勢。當以色列這樣的新興勢力於巴勒斯坦出現之後，免不了要面對大國勢力競爭的局面。

在以色列人（即希克索人）前往巴勒斯坦地區之後，埃及進入新王國時期。然而新王國建立之初，勢力難以進入西亞地區。畢竟兩河流域，即美索不達米亞平原有西臺與麥坦尼 (Mitanni) 兩王國稱霸。西元前 1595 年，西臺王國的國王穆爾什里什一世

(Mursilis I) 摧毀古巴比倫王國。但是當西臺退回了安那托利亞(Anatolia) 之後，轉而由加喜特 (Kassites) 人填補了政治空白，建立加喜特王朝，或巴比倫第三王朝。西元前 1460 年，加喜特王朝掌控了美索不達米亞，與亞述簽訂了一個邊界條約，也與埃及保持了良好的關係。而埃及在一番休生養息之後，於西元前十五世紀圖特摩斯三世時期，再度開始加強對巴勒斯坦的控制，以便征伐西亞地區，但後繼無力，約西元前十五世紀末期，又逐漸失去巴勒斯坦。阿蒙霍特普二世 (Amenhotep II) 也僅能與麥坦尼簽訂和平條約，彼此以敘利亞北半部為勢力範圍的界線。直到西元前十三世紀初，埃及第十九王朝力圖恢復往日威風，率領軍隊遠征，再次與西臺爭奪北敘利亞地區。西臺與埃及斷斷續續交戰，最後西臺國王與埃及法老拉姆西斯二世 (Ramesses II) 締結了和平條約。於是，西臺與埃及、加喜特保持著三強鼎立局勢。

從西元前十四世紀起，亞述帝國逐漸取得主導地位，接下來有六個世紀的時間，控制著整個美索不達米亞。亞述之崛起，使得加喜特與西臺在西亞國際局勢之中成為盟友，在西元前十三世紀的關係特別友好。但這都無法與亞述分庭抗禮，先後敗於亞述武力之下。此時，埃及第十九王朝也進入了瓦解的階段。前一章提到西亞地區的民族向埃及抱怨哈比魯（希伯來）人的侵犯，但埃及卻沒有採取任何行動，就是因為埃及國力衰弱的關係，自顧不暇。而北方地中海的海上勢力，對埃及第二十王朝是一大困擾。尼羅河三角洲為地方勢力割據，法老的力量難以進入，政治權威只能侷限在上埃及。拉姆西斯三世 (Ramesses III) 時期，約西元前

1156年，因勢力衰弱的關係，已經無力對巴勒斯坦的局勢產生任何影響。到了西元前第十二與第十一世紀時，西臺滅亡、亞述衰弱。自西元前十六世紀以來相繼「出埃及」的猶太人，在巴勒斯坦得以建立勢力其實是正值四周大國相互征伐、逐漸衰弱的時候。

第二節　掃羅稱「王」

一、士師時期

在約書亞去世之後，以色列人多次落入鄰近勢力的控制之中，雖有些領導人物出現，也就是《舊約聖經》裡〈士師記〉的故事，但情況並不樂觀。這也是以色列人在政治制度方面出現變革的時期，從「出埃及」以來，儘管所有部族大致聽從摩西的領導，但其實彼此之間的關係並不穩固，約書亞也不是一統的領導人。在約書亞之後，以色列史進入「士師 (Judges) 時期」(約西元前十四世紀至西元前十一世紀)。著名的士師有：俄陀聶 (Othniel)、以笏 (Ehud)、底波拉 (Deborah)、基甸 (Gideon)、耶弗他 (Jephtha)、參孫 (Samson) 等六個士師。〈士師記〉第2章寫道：「耶和華興起士師，士師就拯救他們（以色列人）脫離搶奪他們人的手。他們卻不聽從士師，竟隨從叩拜別神，行了邪淫……耶和華為他們興起士師，就與那士師同在。士師在世的一切日子，耶和華拯救他們脫離仇敵的手。」

其實，幾名士師的事蹟僅有戰勝敵人而已，《舊約聖經》與約瑟夫的《猶太古史記》並沒有記載他們有什麼樣特別的領導能力。著名的參孫只是力氣很大，但淪為有勇無謀。《舊約聖經》寫道以色列人違背耶和華旨意，遂受到亞述人、摩押人 (Moab)、迦南人、米甸人、非利士人的奴役與壓迫，唯有以色列人轉而向耶和華祈求，才能夠再獲得憐憫，也就是會有新的一名士師出現，來領導以色列人走向強大。這些只能當作神話性質的敘述，實情就是以色列人與當地人為敵，失敗後淪為他人附庸，雖一再反抗，卻也一再失利。這些如同神話的記載方式，很難說服人將這些故事當作歷史事實，而且幾個士師領導時期，以色列太平了四十年或八十年，數字過於工整，可能都是虛構的。而且，這時候的以色列沒有固定的領導人，如〈士師記〉所說：「那時以色列沒有王，各人任意而行。」這一句在第 17 章與第 21 章重複出現，可見以色列的情況堪憂。

在士師後期的阿費卡（即亞弗城，Apek）戰役之中，非利士人重挫以色列人。〈撒母耳記　上〉第 4 章寫道：「非利士人向以色列人擺陣。兩軍交戰的時候，以色列人敗在非利士人面前；非利士人在戰場上殺了他們的軍兵約有四千人⋯⋯非利士人和以色列人打仗，以色列人敗了，各向各家奔逃，被殺的人甚多，以色列的步兵仆倒了三萬。」〈撒母耳記〉提到耶和華立撒母耳 (Samuel) 為先知，讓以色列人打敗非利士人。撒母耳也做士師，其工作是每年到各處巡視、審判以色列人。不過，他年邁的時候，卻也無法再處理大事。〈撒母耳記　上〉第 8 章第 4 節到第 5 節所說：「以色列的長老都聚集，來到拉瑪 (Ramah) 見撒母耳，對他說，你年紀老邁了，你兒子不行你的道。現在求你為我們立一個王治理我們，像列國一樣。」在第 8 章第 20 節也寫道：「使我們像列國一樣，有王治理我們，統領我們，為我們而戰。」但是，撒母耳似乎不願意有人來接替他的位置，僅說：「時候到了……就是我從神得知祂會將那個人賜給你們為王之時。」

二、撒母耳立掃羅為王

從《舊約聖經》的記載裡，可看見以色列人之間的政治風氣已經有轉變。可能十二支派之間沒有有力的領導人，又隨時得面對當地人的壓力，的確需要特定人物來管理眾人。如上一章所言，以色列人居住的是山地，約書亞分配各支派的居住地可能適合防禦，以防遭到外人一次攻破，但所有支派要聚集一起便有困難，以至於當某些支派受到侵犯時，可能只有鄰近的支派會提供協助，難以合作抵禦、進攻。逐漸地，各支派各自為政，也融入不同的地方習慣與想法。以色列的任何改變，都是受新居所的環境、氣氛的影響。這也代表，舊的支派組織不足以應付新的環境，而且定居的生活已經不同於過往的四處游移的方式，農耕、人口增長都可能帶來各種正負面的影響，這也是以色列領導人所需要思考、改善的事情。撒母耳並不完全接受這樣的趨勢，但若局勢已是他無法可以阻擋的話，卻又不得不做改變。最後，領導人的位置交給了掃羅，撒母耳說：「你是神所膏立的王，抵禦非利士人、為希伯來人所受的苦報仇。」

除了撒母耳任命之外，掃羅成為王，出自於他挺身而出打敗

亞捫人 (Ammon) 的功績❶。在掃羅功績更加輝煌的時候，撒母耳再一次地宣告掃羅為王。此外，掃羅的兒子約拿單 (Jonathan) 也頗有功績，除了協助以色列中部與南部的猶大與便雅憫趕走外敵，也能夠擊敗東部與東南部的勢力，甚至最後連非利士軍隊都被趕出以色列的領地❷。〈撒母耳記　上〉第 15 章第 6 節卻寫道耶和華認為掃羅不遵守祂的命令，隨後撒母耳斥罵掃羅。這可理解為掃羅因功高震主，招致撒母耳的不悅。就約瑟夫的記載道，撒母耳不斷批判掃羅輕忽神所託付的事，也認為掃羅濫用權力，轉身離去時，掃羅不小心扯破他的衣服。撒母耳說：「正如外衣如此撕開，國家將斷絕離你而去，將有一良善公義之人取代你，神將忍耐等候，直到祂向他所定的旨意成就。」扯破衣服也被撒母耳作為廢除掃羅王位的理由，可見撒母耳急切地要剷除掃羅。

其實，撒母耳知道政治轉變已經是主流趨勢，但他要的是一個會聽話的王，也就是撒母耳還是要做最後政策決定者。撒母耳廢了掃羅的王位後，第二名由撒母耳膏立的王，便是打敗非利士巨人歌利亞 (Goliath) 的大衛 (David)。歌利亞之死，約瑟夫的記載是，大衛把石頭放在甩石機裡，甩向歌利亞，而這石頭打中歌利亞的前額，人就倒下了。在《舊約聖經》卻有兩種不同的說法。〈撒母耳記　上〉第 17 章第 50 節說道：「大衛用機弦甩石，勝了那非利士人，打死他。大衛手中卻沒有刀。」不過，〈撒母耳記

---

❶ 請見〈撒母耳記　上〉第 11 章。

❷ 請見〈撒母耳記　上〉第 14 章。

下〉第 21 章第 19 節所說的卻與大衛無關：「伯利恆 (Bethlehem) 人雅雷俄珥金 (Jaare-oregim) 的兒子伊勒哈難 (Elhanan) 殺了迦特 (Gath) 人歌利亞。」不過，無論真相如何，在掃羅對抗外侮的行動期間，大衛應是頗有戰績。

圖 5：米開朗基羅所雕刻的「大衛像」

三、掃羅與大衛的權力爭奪

在各種有關掃羅的故事之中，多強調他嫉妒大衛的功勞，有意圖要陷害他。如〈撒母耳記　上〉第 18 章第 7 到 9 節：「眾婦女舞蹈唱和，說，掃羅殺死千千，大衛殺死萬萬。掃羅甚發怒，不喜悅這話，就說，將萬萬歸大衛，千千歸我，只剩下王位沒有給他了。從這日起，掃羅就怒視大衛。」這是個新政治氛圍成形時期，大衛是當時另一股政治勢力，畢竟以色列是以支派同盟結合起來，各自為政，並非由單一政府與領導人管理所有支派。當撒母耳不認同掃羅的時候，選擇另一支派的人作為新「王」也是很合理的事情。更何況，大衛必然也有意取得政治權力，對外戰爭都勝利之後，掃羅就會是大衛需要剷除的最後目標。維護個人利益，是每個人都會做的事情，掃羅嫉妒大衛、甚至亟欲剷除大衛勢力，也是政

圖 6：掃羅刺殺大衛　義大利畫家桂爾契諾 (Guercino) 繪於十七世紀。

治人物之間常見的事情。〈撒母耳記　上〉第 19 章第 10 節：「掃羅用槍想要刺透大衛，釘在牆上。他卻躲開，掃羅的槍刺入牆內。當夜大衛逃走躲避了。」大衛出逃，前去見撒母耳一面。掃羅在抓不到大衛的情況下，又得知家族的人與祭司都協助大衛逃走，便殺了祭司等 385 人。撒母耳在不久後也辭世。

一如掃羅成名一樣，大衛也可能是時勢將要塑造的英雄。以色列人之間的分裂，掃羅派與大衛派，已經非常明顯。掃羅沒能殺死大衛，而大衛也有兩次反擊掃羅未成。不過，大衛得以躲過掃羅追殺、保住性命，之後取得領導地位，其過程也不見得是有多光榮的事情，畢竟大衛帶了六百人去尋求非利士人的保護，還要求一部分的領土。然而，大衛並非真的想要背叛，實是情勢所逼，他看似對非利士人效忠，其實也是試圖要找機會重回到以色列。當然非利士人也知道大衛的用意，拒絕與大衛出征。〈撒母耳記　上〉第 29 章第 4 節寫道，非利士人認為：「不可叫他同我們出戰，恐怕他在陣上反為我們的敵人。他用什麼與他主人復和呢？豈不是用我們這些人的首級嗎？」大衛並未因而遭到處決，而是被請回去他的屬地。西元前 1013 年，在非利士人與以色列人的交戰之中，非利士人切斷了以色列支派彼此之間山區裡的聯繫，又運用在平原使用戰車的優勢，使得掃羅完全沒有勝算，最後戰死沙場。其子伊施波設 (Ishbosheth) 即位，只好遠走至今日的約旦 (Jordan)，那是非利士人力量達不到的地方，淪為逃亡勢力。

四、新政治局面的過渡期

學者的研究稱自掃羅開始，以色列便進入了「君主制」的時期。然而，這是以現代「君主制」角度來定義這古代的掃羅時期。士師的形式是因應新局面所產生出來的政治模式，掃羅成為以色列「王」，其實也只是另一階段的新政治適應時期。掃羅要作為以色列「君主制」的源頭，還言之過早，畢竟由後來以色列幾乎沒有現今所謂主權獨立、領土完整的情況來看，「君主制」在掃羅時期應該還沒出現。如同布賴特的《以色列史》所說：「掃羅像他以前的士師們那樣，是以舊式的靈力的英雄身分興起的。假如他們有表現自己是這樣的話，不會得到許多人的跟從。掃羅的靈力品質並不顯出他是王，而是耶和華的戰士領袖，是耶和華指定的人。」掃羅要作為所謂的「君主」，在那個時代其實不太可能。

掃羅的快速起落，不僅是因為他未能處理好他與大衛的關係，還可以歸因於是新政治型態發展的劇烈變動時期。要從某一種模式轉移到另外一種，是需要經過一段過渡期，無論失敗與否，都不可能走回頭路。掃羅雖然以他個人的英勇事蹟取得眾人信任，成為了以色列人的王，卻不代表時勢造出來的英雄，能夠就此穩定下去。一旦時勢已過，那種英雄的合法性就可能出現問題。但新的模式已經萌芽，人們若不願接受這樣的新英雄，接下來要付出的代價就是更多更多的動盪。掃羅擔任王的時期，新的政府系統正在成形，各支派其實還擁有各自的勢力，掃羅依靠的都是個別支派的支援，並不是有統一軍事制度之下派遣出的單一部隊。新政治體制不夠成熟，很快就出現問題，在宗教解釋之中就是遭到神的遺棄。

第三節　大衛時期的內政外交

一、大衛的勢力穩定

聽聞掃羅的死訊，大衛悲痛許久。可以想見大衛並不一定要置掃羅於死地，畢竟撒母耳先膏立掃羅為王，有其地位崇高之意，固然大衛想要取得王位，也會等待合適的時機。不過，大衛哀慟掃羅之死，可能也只是一種表面功夫，對前人之死表示哀悼，有助於取得掃羅一派的好感，也讓支持者感受他的寬宏大量，或許得以取得好的歷史評價。大衛出身於南方，不斷想要打擊掃羅家族的舊勢力，猶大支派特別支持他❸。掃羅之子伊施波設最後遭到自己的軍長殺害，因為他們覺得這樣可以獲得大衛獎賞，甚至可受封將領。當然這些軍長的作法，並無法取信於大衛，最終他們也遭大衛處決。大衛並不想破壞他與其他以色列支派的關係，也與當地人以外交方式取得友好結盟。最後於西元前 1006 年取得北方支派的效忠，聚集了十幾萬人歡慶大衛為王。耶路撒冷城也在此後改名為大衛城。

大衛的新勢力正式成立，此時撒母耳已經去世許久，代表著以色列的政治局面有了完全改變。往後，再也不會有撒母耳這樣的人處理政治大事，一切改由「王」承擔。如〈撒母耳記　下〉第 7 章第 11 節寫道：「並不像我命士師治理我民以色列一樣。」儘管這是以神話的方式寫下大衛的勢力已穩固，可是代表已經開啟了不同於士師時期的局面。如布賴特所說：「舊秩序完全轉變，以色列不再是具有靈力品格而被擁立為王的人所領導的支派同盟了，是一個複雜的、在王權之下組成的帝國。首都是大衛個人的產業，合併於以色列的迦南人，都是王室的臣民，並不是以色列各支派的臣民。」以色列的支派大致效忠之後，大衛得處理的便是對外征戰的問題。大衛開啟多方戰事，打非利士人、摩押人，再攻入幼發拉底河 (Euphrates) 一帶。大馬士革與亞蘭（Aram，即敘利亞）是大衛的下一個目標，使得鄰近勢力因擔憂而前來結盟。

---

❸ 請見〈撒母耳記　下〉第 2 章第 10 節。

二、大衛王國之考證

不過，大衛的以色列領土遼闊，在〈歷代志　上〉第 18 章第 1 節到第 3 節的記載之中是從今日的幼發拉底河到加薩 (Gaza)，幾乎是整個西亞地區都由大衛囊括。可是，大衛時期是西元前十世紀，西亞地區最強盛的國家是亞述，《舊約聖經》的說法並不正確，很可能是在那個時期刻意把亞述的發展寫成大衛王的功績。布賴特所說：「從南邊的埃及邊界地區以及亞喀巴灣 (Gulf of Aqaba)，直到北邊的幼發拉底河兩岸所有的土地都確認了大衛的領導權力」，應該也是誇大解釋了。不過，布賴特並不認為大衛時期的以色列是獨立的王，他認為其實大衛可能有某一地區管轄自治的能力，以色列支派確實也視他為王，但實際上大衛仍受非利士人的束縛。從大衛的角度來看，他領導以色列人攻打非利士人，

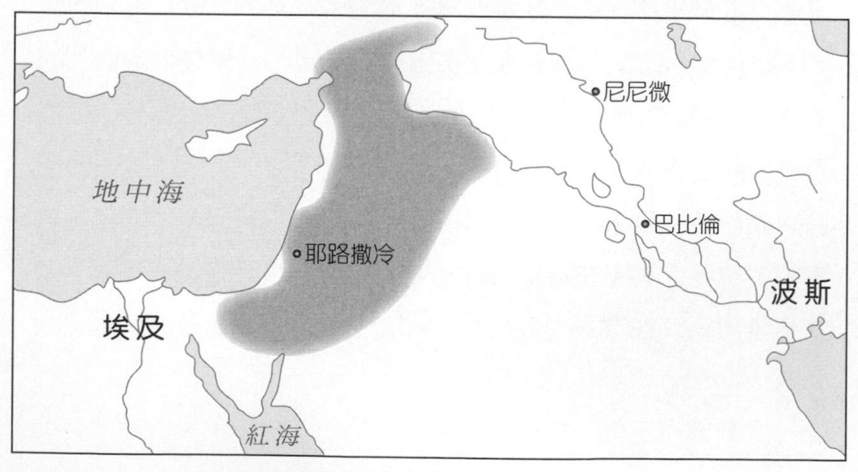

圖 7：大衛王國疆域圖

實情是他反抗非利士人，而大衛攻打其他地區，可能是非利士人指派的戰爭。無怪乎會有學者研究認為，無論掃羅或是大衛時期，以色列都不是一統的王國，而且規模小，只能算是酋長而已，還稱不上是王。此外，〈歷代志〉全以大衛王的立場來撰寫，把他的缺失都刪去不談，頗像是政治宣傳的用品，而不是歷史記載，更不能當作是可信的史料。

三、所羅門登基

大衛時期，其子暗嫩 (Amnon) 與押沙龍 (Absalom) 的內鬥，令大衛難以處理。隨著暗嫩遭押沙龍殺害之後，大衛與押沙龍的對立就浮現於檯面之上。押沙龍的勢力擴大，逼得大衛得離開耶路撒冷。〈撒母耳記　下〉 第 15 章第 14 節寫道大衛跟他的臣僕說：「我們要起來逃走，不然都不能躲避押沙龍了；要速速離去，恐怕他忽然來到，加害於我們，用刀殺盡合城的人。」不過，大衛離去時，並沒有完全放棄，派遣他的朋友戶篩 (Hushai) 投入押沙龍陣營從中破壞。押沙龍並不完全信任戶篩，不過後者給了押沙龍很好的答案，消除了押沙龍的猜忌。戶篩說：「耶和華和這民，並以色列眾人所揀選的，我必歸順他，與他同住。再者，我當服事誰呢？豈不是前王的兒子嗎？我怎樣服事你父親，也必照樣服事你。」後來大衛與戶篩用計埋伏押沙龍，讓他的陣營死傷兩萬人。

大衛復得王位、年邁之後，面對的是王位繼承的問題，其子亞多尼雅 (Adonijah) 自動稱王，開始四處炫耀，但大衛卻沒有任何意見。亞多尼雅的登基大典沒有邀請其兄弟所羅門，大衛也不知情。這表示如果大衛去世之後，所羅門性命必然受亞多尼雅威脅。當大衛知道這件事之後，也明白亞多尼雅登基之後會出現的政治危機，遂改變意見：「我指著全能的神起誓，我的兒子所羅門必作王，正如我前所起的誓，他今日要坐在我的寶座上。」因此，所羅門除了受膏立為王之外，大衛還讓所羅門在城中遊行，讓眾人知道這是大衛所立的王。大衛說：「如今所羅門得了國位，你們應當歡喜接受他為王，順服他也不是羞恥的事。如今一位兄弟得此尊榮，你們理當為之歡喜，因你們也與他同享光榮。我祈求神的應許得以成就，就是祂應許要賜福給所羅門，遍及全國、延續萬代。」❹西元前970年，大衛去世。所羅門即位之後，如同任何一個剛取得權力的政治人物一樣，剷除異己、消滅政敵，殺了亞多尼雅。

第四節　從所羅門王到南北兩國

一、所羅門的真實性

一如掃羅、大衛一樣，考古證據闕如也讓學者質疑所羅門的真實性。眾所皆知，所羅門是能人智士，例如耶和華保證他有智慧與明察秋毫，或者他能夠斷案英明、建造宏偉的聖殿，示巴

---

❹ 可參考〈撒母耳記　下〉第23章第3節。

圖 8：文藝復興時期描繪所羅門會見示巴女王的浮雕

（Sheba，埃及和衣索比亞 Ethiopia）的女王也慕名而來。此外，〈列王紀　上〉第 4 章第 21 節到第 24 節雖說所羅門的領土「從大河到非利士地，直到埃及邊界」，但是，所羅門即位的年代，四周有埃及、亞述、巴比倫等強國，彼此爭伐不斷，而巴勒斯坦位於三大強權之間，不可能完全不受波及。所羅門的領土，既不可能是太平盛世，其王國也不會是西亞地區強勢力量。如果〈列王紀　上〉所說屬實，那所羅門時期的以色列史便不會只有《舊約聖經》才有而已，反而會是西亞地區出土史料中相當重要的歷史要角了。所以，歷史之中所羅門的存在有爭議性，那所謂的「所羅門的智慧」，就單純只是傳說與神話了。而且，〈列王紀　上〉也透露出所羅門的奸巧。例如：

> 所羅門與希蘭 (Huram) 訂約：「泰爾王 (Tyre) 希蘭曾照所羅門所要的，資助他香柏木、松木、和金子；所羅門王就把加利利地的二十座城給了希蘭。希蘭從泰爾出來，察看所羅門給他的城邑，就不喜悅，說：『我兄啊，你給我的是什麼城邑呢？』他就給這城邑之地起名叫迦步勒 (Cabul)，直到今日。希蘭給所羅門一百二十他連得 (talent) 金子。」❺

《舊約聖經》說這是所羅門與希蘭的訂約，但看來所羅門並不重視希蘭提供過的協助，其「回禮」應相當草率，以致於希蘭不悅，而且還得給所羅門金子。以現在的角度來看，這可能是份「不平等條約」。這也顯示，《舊約聖經》對所羅門的偉大吹捧過高。

所羅門時期的以色列，或許已經完全掃除了非利士人的勢力，但是，也面對了不同區域的威脅。埃及便是一例，第二十一王朝包圍基色城 (Gezer)，殺害了居民。不過，此時的埃及已不是全盛時期的埃及，法老將女兒嫁與所羅門，以聯姻的方式向所羅門以色列表示友好。其實，埃及在檯面下還接收自大衛以來的反叛分

---

❺　「他連得」為希伯來人用來顯示重量與金錢價值的最大單位。

子，例如哈達 (Hadad)，在所羅門國勢衰弱時，哈達參與了亞蘭人 (Aramean) 的活動，侵擾著以色列的領土。埃及藉由這樣的方式，來削弱以色列的國力、破壞以色列的安定。

不過，所羅門似乎只在意在自己的領土內打造聖殿一事。從〈列王記　上〉記載來看，有所羅門興建聖殿與王宮的完整過程，或是各地商業貿易所帶來的金銀珠寶，所羅門成為相當榮耀的王。但這一切其實顯示不出來所羅門王特殊之處，只見所羅門藉著前人的功績，來成就自己的偉大，不如過去掃羅與大衛一樣的征戰沙場。〈列王記　上〉的和平景象，得益於外邦力量正處衰弱的時候。而且，〈列王記　上〉也清楚寫明了，所羅門娶了七百個妻子，許多都是外邦人。〈列王紀〉裡所說所羅門的領土範圍，其實是西元前八世紀之後亞述帝國的領土。撰寫〈列王紀〉的人，可能是參照亞述強盛時期的情況所穿鑿附會寫下來的。此外，透過《舊約聖經》的記載，我們可以知道以色列在掃羅、大衛、所羅門領導之下，有上述內政與外交的情況，但研究學者均認為在考古文物之中，完全無法找到有關他們的文獻記載。

二、羅波安與耶羅波安

所羅門去世之後，其子羅波安（Rehoboam，西元前 931～西元前 914 年在位）續任為王。不過，羅波安氣焰過高，使得民眾對他相當不滿，比較支持由耶羅波安 (Jeroboam) 為首的反對勢力。羅波安以耶路撒冷為據點，而耶羅波安在北方的示劍 (Shechem) 建了宮殿，南猶大國 (Judah) 與北以色列國對峙局面成形。如弗洛伊德在《摩西與一神教》裡所說的：「在猶太民族的形成過程中，有一些大不相同的因素聚集在一起；但在這些支派中最大的差異是他們是否在埃及居住的經驗，以及此後發生了什麼事。考慮到這一點，我們可以說，這個國家是由兩個組成部分聯合而成的；在一段短時間的政治聯合之後，又分裂成兩個部分：以色列王國和猶大王國。」

不過，耶羅波安鑄造了兩個金牛犢，這在《舊約聖經》之中並不合耶和華的旨意。或許這也如同第一章所提到的，以白羊星為政治指標的以色列人，對金牛星是相當痛惡的。耶羅波安的作法，便是違反了以色列人應有的政治路線。〈列王紀上〉第13章第33節到第34節寫道：「耶羅波安仍不離開他的惡道，……這事叫耶羅波安的家陷在罪裡，甚至他的家從地上除滅了。」儘管前文提到羅波安氣焰甚高，但此時有許多北以色列國人也都歸向他，向耶路撒冷敬拜，

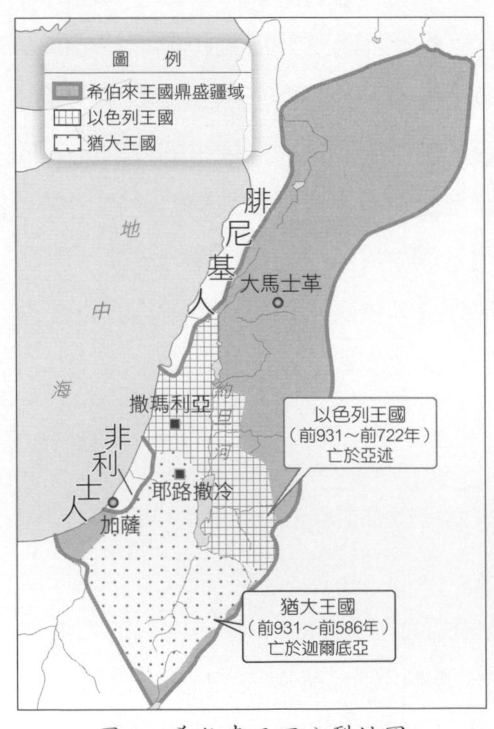

圖9：希伯來王國分裂地圖

不願去拜耶羅波安的金牛犢。羅波安執政第五年時，埃及法老沙桑克一世 (Shoshanq I) 進攻猶大，一千二百輛戰車、六萬馬兵，還有四十萬步兵進攻以色列人的領土，攻破羅波安的城邑，再進入耶路撒冷，掠奪聖殿，並奪取了聖殿和銀庫，帶走數以萬計的金銀財寶。

《舊約聖經》稱沙桑克一世為示撒 (Shishak)，在以色列分裂之前，埃及在巴勒斯坦、東地中海地帶並沒有太多活動，但耶羅波安對羅波安的對立衝突，讓埃及的政策有了轉變，由被動變主動，防守轉為進攻。而且，耶羅波安獲得埃及的協助，故以色列分裂後難以整合，一定有某種程度受埃及沙桑克一世的介入所影響。然而，耶羅波安的勢力是由沙桑克扶植起來，所以他若想要統一以色列的話，似乎也不可能不顧埃及的立場。羅波安於西元前 913 年去世，由亞比央 (Abijam) 登基為猶大王，繼續與耶羅波安交戰。儘管猶大國曾遭埃及劫掠，以色列國卻也沒能勝過猶大國，交戰之後仍然吃下敗仗，而且短時間內難以恢復元氣，猶大國也趁這時機獲得了一陣子的太平。

三、以色列國與猶大國之分立

所羅門之後的《舊約聖經》，其實是由南方猶大國的人寫成的，因為可以明顯看到經文對於北方以色列國的偏見。約瑟夫的《猶太古史記》，也就照這樣的方式來陳述歷史。於是，以色列國的國王，都是「行耶和華眼中看為惡的事」。耶羅波安之後的王位繼承者，拿答 (Nadab)、巴沙 (Baasha) 都是有惡行之人，後者更甚，仿效最邪惡的耶羅波安，不停行惡，直到死時。其後，亞哈 (Ahab) 也是一樣敬拜牛犢，在瘋狂和邪惡上遠超過所有在他之前的王。反觀羅波安的繼承者亞撒 (Asa)，就是品格卓越的王，敬畏神，並竭盡所能遵守神的律法，作戰時神要給他勝利的預兆。在上面的歷史敘述之中可以很明顯看到，從一千多年前以色列人之間金牛與白羊的爭議，還是偶爾會出現對立的狀態。

不過，以色列與猶大雖有對立，但有時卻又不能毫無合作。以色列的亞哈時常面對來自亞蘭國的壓力，當亞蘭王便哈達 (Benhadad) 要圍攻以色列的撒瑪利亞 (Shomronim) 時，派了使節跟亞哈說：「若亞哈的金銀和妻子兒女都是我的，一切讓我予取予求，這樣我就退兵。」亞哈答應，但便哈達又提出第二次的條件，就是連王宮親友住所也要搜刮，令亞哈覺得便哈達越來越得寸進尺，協議破局，便哈達遂圍攻撒瑪利亞城，但是，戰爭之中亞哈曾突襲成功，致使亞蘭國撤軍。隔年亞蘭國再來犯，依舊讓亞哈擊潰。不過，在三年後以色列出征亞蘭國時，亞哈遭到弓箭射殺去世。最後這場戰役，猶大國的領導人約沙法 (Jehoshaphat) 有參與。其實，處於有亞蘭與埃及南北夾擊的局勢，以色列國與猶大國有唇亡齒寒的關係，在緊要關頭若還保持對立，那就必然一同滅亡。不過，埃及國勢衰弱，暫時對猶大國的意圖不高，反而以色列國面對相當活躍的亞蘭，情況較為險惡。於是，猶大國的對外問題並不大，內政方面因為延續大衛以降的作風，不如北方以色列耶羅波安以來的混亂。學者研究反而有不同意見，由於局勢艱困，以色列國為了生存，其實力遠比南方安逸的猶大國來得強大。

四、強權壓力下的以色列與猶大

以色列國的暗利 (Omri) 於西元前 884 年即位，遷都撒瑪利亞，一方面發展商業，一方面與腓尼基人 (Phoenicians) 結盟，一同面對亞蘭。在政局不穩定的情況下，西元前 842 年，軍人耶戶 (Jehu) 政變奪權，暗利家族的勢力也都遭到剷除。學者李雅明在《出埃及：歷史還是神話？》提到：「亞述王撒縵以色三世（Shalmaneser III，西元前 858～西元前 824 年在位）時期，大約在西元前 825 年的碑文寫到了向亞述朝貢的幾個名字。其中有以色列王耶戶（西元前 842～西元前 814 年在位），也有他向撒縵以色三世磕頭的浮雕：「暗利兒子耶戶的朝貢品，我從他收到了銀子、金子、金碗、尖底的金瓶、金平底杯、金桶、錫，還有國王用的旗桿和槍矛。」雖然碑文將耶戶誤刻為暗利之子，但仍可看到，以色列國已經完全受制於亞述。

不過，耶戶執政並沒有多久，很快地遭到亞蘭王哈薛 (Hazael) 擊敗，耶戶之子約哈斯 (Jehoahaz) 於西元前 814 年即位。在以色列國動盪的時候，南方的猶大國約阿施 (Jehoash) 正在大修聖殿，完全沒有準備與能力應付亞蘭王哈薛進攻耶路撒冷這樣的事情，唯一的對策便是把神殿與王宮所有的財物都送給亞蘭王，換取猶大國不被滅亡的條件。以色列國衰弱之後，形同亞蘭國的附庸，協助亞蘭國攻打猶大國。在猶大的亞哈斯（Ahaz，西元前 743～西元前 727 年）時期，亞蘭與以色列比加 (Pekah) 聯合攻打亞哈斯，圍攻耶路撒冷。亞蘭人掠奪了戰利品後，就返回大馬士革。猶大國接著成為以色列國的囊中之物，十二萬人遭到殺害。亞哈斯派人向亞述呈上大筆金錢與大量禮物，以請求亞述的保護與支援。西元前 732 年，何細亞 (Hoshea) 為以色列王，他一方面向亞述進貢❻，卻又同時向埃及法老友好，結果引起亞述不滿。撒瑪利亞隨後遭到亞述軍隊包圍了三年，西元前 722 年以色列亡於亞述。其後亞述帝國控制了巴勒斯坦，猶大國離亡國之日也不遠了。

以色列國滅亡前後，猶大國由希西家 (Hezekiah) 即位，與以色列一樣也是向亞述進貢❼，而這也是亞述王西拿基立 (Sennacherib) 沒有直接拿下猶大國的原因。不過，面對強大的亞述，猶大國並不是完全挨打。〈歷代志　下〉第 32 章第 20 節到第 21 節寫道：「希西家王和亞摩斯的兒子先知以賽亞，因此禱告，向天呼求。耶和華就差遣一個使者，進入亞述王營中，把所有大能的勇士和官長、將帥，盡都滅了。亞述王滿面含羞的回到本國。」亞述國的泥版卻有不同的記載：「猶大的希西家不願意投降，我攻破了他的城鎮，獲得無數戰利品，並要他遣使稱臣進貢。」可見，同一件事情，各國都採取有利於自己的角度來書寫。不過，在亞述得知希西家有可能投靠埃及之後，便率軍與埃及交戰。由於亞述國在戰爭中失利，希西家也就獲得喘息的機會，但他最後仍因生病去世。

---

❻ 請參見〈列王紀　下〉第 17 章第 3 節到第 9 節。

❼ 請參見〈列王紀　下〉第 20 章第 12 節到第 13 節。

五、獨撐大局的猶大國

在希西家之後，猶大國在《舊約聖經》中開始出現負面形象。瑪拿西 (Manasseh) 於西元前 698 年擔任猶大國國王，遭到了巴比倫帝國的侵犯，哀鴻遍野。瑪拿西先是作為巴比倫的階下囚，後獲得釋放，安穩度過餘生。約西亞 (Josiah) 在西元前 639 年即位，猶大國有一度振興的景象。〈列王紀　下〉第 23 章第 25 節寫道：「在約西亞以前沒有王像他盡心、盡性、盡力地歸向耶和華，遵行摩西的一切律法；在他以後也沒有興起一個王像他。」〈申命記〉也特別推崇約西亞國王，這可能是在約西亞執政的時候寫的。

埃及王國在第二十六王朝時期又恢復了實力，繼續向西亞延伸勢力。此時約西亞也想要擴大疆土，將北方以色列統一起來。埃及法老王尼哥 (Neco) 與巴比倫的國王尼布甲尼撒 (Nebuchadnezzar) 對峙之際，約西亞不願讓法老通過猶大國，結果慘遭法老軍隊殺害。接續的幾任國王，例如約哈斯、約雅敬 (Jehoiakim)，都「行耶和華眼中看為惡的事」。接著約雅敬於西元前 608 年即位，先是有三年時間向尼布甲尼撒進貢，卻想在巴比倫與埃及交戰時作壁上觀，不向巴比倫納貢，最後遭到巴比倫俘虜，三千貴族也都一樣被擄走。巴比倫王於西元前 597 年立約雅斤 (Jehoiachin) 為王。此時，有更多的人遭擄走，包括猶大王約雅斤，於是巴比倫又另立西底家 (Zedekiah) 為王，而且要求猶大再也不得與埃及人結盟❽。〈列王紀　下〉又寫道的「西底家行耶和華眼中看為惡的事，是照約雅敬一切所行的。」

然而，西底家只與巴比倫結盟八年，還是轉而投靠了埃及人。儘管埃及協助了西底家對抗巴比倫，但最後戰敗。而耶路撒冷，於西元前 586 年遭巴比倫攻陷❾。於是，猶大國的命運就此結束。

圖 10：巴比倫人燒毀所羅門聖殿

❽ 請參見〈列王紀　下〉第 24 章第 10 節到第 18 節。

❾ 請參見〈列王紀　下〉第 25 章第 1 節到第 11 節。

第三章 *Chapter 3*

巴勒斯坦的猶太殘存勢力

第一節　回歸與在地猶太人之衝突

一、服務於他國的猶太人

以色列與猶大先後滅亡之後，多數人民被擄去亞述與巴比倫，在異地的身分地位理應不高。然而猶大國滅亡之後，國王約雅斤雖受俘虜，但後來的巴比倫國王不視他為囚犯，其餘生並不可憐❶。其實，反而有許多猶太人不願意回去耶路撒冷，因為他們在異地能夠耕田、蓋房，謀生管道很多，也能自由聚會。以但以理 (Daniel) 在巴比倫宮廷中服侍為例，〈但以理書〉第 2 章寫道，但以理曾替巴比倫國王尼布甲尼撒解釋夢境內容，其實尼布甲尼撒根本不知道自己夢到了什麼，而但以理卻能仔細說出他的夢是

---

❶ 請參見〈列王紀　下〉第 25 章第 27 節到第 29 節。

一尊人像，頭是精金的、胸膛與手臂是銀的、腹部是銅的、腿是鐵的、腳是半鐵半泥的，然後就說尼布甲尼撒是金頭，掌管其他國，然後再說「神把後來必有的事給王指明。這夢準是這樣，這講解也是確實的。」尼布甲尼撒因而對但以理大為獎賞。可以推測亞述與巴比倫帝國建立政權後，任用各地擄來的人才作為政策顧問。這些顧問所說的事情，就是在《舊約聖經》之中所提到的釋夢與諫言。不過這樣的敘述屬於神話性質，不可能是實際的對話內容。另外，以斯拉 (Ezra)、尼希米 (Nehemiah) 等人，也都是在異國宮廷內服務的猶太人。

約西元前 547 年，伊朗❷擊敗巴比倫與埃及的同盟，美索不達米亞、敘利亞、小亞細亞都落入伊朗手中。巴勒斯坦只是伊朗阿契美尼德 (Achaemenids) 王朝的行政區之一，屬於西部行省的一部分，其行政中心在大馬士革，從奧倫梯河 (Orontes River) 延伸到埃及邊界。西元前 538 年，居魯士頒布一道法令，讓猶太人回到耶路撒冷：「耶和華天上的神，已將天下萬國賜給我，又囑咐我在猶大的耶路撒冷，為他建造殿宇。在你們中間凡作他子民的，可以上猶大的耶路撒冷，在耶路撒冷重建耶和華以色列神的殿。」❸

於是，從《舊約聖經》的立場來看，居魯士對猶太人相當寬容，所以猶太人認為他有耶和華的支持，讚頌居魯士為彌賽亞、

---

❷ 一般來說 1935 年後波斯改名伊朗，但其實伊朗稱為「伊朗」已有很長一段歷史，反而從來不稱「波斯」。但西方文獻都寫做 Persia。

❸ 可參考〈歷代志　下〉第 36 章第 20 節到第 23 節，以及〈以斯拉記〉第 1 章第 1 節到第 5 節、第 6 章第 3 節到第 5 節。

耶和華牧羊人。但是，這是宗教角度的解釋，若從歷史的角度來看，居魯士的盤算應該是，若有一群效忠他的人住在巴勒斯坦，對於伊朗在當地的政策執行是有幫助的。由猶太人自己管理自己，只要大致上在政治方面繼續依附伊朗，按時繳稅，一切就相安無事。而且，伊朗處於西亞之東方，對巴勒斯坦的影響可能鞭長莫及。伊朗讓許多猶太人回歸巴勒斯坦，讓猶太人自己管理自己，進而執行伊朗中央的政策。

二、回歸與在地猶太人的問題

西元前 525 年後，伊朗的岡比西斯二世 (Cambyses II) 先後派遣猶太人設巴薩 (Sheshbazzar) 與所羅巴伯 (Zerubbabel) 至耶路撒冷，目的是重建聖殿。不過，並非所有的猶太人都願意回到耶路撒冷。在伊朗已經有家產的猶太人並不願意回去，僅表示會提供協助。結果，回歸耶路撒冷的猶太人都發現已經有難以解決的問題，就是原本的猶大國領土只剩下耶路撒冷周圍一帶，而且當地猶太人也已居住許久，儘管從伊朗「回歸」的猶太人有居魯士的詔令，卻變成了格格不入的新移民族群。回歸的人在巴比倫、伊朗時都受到不錯的待遇，回鄉之後面對的卻是艱苦、貧困、不安定的生活。而且，有些聖殿祭禮對於回歸的猶太人來說並不符合他們既有的觀念，也就是說大家同樣是猶太人，但「回歸的」與「在地的」對於所謂的傳統習俗已經有了不同的看法了。如同《耶路撒冷三千年》(*Jerusalem: The Biography*) 一書寫道：「返鄉的流亡者信仰的是新的猶太教。他們認為當地人是半個異教徒，鄙視他們是『那地的民』。」

此外，當地的猶太人也對回歸的猶太人有所不滿。約瑟夫在《猶太古史記》寫道，在地猶太人不想要讓重建聖殿成為回歸猶太人的專屬工作，遂向伊朗指派的省長所羅巴伯表示：「自從亞述王撒縵以色將我們由古他 (Cuthean) 和瑪代遷徙至此，我們就敬拜你們的神，向祂禱告，也渴慕你們的教義。」既然都如此服從伊朗，所以在地猶太人不願意有他們以外的人進行聖殿重建的工作。所羅巴伯從中調解，也取得伊朗國王的信件說明不可終止聖殿重建一事，就是要讓猶太人去處理。「(伊朗）大利烏王（Darius，大流士）的旨意是：『當你們讀到此信時，就依據（猶太）祭司所願❹，他們所需的一切祭物，從撒瑪利亞貢物的王庫中支出，使他們不至中斷每日的獻祭。』」聖殿在西元前 515 年重建完成，歷時十八年，其實有經費拮据、猶太人之間意見紛歧等原因，讓聖殿重建的過程走走停停，回復不易。

伊朗國王大流士去世之後，其子薛西斯 (Xerxes) 一樣善待猶太人。蕭規曹隨，薛西斯仍延續著大流士對猶太人的友善政策，當然這也都是為了穩固伊朗在巴勒斯坦的手段，是有其政治考量。西元前 486 年之後，薛西斯時期的伊朗不斷向外擴張，平定巴比

---

❹ 伊朗在猶太人之間建立了雙元政治，也就是有行政官與大祭司。以往祭司的重要性不大，但在以色列亡國之後，大祭司的職責就兼具了政治性質。以致伊朗派遣以斯拉、尼希米到耶路撒冷執行行政工作後，出現了上述的雙元政治體系。對於以斯拉與尼希米來說，祭司的存在反而會是推行政策的絆腳石。

倫，也征服埃及。西元前 483 年，還擊敗希臘。

三、伊朗的猶太問題

布賴特認為伊朗對猶太人之重視，原因有二：「第一，是由於這地方的重要性，第二是因為這是通往埃及的交通路線中心，而埃及又是常年不安定的。假設亂事波及這個地區，巴勒斯坦南部的軍事基地便會不保。」猶太人尼希米受伊朗國王之命前往耶路撒冷，擔任猶大省長。尼希米撤銷了以往省長索取貢禮的權力、恢復摩西以來的律法：即嚴格推行守安息日的制度，當日不得工作，關閉耶路撒冷的城門。其實，這樣的作法，雖有保護耶路撒冷的獨立性，卻更加阻絕了猶太人對外界的往來，畢竟猶太人勢力範圍本來就在山地，遠離東地中海，也難以與東南方來的阿拉伯商隊接觸。約瑟夫曾在《駁阿庇安》(*Against Apion*) 寫道：「我們既不居住在一個航海的國家，也對商業不感興趣，而且不想在這些方面與這樣的一些國家打交道。」另一方面，尼希米除聖殿重建之外，還有耶路撒冷城的防禦工事。

不過，因為尼希米行事一絲不苟，所以他與在地猶太人關係不睦。西元前 458 年，伊朗國王另外派遣以斯拉到耶路撒冷，與在地猶太人起草政治合約，也訂立一些基本法規。以斯拉執行的是伊朗國王的命令，其意涵便是：「凡是不遵守這個律法的猶太人，就是不遵守王的律法。」❺由居魯士以降的法令、政策，都

---

❺ 見〈以斯拉記〉第 7 章第 26 節。

是為了巴勒斯坦的穩定，畢竟這地區具有控制埃及的重要戰略地位，安定是相當需要的條件。

猶太人在伊朗宮中也曾受過打壓，國王亞哈隨魯（Ahasuerus，據考證，應是薛西斯）❻的大臣哈曼 (Haman) 視猶太人為患。哈曼認為所有外族人與伊朗人都要向他跪拜，但因為猶太人末底改 (Mordecai) 不願對他跪拜，所以他向王說道：「有一種民，散居於王國各省的民中，他們的律例，與萬民的律例不同，也不守王的律例，所以容留他們與王無益。」哈曼跟國王強調，這些人一個也不能留下，作奴隸或俘虜都不可以。哈曼甚至把自己的資產拿出來給國王，作為驅逐猶太人的條件。亞哈隨魯國王下令「將哈曼所告訴我的這民族毀滅，包括他們的妻兒，一個也不能倖免，也不准有人因同情他們而不遵守這御令。」不過，嫁給伊朗國王的猶太人以斯帖 (Esther)，以王后的身分挽救了末底改的性命，也使猶太人不至於遭到滅族。亞哈隨魯也對猶太人致信道：「其實是因為哈曼的誣賴，猶太人才有這樣的悲劇，所以要受到懲罰的應是那些無恥之徒。我們雖然尊崇哈曼，但他卻以卑鄙的方法回報，要除去對我忠貞的朋友，他的目的無非不是要取得王位。猶太人行為端正，不是邪惡的人民。」這也可以看得出來，猶太人在伊朗朝廷中所獲得的尊重了。

---

❻ 但猶太史家約瑟夫認為是西元前 465 年到前 424 年執政的國王亞達薛西 (Artaxerxes I)。

第二節　希臘勢力進入巴勒斯坦

一、希臘人的猶太政策

西元前四世紀末，伊朗國勢衰落，無法再一統西亞，讓亞述與埃及都有機可趁，紛紛反對伊朗的統治。但在局勢混亂之中，卻是馬其頓 (Macedon) 的亞歷山大 (Alexander) 擴張席捲亞洲，於西元前 332 年左右徹底擊潰伊朗大流士三世 (Darius III)。亞歷山大進入敘利亞、取得大馬士革，對西頓與推羅都造成極大威脅。他致信給猶太祭司，希望能獲得他們的協助，就是要猶太人能與馬其頓人結為盟友。可是猶太祭司拒絕，因為他們已經與大流士為友，不會違背這個誓言。這樣的回應，令亞歷山大決定攻打耶路撒冷。猶大省長參巴拉卻認為應該投靠亞歷山大，不願再效忠大流士三世，率領了七千人出走，造成猶太勢力一分為二。這樣的作法必招致批判，然而，在面臨強大外敵的時候，猶太人若想要自保，可能唯有跟亞歷山大結盟才行。猶太人向亞歷山大提出協議，希望能繼續在他們先祖律法下安居，以及每第七年可以不用納貢；也懇求允許居住在巴比倫的猶太人都能在自己的猶太律法下安居，亞歷山大應允了這些要求。

不過，亞歷山大的勢力隨著他在西元前 323 年逝世之後就分裂了。大致分成：在埃及的托勒密 (Ptolemy)，在巴比倫的塞琉古 (Seleucus)，在亞細亞的安提哥納 (Antigonus)，在色雷斯 (Thrace)

的呂西馬古 (Lysimachus)，還有馬其頓的卡山得 (Cassander)。這些勢力彼此互相爭鬥，戰亂頻繁，其中托勒密攻下敘利亞，而且利用猶太人安息日的時候占領耶路撒冷。可是在戰爭之後，托勒密友人給他的建言是，猶太人跟他們一樣都是敬拜創造宇宙萬有的主，應尊崇神而讓他們回到他們的故國。

托勒密頗為認同，遂向猶太人表示友好的態度道：「托勒密問候大祭司以利亞撒 (Eleazar)，有許多猶太人居住在我國裡，他們是在伊朗興盛時被擄的。我父尊重他們，將其中一些安置在軍中，享有比常人高的工價；……在我為王後，我以人道對待所有的人，尤其是你的國民。我釋放了超過十萬個為奴的猶太人……我也決心要將你們的律法書由希伯來文翻譯成希臘文，存放在我的圖書館裡。所以，你要慎重的從各支派裡選出六位品德良好，又通曉律法的長者，能正確的解釋律法；如能完成，我認為將帶給自己極大的光榮。」收信之後，以利亞撒表示願意合作，回覆道他們會接受這樣的請求：「我們會從各支派裡選出六位長老，並完成律法後贈送予您。」於是，約西元前 285 年之後，由托勒密開始的希臘文經典翻譯，便是後人所熟知的《妥拉經》(*Torah*)，也就是《七十士譯本》(*Septuagint*)。托勒密成為巴勒斯坦的猶太人的統治者，聖殿修繕的費用也由托勒密出資。不過托勒密給予猶太人的寬容政策，只因為巴勒斯坦的地緣重要性，這地區能夠安穩，埃及的政局也能安穩，若面對西亞強敵進逼，埃及本土也不至於立即受到損傷。

約西元前 240 年，猶太大祭司安尼亞 (Onias) 不願繳交稅金給托勒密政府，導致托勒密亟欲派軍進占耶路撒冷。一名頗有地方勢力的猶太人約瑟認為安尼亞這樣做，會讓人民遭遇危險。安尼亞卻答覆說，他不在乎權位，也可以放棄大祭司職位，反而同意讓約瑟前往埃及跟托勒密對談。約瑟抵達埃及之後，態度謙卑，一再希望托勒密能夠原諒安尼亞，而且猶太人也沒有作任何傷害托勒密的事情。他也說道：「請王因他（安尼亞）年紀老邁原諒他，王該知道，老人與嬰孩的心智完全一樣；你想要什麼就向我們年輕人要好了，這樣就不會讓你有機會抱怨了。」

約瑟將安尼亞放在弱勢、失能的一邊，也就是暗示托勒密王較為強勢、活躍。這樣一說，反而提升了約瑟在托勒密王心中的好感。但約瑟主要的目的，其實是想藉此獲得權位與勢力。約瑟首先答應要給予托勒密更多的稅金，還幫忙托勒密向敘利亞討稅，當地人不願意時，竟然殺了他們，把他們的財物送給托勒密。這一殺雞儆猴的事情，讓鄰近地區的人都不得不繳稅，不願服從的就是死路一條。約瑟藉此獲得大筆財富，也盡力討好托勒密王以及宮中有力人士。比較起安尼亞來說，約瑟的作法會受到後代批判，但此策略能夠保全巴勒斯坦不受埃及侵犯，而且四周他國都已衰弱時，埃及的友好態度對猶太人有益無害。

二、希臘化現象

約西元前 198 年，塞琉古的安提阿古 (Antiochus) 徹底擊敗托勒密軍隊，埃及由塞琉古統治。而且，對於安提阿古來說，若無法掌控埃及，那至少要把巴勒斯坦建成塞琉古的行省。安提阿古利用安息日，猶太人什麼事都不作的時候，打下了耶路撒冷。兩年之後，再度掠奪猶太人的財物、擄走民眾一萬人、也拆毀城牆，另外修築高牆與高塔。對於猶太人的律法，安提阿古也強迫他們改變，例如要殺豬獻祭、認可諸神與偶像、不行割禮。〈馬加比一書〉❼第 1 章說道：「安提阿古見一切穩固之後，便企圖南下進軍埃及，要作兩地的君王；於是，安提阿古的軍隊、戰車、象隊、騎兵、艦隊一起進攻埃及，埃及城市一一遭到劫掠。」然後安提阿古北歸巴勒斯坦，率領大軍直逼耶路撒冷。〈馬加比一書〉第 1 章寫道馬其頓人認為「聖殿會帶來威脅，以色列人民是邪惡的敵人。他們（塞琉古）在聖殿周圍殺害無辜，玷污了聖殿。安息日不再，猶太人只有悲痛與恥辱，聖殿也不復以往熱鬧。過去的光榮不再，只剩下羞辱！」❽

不過，猶太人有時為求保障自身安全，會隨局勢變化而調整立場。塞琉古王安提阿古打敗托勒密之後，猶太人自願投靠塞琉古，歡迎他進入耶路撒冷，供應軍隊之所需。安提阿古公布尊崇聖殿的法令：「按照律法，外邦人不可越過聖殿所定的界限；猶太人也是一樣，除了那些已經按照他們習俗潔淨過的猶太人以外。……違反這些命令的人，要付給祭司們三千達利克的銀子。」

---

❼ 馬加比與哈斯蒙尼王朝可以從〈馬加比書〉查見，在《舊約聖經》卻完全沒有記載，因為對於編纂《聖經》的人來說，〈馬加比書〉屬於偽經，不可收錄在《舊約》之中。但對西元前二世紀的猶太人歷史有翔實描述，故有史學價值。

❽ 也可參考〈馬加比二書〉第 11 章。

安提阿古對於猶太人的友善，當然還是為了巴勒斯坦這一帶的穩定，以避免猶太人向其他強權靠攏。至於猶太人，既已沒有巴比倫、伊朗時期擁有帝國的行省地位，要維持在同樣的地方生存，就必須向鄰近強大之一方輸誠。塞琉古與猶太人之間，維持著策略性質的合作關係。

然而，由於馬其頓人統治的關係，巴勒斯坦地區逐漸出現了希臘化的現象。猶太人逐漸地只看重希臘的榮耀，讚賞希臘文化，在生活方式、衣飾、稱謂、語言和風俗等方面都進行希臘化，宗教方面也是。不過，大祭司安尼亞三世 (Onias III) 主張恪守正統的傳統習俗，堅決反對被希臘人同化。大祭司的兄弟耶孫 (Jason) 希望能利用當時宮廷中對安尼亞的不信任，所以向希臘同化派靠攏，並同意向希臘奉上貢金，作為登上大祭司的條件，取代了他的兄弟。〈馬加比二書〉 第 14 章第 10 節 ：「耶孫取得大祭司之後，立刻推動希臘化政策（就是修建希臘式的體育場、訓練所），並讓耶路撒冷人歸為希臘公民」，還廢除既有的猶太制度與習俗。第 14 章第 12 節寫道：「他（耶孫）故意在城堡下建築了運動場，引領貴族少年受體育訓練。……希臘文化與風俗鼎盛，祭司也無意獻祭，對聖殿態度輕慢。反而一知道有擲鐵餅的消息，就立即前去運動場。原有的猶太尊嚴已經不受尊重，他們一心崇拜希臘的光榮。」至此，猶太人的生活已經處處是希臘化的痕跡。

三、哈斯蒙尼家族興起

就其他方面來看，無論是托勒密或是塞琉古，雙方的結盟或征戰加強了巴勒斯坦對埃及、西亞地區的聯繫，甚至通往愛琴海地區。前文提到的《七十士譯本》就是一例，通過希臘語之使用，猶太人的社會地位得以提高，也能受到更好的教育。很多學者認為亞歷山大以來的寬容政策讓東方變得開放，像是異族通婚、視外地人民是兄弟的態度，或者各地的希臘運動場、希臘式建築。在這時期，居住在埃及的猶太人，托勒密給予他們相對的自由與自治，不會抵觸他們固有的風俗習慣。散居各地的猶太人，則逐漸融入他們居住的地方，儘管還保有猶太人的特質，但他們認為自己是希臘人。反而耶路撒冷的猶太人，認為希臘文化就是異端，例如崇拜偶像、無神論、不道德等文化習俗。

其實，希臘化的現象還是奠基於強制征伐與服從的前提之中，並不能視為是種和平的文化影響力，畢竟沒有武力征伐、沒有施加壓力，就難有明顯的影響。於是，在托勒密與塞琉古之間持續了近百年的戰爭裡，巴勒斯坦就出現了三十多座希臘式的城市。但是，越來越有人反對安提阿古。在耶路撒冷摩丁村 (Modin) 身為祭司的哈斯蒙尼家族 (Hasmonean) 的馬提亞 (Mattathias) 心生不滿。他認為，「現在他們所處的苦境、耶路撒冷受到的破壞、聖殿遭遇的劫掠以及民眾所處的困境；寧可為他們國家的律法而死，也強過像現在這樣不榮耀地活著」。他也向安提阿古宣示：「即使君王治下諸國之民都聽從安提阿古，我和我的兒子仍會履行我們祖先的約。」所以，他殺了地方長官亞比利 (Apelles)、搗毀祭壇，帶人逃進深山，約在西元前 167 年揭竿起義。

第三節　哈斯蒙尼朝代建立

一、馬加比起義

馬提亞保衛自己人的方式，就是連安息日也要作戰。從摩西出埃及之後，猶太人在安息日不得做事，但這卻成為猶太人面對外來侵犯時的一大弱點。在生死存亡之際，無須再固守制度而喪失生命。馬提亞強調的新規矩就是，「如果為情勢所逼，安息日是可以戰鬥的。」一年之後，馬提亞因病去世，他希望大家可以保有民族的習俗、復興古時的政治體系，「當神看到你們如此行，祂必不輕看，反要珍視你們的德行，把你們所失去的都完全補足，使你們重得平安度日的自由，享受屬於你們的傳統。」馬提亞去世後，他的兒子猶大接下反抗的重責大任。人稱猶大為「鐵鎚猶大」，鐵鎚就是「馬加比」(Maccabee)，所以他率領的起義又稱「馬加比起義」。而這個起義，竟持續了近一個世紀，甚至建立了哈斯蒙尼王朝，直至西元前 63 年羅馬人攻進耶路撒冷為止。

〈馬加比二書〉第 8 章第 1 節寫道：「猶大馬加比一派遊走各鄉村，呼籲人們固守猶太教，集結了六千人。」第 5 節到第 7 節說道：「馬加比組成的軍隊，外邦人無法抵抗，因為上帝對猶太人的憤怒已經轉為憐憫，讓猶太人勢力再起。馬加比總是在出人意料的情況下襲擊敵方城鎮，焚燒或占據要塞，讓敵人屢遭潰敗。馬加比特別喜愛夜間進襲，驍勇善戰，各界都聽聞他的名聲。」

圖 11：馬加比起義

馬其頓將軍希倫 (Seron) 出兵征討竟然失敗，猶大由山區一路追擊他們到平原地區。安提阿古此時與伊朗交戰，將平定亂事的任務交給了總督里西阿斯 (Lysias)。不過，猶大出其不意的黎明襲擊，讓里西阿斯軍隊措手不及，三千人遭到殲滅，里西阿斯隔年又再度侵犯猶大，一樣吃了敗仗。不僅里西阿斯失勢，安提阿古對伊朗的戰役也吃了敗仗。這導致安提阿古暫停了對猶太人的征戰。猶大在此時光復了耶路撒冷的聖殿，他們祈禱上帝不會再遭到外敵的禍患，猶太人若再犯錯，也希望祂減輕罪罰，至少不要再交給外來的野蠻民族。

〈馬加比二書〉第 11 章第 16 節，里西阿斯也對猶大示好。安提阿古也頒發詔書給猶大：

你們的安樂與幸福是我們的希望，我們也很平安，……（我們）允許猶太人像昔日一樣，享用自己規定的食物，遵守自己的法律。如果有人無意作了什麼錯事，誰也不可干涉。

於是，面臨著馬加比起義的衝擊，安提阿古也只能接受他們的訴求。在史家的描述中，這是自西元前六世紀巴比倫國王尼布甲尼撒流放猶太人之後四百年以來，猶太人第一次恢復了獨立地位。當然這很明顯的不會是永久的協議，一旦馬加比勢力一衰弱，安提阿古必然捲土重來。此時羅馬 (Rome) 在歐洲已經漸漸強盛，也很關注巴勒斯坦局勢。所以，羅馬也寄給猶太人一封公函，其原文如下：「里西阿斯與你們商訂的事，我們也表示贊同。你們請立即派人來談，盡快讓我們知道你們的需求。」這一信函，等於羅馬也同意馬加比的獨立地位。

二、意見分歧的猶太人

由於哈斯蒙尼家族的努力，西元前 164 年 12 月，馬加比控制了整個巴勒斯坦，取回耶路撒冷，清理聖殿、再次獻祭。猶大也重建城牆，以對抗敵人入侵。不過，並不是所有猶太人都同意馬加比起義。在〈馬加比一書〉第 1 章第 11 節已有提到：「我們還是跟外邦人友好吧，拒絕與他們往來只會帶來麻煩。」這些人之中，有人想向敘利亞的德米特里 (Demetrius) 投誠。〈馬加比二書〉寫道，猶太人向德米特里說：「有一些號稱哈希迪人 (Hasidaeans，即哈斯蒙尼家族)，並以猶大為領袖，時常發動戰爭，隨時都有叛變運動，猶太人之間難以安寧。……我們民族的苦痛，都是因為馬加比的膽大妄為。希望你們能理解詳細的狀況，相信在你們仁德的治理之下，猶太民族必然安穩。總之，只要猶大勢力一天沒有剷除，猶太人就一天難以平安。」然而，這並沒有增加德米特里的氣勢，雙方交戰後由猶大勝出。

與此同時，羅馬的勢力強大，橫掃東地中海與北非。馬加比亟欲與羅馬結為盟友，以取得支援來對付德米特里。〈馬加比一書〉第 8 章第 17 節寫道：「猶大……與羅馬人締結友好盟約，希望羅馬人理解希臘人要將以色列納為奴隸，所以需要羅馬的協助以擺脫壓迫。」馬加比的使節走進羅馬議院就進言說：「猶大馬加比同他的兄弟和猶太民眾，派遣我們到此，要與你們建立同盟，締結和約。請讓我們列於你們的聯盟和友邦之中。」羅馬接待了馬加比的使節，公告說：

> 元老院的公告是有關與猶太民族建立友好與互助的盟約。任何羅馬的子民和猶太民族爭戰是不合法的，也不可以用玉米、船隻或金錢幫助那些與猶太民族作戰的人。要是猶太人遭到攻擊，羅馬人會盡力幫助他們，要是羅馬人遭到攻擊，猶太人也會來幫助羅馬人。如果猶太人對這互助盟約要加添或刪減，必須得到羅馬人的一致同意。經由這過程而添加的事項與現有的同樣有法律功效。❾

❾ 可參考〈馬加比一書〉第 8 章第 23 節。

羅馬相當瞭解平息哈斯蒙尼家族的反抗情緒是相當重要的事情，若巴勒斯坦持續有動盪，對於羅馬在整個西亞地區的權勢必然有很大的傷害。不過，哈斯蒙尼家族跟羅馬的結盟，卻沒有帶來幫助。德米特里持續與猶大交戰，這回猶大慘敗，受傷而死。史家約瑟夫認為，這是猶太人自巴比倫回歸之後遇過最大的災難。隨後，猶大的兄弟約拿單擔任起領導人的責任。德米特里繼續追擊約拿單，設想藉由安息日來突擊猶太人。不過，自馬提亞之後，馬加比的行動不受安息日牽絆，約拿單與德米特里軍隊正面對決，擊潰兩千名士兵。往後多次交戰之中，德米特里軍隊始終沒能擊敗約拿單，不過約拿單也沒有完全勝利。最後雙方談妥互助與友誼的盟約，送回俘虜，戰事就這樣打住。

三、馬其頓內訌

德米特里失勢之後，敘利亞興起由亞歷山大巴拉 (Alexander Balas) 領導的新勢力。約拿單氣勢高漲，亞歷山大巴拉覺得與其對戰不如結盟，他給約拿單的信件說道：「我們久仰你的勇氣與忠貞，因此想與你結為友好互助的盟邦。今日我們將立你為猶太大祭司，你也就成為我的朋友。這裡一件紫袍、金冠送你當賀禮，希望往後我們相互尊重。」不過，德米特里並不願就這樣失去在巴勒斯坦地區的優勢，試圖與亞歷山大巴拉較勁，他也不甘示弱，給予了約拿單比亞歷山大巴拉更多優惠待遇，例如免除部分進貢與稅金，而有些稅金則永不再徵收，猶太人都有自由身分，任何人不得傷害他們。德米特里也會給予耶路撒冷聖殿獻祭的花費，也提供修繕經費。這也可以看到，馬其頓將領之間在巴勒斯坦爭奪勢力互不相讓的狀況。約拿單等猶太人並不認為德米特里會如實給予這樣的優惠，而且亞歷山大巴拉早已與他們結盟。最後這演變成亞歷山大巴拉與德米特里之間的混戰，後者在戰場陣亡❿。

不過，兩個馬其頓勢力並未就此結束競爭。約拿單受到亞歷山大巴拉的禮遇，但有些人不滿，像是德米特里的兒子德米特里二世就出兵攻打約拿單，亞歷山大巴拉同時因陷入與埃及的戰事之中而受傷身亡。不過，德米特里二世還是未能擊敗約拿單，交戰之中兩千人的軍隊慘敗。德米特里二世改採與哈斯蒙尼結盟的策略⓫，但亞歷山大巴拉之子安提阿古也寫信給約拿單：「我立你為大祭司，將你列入國王的盟友。」他給約拿單送上金器和一套餐具，允許他以金杯飲酒，穿紫袍，戴金釦。他也任命約拿單的兄長西門 (Simon) 為總督，由提洛梯山 (Ladder of Tyre) 直到埃及邊境都由他管轄。巴勒斯坦地區的局勢瞬息萬變，哈斯蒙尼家族對鄰近強權發起抗爭，已經頗有勢力，以致於成為各方拉攏的對象。可是這都不能當作是友好與和平的保證，約拿單其實也知道這個情況，所以他又找尋羅馬的支持，導致德米特里二世在知道約拿單與羅馬友好之後，決定出兵攻打約拿單。

安提阿古的部隊之中，土魯富 (Trypho) 將軍有意要在敘利亞一帶稱王，深怕約拿單先後與德米特里及羅馬友好，會阻礙他掌

---

❿ 見〈馬加比一書〉第 10 章第 49 節。

⓫ 見〈馬加比一書〉第 11 章第 30 節。

握局勢。其實約拿單知道，整個局勢並非一味抗爭就能讓哈斯蒙尼家族取得優勢，若沒有機會減緩鄰近強權對於猶太人的壓力，哈斯蒙尼要維持勢力必然不容易。土魯富不願在巴勒斯坦失去優勢，所以一心想要除去約拿單。但他先用友好政策，以降低約拿單的戒心，趁著約拿單沒有兵力之際予以擒下。這時的局勢對於哈斯蒙尼家族相當不利，甚至外傳「他們既沒有領袖，也沒有任何外來協助，現在應該是除去他們的最好時機。」土魯富集結大軍，準備一舉擊潰哈斯蒙尼家族。

在西門擔任領袖之後，約拿單也已經遭到土魯富殺害。〈馬加比一書〉第 13 章第 34 節寫道，西門希望德米特里二世能協助他們所面對的土魯富問題，像是土魯富的劫掠行徑，令西門難以向德米特里二世繳付稅金。德米特里答覆他說：「我們會與你們友好，會豁免你們的賦稅。凡從前給你們規定的，仍為有效；你們修建的堡壘，還是歸由你們所有。截至今日為止，你們無知犯下的錯，我們都一律赦免。假如在耶路撒冷還有其他雜稅，也一概不再徵收。如果你們中間，有適於作我們侍衛的人，都可錄用。希望我們之間，常有和平。」

德米特里二世的二子安提阿古曾與西門結盟，但那只是虛情假意。安提阿古擊敗土魯富之後，反而回頭攻擊猶太人。安提阿古批判西門造成諸多混亂，要收取他們在猶太區域外占領地的稅金，否則就要出兵攻打。西門反擊說：「我們從來沒有侵占外人的土地，也沒有搶過任何人的財物，那些都是先祖的遺產，事實是那些都遭到外人強占，我們只是取回我們自己應有的部分。」各說各話，其實都有道理。而國際政治就是沒有永久的邦交，安提阿古先與西門結盟，只是為了專注對付土魯富，等到土魯富不成勢力之後，西門就成了安提阿古要一統天下的對手。安提阿古雖未成功，但西門在西元前 134 年反遭自己的女婿叛變且殺害。

四、主流的猶太派別

馬其頓人之間有不同勢力的問題，其實哈斯蒙尼家族得勢期間猶太人也是一樣，狀似有股抵抗強權的勢力，但猶太人之間還有不少派系，爭議的事情多與如何形塑猶太特色有關。這或許與希臘化時期的風氣有關，各方都在強調自己的獨特性，也因而表現出他們的政治立場。史家約瑟夫在《猶太戰爭》(*The Jewish War*) 與《猶太古史記》說明了猶太人之間的三個派別：法利賽派 (Parisees)、撒都該派 (Sadducees)、艾賽尼派。猶太人之間衍生這些派別，主要是因為政治紊亂，導致社會上權貴與民眾之間的差距擴大。社會的上下階層差距過大，富人與窮人就越顯對立。無論這是否符合史實，但確實影響了《新約聖經》的書寫風格，權貴與貧困間的衝突處處可見，後來耶穌與羅馬的對立便是如此。

約瑟夫說，法利賽人生活儉樸，行為理性。他們對於宗教比其他派別更為虔誠，對於律法看得也更加嚴厲。約瑟夫在《猶太古史記》寫道：「(法利賽派）認為應該竭力遵守與實踐理性的領導。……法利賽人用這些教條說服了許多的民眾，無論是敬拜、祈禱或獻祭，民眾都完全遵照他們的指示而行，甚至有多個城市都因為他們在生活上及言行上的高尚德行，而頒發證書給他們。」

撒都該派不一樣，他們與權貴為伍，約瑟夫說他們除了律法命令之外，不遵守其他指令，「他們認為和那些常常來訪的哲人們辯論是一種高貴的行為。只有少數的猶太人接受撒都該派的教義，但是其中有一些是顯貴人士。」約瑟夫寫道，法利賽派與撒都該派確有很大的差異，例如：

> 法利賽派傳給民眾某些律法。這些律法雖然沒有紀錄在摩西的律法書中，卻是祖先留下來的。正是由於這個原因，撒都該派拒絕這些律法。他們堅持認為，只有成文的律法（《聖經》）才應該被視為有效律法，而那些由先輩傳下來的律法並不需要被遵守。正是在這些事情上，兩派爭論得不可開交，存在著嚴重的分歧。

約瑟夫強調，法利賽派為大眾所支持，撒都該派則是貴族菁英，這就是雙方對立的因素之一。但問題是，法利賽人有民眾支持，如果撒都該派進入官場之中，還是得重視法利賽人的意見，不然就會失去民心。如約瑟夫說的：「因為他們一旦成為行政官後，就必須不情願地去遵守法利賽的主張，否則便得不到民眾的支持。」

另外，艾賽尼派追求宗教與哲學，過著烏托邦的生活。約瑟夫說：「他們熱衷於崇高的道德與公義，……他們熱衷的程度都是無人可及的，而且他們是長期持守這樣崇高的品德，而並非只是短暫的熱誠。……不計代價的要使大家都得到相同的待遇，富裕的人與一貧如洗的人所享有的完全一樣。」約瑟夫也寫道：「他們

（艾賽尼派）沒有統一的城市，到處都有大居住區，當一處的信徒到一個新地方，所有當地的資源都可供他使用，好像就是他自己的一樣。……他們之間不買賣任何東西，每個人都會給予別人所需要的東西，別人也會給他自己有用的東西作為回報。」現今著名的《死海古卷》，就是艾賽尼派所寫的。

約瑟夫還有指出第四派——奮銳黨 (Zealots)。約瑟夫說，這一派人同意法利賽人的主張，對自由有不可侵犯的執著。猶太社會與羅馬之間的對抗，與奮銳黨人脫不了關係。學者阿斯蘭 (Reza Aslam) 寫道，他們堅持信念，不讓以色列再為外邦統治。為了實現理想，暴力行為是必要的作法。

五、哈斯蒙尼朝代衰亡

西元前 134 年，西門之子約翰希爾坎 (John Hyrcanus) 承襲了大祭司，可是難以抵擋安提阿古的勢力，所幸在獻祭的部分還獲得安提阿古的同意，後來雙方結為盟邦，一同征服帕提亞 (Parthia)。一份歷史文件記載：「當安提阿古征服了帕提亞的將領印大提 (Indates) 時，在里古河 (Lycus) 豎起了一個勝利紀念碑，並在那裡停留了兩天。這是猶太人希爾坎的要求，因為這時正值他們先祖流傳下來的節期，根據猶太人的律法，在節期間不可以出外走動。」安提阿古與哈斯蒙尼家族之間保持著既對立又有合作的關係，但這便是當時巴勒斯坦地區之間的國際局勢。巴勒斯坦的猶太勢力總是受制於鄰近強權，幾乎沒有獨立的生存空間與機會。安提阿古最後在戰場中身亡，希爾坎再次向羅馬表示友好，維持過去的盟邦關係。西元前 104 年，希爾坎去世之後，其子阿里斯托布洛斯 (Aristobulus) 成立王國，為自己加冕，哈斯蒙尼王朝就此成立。約瑟夫認為這才是四百多年來，猶太人第一次獲得獨立。

阿里斯托布洛斯的兒子亞歷山大亞奈歐斯 （Alexander Jannaues，西元前 103～西元前 76 年在位）登基之後，認為國事安定，就繼續向外征戰。由名字來看，此時成立的哈斯蒙尼王朝已經相當希臘化，連人名都使用希臘名。這就是希臘化時期的猶太政治，希臘化並不完全是文化變遷的過程，其實也是隨著政治局勢變遷而發展。亞歷山大亞奈歐斯的對外關係，則是周旋於埃及與敘利亞之間，表面與兩邊友好結盟，欲靠著較強的埃及協助來擊敗塞琉古。然而，亞歷山大亞奈歐斯的計謀並沒有成功，這樣的意圖讓塞琉古看穿，雙方交戰，後者大勝。塞琉古的強盛，也令埃及擔憂。但戰爭不盡然都是某一方勝利，亞歷山大亞奈歐斯有埃及的支持，便不再害怕塞琉古。往後，亞歷山大亞奈歐斯還毀滅了敘利亞地區的一些主要城市。

不過，亞歷山大亞奈歐斯去世之後，其兩個兒子希爾坎二世 (Hyrcanus II) 與阿里斯托布洛斯二世 (Aristobulus II) 彼此不合，最後雙方取得協議。希爾坎二世放下敵意，不干預國事，讓阿里斯托布洛斯二世為王 。 鄰近以土買 (Idumean) 的猶太人安提帕特 (Antipater) 想拉攏希爾坎二世來打擊阿里斯托布洛斯二世 。 安提帕特一再煽動有權勢的猶太人來批判阿里斯托布洛斯二世，也強調阿里斯托布洛斯二世奪取了希爾坎二世的政權。安提帕特聯合阿拉伯王國，希望希爾坎二世前往投靠。阿拉伯王國定都於佩特拉 (Petra)，國王阿瑞塔 (Areta) 與安提帕特有親戚關係。後來希爾坎二世同意合作，相信安提帕特與阿瑞塔王會協助他收回耶路撒冷。此時，羅馬的龐培 (Pompey) 進逼敘利亞，而阿里斯托布洛斯二世願意給予羅馬龐大酬金以協助他的政權，而且不求羅馬回報。龐培的將領斯考魯 (Scaurus) 與阿里斯托布洛斯二世達成協議，突破了阿瑞塔的圍城，最後阿里斯托布洛斯二世擊敗阿瑞塔與希爾坎二世，殺死了六千名敵軍。

西元前 64 年，龐培來到了大馬士革，希爾坎二世與阿里斯托布洛斯二世各派使臣來見他。各方都想要取得龐培的好感，但阿里斯托布洛斯二世與希爾坎二世的衝突嚴重，使得龐培也很謹慎看待這兩方猶太勢力。由此可見，羅馬一直都很關注巴勒斯坦的局勢，此地串連著西亞地區與埃及，若穩定這地區就能夠掌握西亞的國際情勢。其實，猶太人之間早已不滿希爾坎二世與阿里斯托布洛斯二世不合的事情。對他們來說，希爾坎二世與阿里斯托布洛斯二世只想要權力，並不在意人民福祉。學者科亨 (Shaye J. D. Cohen) 也有提到，「馬加比家族創建的王朝從來就沒有取得所有猶太人的支持。」雖然阿里斯托布洛斯二世與龐培有協議關係，可是他並不願意完全接受龐培指揮，仍在耶路撒冷繼續作戰爭的準備，導致龐培決定出征攻打阿里斯托布洛斯二世。三個月後，羅馬執政官安東尼 (Gaius Antonius) 與西塞羅 (Marcus Tullius Cicero) 占領了耶路撒冷。西元前 63 年，哈斯蒙尼朝滅亡，猶太人的王國也就此走入歷史。

第 II 篇

猶太人王與猶太戰爭

第四章 *Chapter 4*

希律與耶穌：猶太王之爭

第一節　大希律王的興起

一、希律家族登場

羅馬人摧毀耶路撒冷之後，阿里斯托布洛斯二世遭流放到羅馬，龐培命希爾坎二世為大祭司。猶太人建立的哈斯蒙尼朝代，又為外來勢力徹底掃蕩。敘利亞作為羅馬的省分，也納入了巴勒斯坦地區。而羅馬任命猶太人擔任大祭司，如同馬其頓時期一樣，讓當地人治理，以減少動亂。不過，此時的祭司沒有政治權力，而是隸屬於羅馬總督之下。阿里斯托布洛斯二世及其子安提哥納 (Antigonus) 回到耶路撒冷，又於西元前 56 年發起叛變，試圖重啟馬加比勢力。但是，歷經三年混戰之後，阿里斯托布洛斯二世最後仍然不敵羅馬人，遭克拉蘇 (Crassus) 將軍擊敗。

西元前 48 年，凱撒 (Caesar) 進入埃及、擊敗龐培。隨後，凱撒協助希爾坎二世在耶路撒冷重建聖殿。羅馬元老院的公告中提到,「這些猶太人的使者都是優秀且可敬的人,他們前來提議重申與羅馬人間的友好盟邦關係,這也是我們之間一直保有的關係。」此外,凱撒任命猶太人安提帕特為羅馬在猶大地的行政長官,其子法薩埃爾 (Phasael) 主管耶路撒冷,而希律 (Herod) 負責加利利。西元前 44 年,凱撒遇刺身亡後,屋大維 (Octavius) 與安東尼共治羅馬,後者掌管帝國東部,此區包括巴勒斯坦。希爾坎二世與安東尼結為盟友,安東尼政府給予友善的回應,也同意讓猶太人維持他們既有的習俗與傳統。上述歷史出自約瑟夫《猶太古史記》中,但約瑟夫有相當濃厚的傾羅馬立場,所以刻意凸顯羅馬人對猶太人的善意,可能事實不盡然是如此。屋大維一直到西元前 29 年才正式將巴勒斯坦納入版圖之中,可見羅馬帝國擴張的循序漸進,在東方馬其頓希臘化力量尚未消退之際,有一段東西分治的過渡期。

法薩埃爾與希律兩人,以希律較有政治企圖心,他曾前往羅馬,取得安東尼與屋大維的支持,然後又迎娶馬加比家族的公主米利暗 (Miramne) 為妻,也就是希爾坎二世的孫女。希律的作法,一方面取得外邦統治者的認可,一方面也希望以婚姻的方式減少馬加比殘存勢力的挑戰。儘管希爾坎二世還有政治勢力,希律卻是一步步取得猶太人的全面主導權。但馬加比家族並不認同希律與羅馬人友好,安提哥納在耶路撒冷之外繼續反撲著希律的權威。馬加比家族趁戰亂之中,開啟城門讓安提哥納進城,並奪下耶路撒冷。安提哥納成為猶太國王與大祭司,導致希律權威搖搖欲墜。

在耶路撒冷，希爾坎二世的大祭司職位遭到廢除，法薩埃爾則是遭到毒死。希律尋求羅馬的協助，而凱撒與安東尼也願意幫忙，向元老院提出請求。元老院表示同意協助，而且宣布希律為猶太人的王。

圖 12：希律王

二、希律王的內政外交

西元前 38 年，希律在羅馬的協助之下奪回耶路撒冷，安東尼處決了安提哥納。希律時期，羅馬在巴勒斯坦的地位越來越穩定，軍隊四處駐守，耶路撒冷給羅馬相當多的貢金。希律大興土木，其建設規模比過去《舊約聖經》傳說的大衛王還要龐大。然而，希律的歷史評價很差，多是批判他殘暴對待猶太同胞，討好羅馬外邦人，甚至是血統不純，因為他父親為改信猶太思想的人，而母親是阿拉伯人。於是，他的強硬作風就是為了穩固他的政治權威，迎娶馬加比的公主也是為了稱王的正當性。然而，這樣的歷史評價並不公允。若角色對調，安提哥納若稱王，面對希律的殘餘勢力，肯定也是一樣採強硬作風，也會尋求自身權力的正當性。

馬加比的剩餘勢力，在這時候已經遭到徹底殲滅。不過，約瑟夫記載到，希律並沒有對希爾坎二世趕盡殺絕，而是將他帶至巴比倫。其實，希律維護自身權益無可厚非，卻也知道對待曾任猶太大祭司的希爾坎二世不可能完全沒有情面，所以儘管約瑟夫的立場與其他史家不同，但或許才是比較貼近史實一面的希律。

希律掌權之際，面臨著阿拉伯人的侵犯。在他執政第七年，猶大地區因地震而各地哀鴻遍野，阿拉伯人欲藉機入侵。希律鼓勵著猶太同胞，出兵跨越約旦河擊潰阿拉伯人。在屈居劣勢、缺乏物資與外援之下，阿拉伯人派使臣來見希律以求和平。不過，希律完全不接受，猛烈攻勢讓阿拉伯人心力交瘁無能再戰。當時正值凱撒與安東尼之間爆發衝突，後者吞下敗仗。

希律向來與安東尼友好，頓時感到局勢對他不利。更何況在猶太人之中，希爾坎二世仍然享有名望，就算希律禮遇他，在這時局勢巨大變遷之下，希律仍擔憂凱撒會協助希爾坎二世復辟。不過，要剷除希爾坎二世，需要有重大理由。希爾坎二世之女對希律不滿，想聯合阿拉伯人以保護其父親，才不至於受到希律的傷害。當然，這樣做的目的不僅是要打擊希律，還想要讓希爾坎二世再次稱王。不過，這項計畫並沒有成功，希律還是知道了這件事情，也知道了阿拉伯人願意保護希爾坎二世。結果，不意外地希律處死了希爾坎二世。昔日希律仍讓希爾坎二世享有崇高形象，表示儘管希律已經作為猶太人的王，卻不至於把精神象徵的希爾坎二世擊潰。但在政治局勢變化之下，希律還是有必要剷除任何可能的威脅。

除去希爾坎二世之後，希律還需要處理他與凱撒之間的關係。希律向凱撒表示，過去對於安東尼有深厚的友誼，但希望凱撒會認為他是個不會放棄友誼、重視恩情的人，若角色對調，他也會以一樣的方式忠於凱撒。於是，當凱撒要進軍埃及之時，希律已經備妥大量的軍需物資，向凱撒表現出他的忠誠。巴勒斯坦作為羅馬行省通往埃及的重要地帶，希律的作法實有保障猶太人社群不至於遭到侵犯的作用。希律瞭解鄰近強權的力量，主動輸誠的作法並非毫無價值。對於凱撒來說，能夠擁有個東方「助手」，不失是個讓巴勒斯坦穩定的方式，不必急於立即殲滅。

三、巴勒斯坦羅馬化

由於處於羅馬勢力之下，在希律往後的執政期間，許多羅馬式的建築在巴勒斯坦如雨後春筍般出現，耶路撒冷林立著圓形劇場。希律規定每五年要為凱撒舉行慶典，要有一座大規模的競技場。在他執政第十八年的時候，於耶路撒冷的聖殿旁蓋了一座以「安東尼」為名的碉堡，也重建北方的撒瑪利亞城，改名為色巴斯 (Sebasta)。執政第二十八年，也擴大舉行各類打鬥與賽馬的活動，原本在羅馬才看得到的運動，現在於耶路撒冷也看得到了。這樣的現象，對於部分猶太人來說，實在是太過於背離猶太人既有的習俗。約瑟夫認為，希律引入了外邦風俗習慣，觸犯了自己國家的神聖律法，將猶太人帶入極大罪惡裡。

然而，這樣的歷史記載仍是有特定的立場。畢竟自猶大國遭亞述滅亡之後，部分猶太人遭到流放，部分留在原地，要能夠維持所謂「傳統」律法並不容易，更何況那個律法早已經不是摩西時期留下來的律法，何謂傳統必然無人知曉。反對希律的猶太人，僅能是主張「原教旨主義」的一部分人群。希律所表現出的「羅馬化」，就是處於歷史發展潮流之中，既然巴勒斯坦屬於羅馬的帝國領土之內，不可能完全沒有羅馬的影響，所以不盡然是希律刻意、甚至惡意要遺棄猶太的傳統。甚至目前所得資料批判希律如何趨炎附勢進行「羅馬化」，喪失了猶太人既有的本質與特色，但部分猶太人或後代史家所言，並不能代表全體猶太人或各時代猶太人的意見。借重特定立場的歷史觀點，反而只能看到偏狹的歷史面貌。

第二節　彌賽亞運動與神蹟

一、彌賽亞運動興起

西元前 4 年，希律去世。希律時期，地方有許多叛亂，多數人稱這些是猶太人的彌賽亞 (Messiah) 運動 ，即救世的運動。不過，這些運動來自各方。例如希律時期馬加比剩餘勢力的挑戰，希西家 (Hezekias) 便是一例。繼之而起的有，希西家的兒子猶大、西門、阿特龍格 (Athronges)，隨處可見的盜匪也有人認為其為彌賽亞運動之一。加利利的運動頗為龐大，史書記載奮銳黨便是由此開始。奮銳黨強調的是，居住在以色列的是遵守摩西律法的上帝選民，讓羅馬人主宰以色列，就是對上帝旨意之不敬。約瑟夫尊崇的艾賽尼派雖激烈反對羅馬，但其實他們最厭惡的對象卻是耶路撒冷的猶太權勢階級，認為他們對羅馬的妥協，是無可挽救的腐化。而主張起義的猶太人不認同法利賽人，因為他們主要是中下階級的拉比 (Rabbis)❶，專門為群眾詮釋律法。另外，撒都該人屬於富有地主家庭的祭司，比較不排斥羅馬政府。從哈斯蒙尼時期，這些派系就已經有不同的目標，而這些觀念與行動，延續到希律時期。其實這如同延續馬加比以來反對外邦統治的路線，奮銳黨更加強了對耶路撒冷權貴的抵抗。這些反叛勢力，對羅馬來說是叛軍，或稱強盜、暴民。除此之外，他們的活動屬於彌賽亞運動，要拯救聖殿、要建立猶太人自己的國度。

在〈耶利米書〉已有建立猶太國度的論述，第 23 章第 5 節到第 8 節：「耶和華說：『日子將到，我要給大衛興起一個公義的苗裔；他必掌王權，行事有智慧，在地上施行公平和公義』。在他的日子，猶大必得救，以色列也安然居住。他的名必稱為『耶和華—我們的義』。耶和華說：『日子將到，人必不再指著那領以色列人從埃及地上來永生的耶和華起誓，卻要指著那領以色列家的後裔從北方和趕他們到的各國中上來、永生的耶和華起誓。他們必住在本地』。」第 33 章第 14 到 15 節：「耶和華說：『日子將到，我應許以色列家和猶大家的恩言必然成就。當那日子，那時候，我必使大衛公義的苗裔長起來；他必在地上施行公平和公義』。」於是，可見從《舊約》時期猶太人已有救世主的觀念，書寫經文的作者強調了人們對現世的厭倦，而加強對未來的期待。儘管這可能只是經文作者的想法，但西元前一世紀猶太人所掀起的動盪，還是反映了猶太人要實踐「彌賽亞」觀念的企圖。值得注意的是，〈耶利米書〉第 23 章似乎也表示了，猶太人所崇敬的耶和華已經不再是埃及時期的耶和華，而是在「本地」的耶和華。這可看做

❶ 猶太教的智者，有主持宗教儀式的資格。

是種猶太「傳統」觀念之變異，隨著時代變遷、居住地之移轉，部分猶太人對於埃及的歸屬感已經不再強烈，對居住地的情感已然凸顯出來。

二、誰才是猶太王？

然而，究竟誰才是拯救猶太人的「王」，並不能僅照著《舊約聖經》或一部分猶太人的說法來認定。從現實層面來說，當時能符合「彌賽亞身分」的猶太王就是希律，無庸置疑，不會是其他人，更不可能是四處搞破壞的小老百姓。當希西家掀起這樣子的運動時，對希律來說，他不僅要打壓希西家以維護秩序，其實也有維護自己才是彌賽亞的權威性，反叛運動的領袖都是應該制止的「假彌賽亞」。希律的歷史評價不好，可能不只因為他強硬的作風，還可能是因為他打壓這些「彌賽亞」。希律於西元前 4 年去世之後，彌賽亞運動更是普遍。有鑑於猶太人掌握政治權力，便難以平息「彌賽亞」的爭議，羅馬遂不再以猶太人來管理巴勒斯坦，猶太祭司只剩下聖殿事務管理的工作。祭司約亞撒 (Joazar) 與羅馬的敘利亞總督居里扭 (Quirinius) 合作進行人口普查，除了表面上要瞭解巴勒斯坦地區的人口總數以外，當然就是要建立詳細的名冊，以求往後任何叛亂興起時，能夠迅速且順利將犯人逮捕到案。

由現在所有的歷史文獻來看，最具爭議的彌賽亞，就是耶穌 (Jesus)。希律王去世之前，耶穌誕生。在《新約聖經》記載，同時也是基督徒深信不疑的，就是馬利亞 (Mariam) 童女生子的事情。從宗教的角度來看，這必然有其意涵，但從歷史角度來看，這是不可能發生的。如上文所述，希律鎮壓彌賽亞運動，應是防止任何人威脅到他身為猶太王的權威性，希律還下令屠殺猶太人的新生兒，使得耶穌父親約瑟帶著一家人逃到埃及，得知希律去世之後才又回到巴勒斯坦。然而，這樣的故事，幾乎等同於《舊約聖經》裡幼小摩西從埃及法老王手中死裡逃生的片段。摩西出生時，正好是埃及法老要屠殺猶太嬰兒的時候，於是他的母親將他放水流以躲過劫難。一如〈馬太福音〉所說：「我從埃及召出我的兒子來。」而這應是取自《舊約聖經》裡〈何西阿書〉第 11 章第 1 節所說的：「以色列年幼的時候我愛他，就從埃及召出我的兒子來。」無論耶穌年幼時待過什麼樣的地方，去過埃及再回到耶路撒冷，帶有刻意賦予神聖性的意涵。

三、耶穌生平之謎

在彌賽亞運動之中，加利利的猶大掀起反對運動成為居里扭總督要處理的重點目標。在加利利管理猶太人事務的人，為希律之子希律安提帕 (Herod Antipas)，施洗者約翰 (St. John the Bapist) 便是遭他處死的，這當然也是為了掃除任何叛亂的可能。大約西元 26 年的時候，施洗者約翰頗受許多人推崇，令希律擔憂。約瑟夫寫道，施洗者約翰「是正直的人；他吩咐猶太人要有高尚的節操，不僅彼此以公義相待，也要對神敬虔，並要接受浸禮。」地方民眾任何一種形式的集會，此時對地方或中央當權來說，都有叛亂的可能性。

就基督徒的認知來說，耶穌的家鄉就是在加利利。不過，耶穌出生地有很多爭議，一是伯利恆，二是加利利的拿撒勒(Nazareth)。《舊約聖經》的〈彌迦書〉第5章第2節：「伯利恆的以法他(Ephrath)啊，你在猶大諸城中為小，將來必有一位從你那裡出來，在以色列中為我做掌權的。」《新約聖經》的〈馬太福音〉第2章第6節也有呼應：「猶大地的伯利恆啊，你在猶大諸城中並不是最小的；因為將來有一位君王要從你那裡出來，牧養我以色列民。」於是，若說耶穌出生於伯利恆，應是刻意要強調他有擔任猶太人王的神聖旨意。至於拿撒勒，是加利利地區的小村莊。強調加利利有反抗的傳統，或許是要借這地方來加強耶穌對抗羅馬的正當性，這也代表加利利作為反抗人士想要「沾光」的地方。

關於耶穌，在《新約聖經》之中他幾乎只有出生以及遭釘死之前的些許記載，而成長的過程卻完全沒有記載。普弗特(Elizabeth Clare Prophet)的《耶穌行蹤成謎的歲月》(*The Lost Years of Jesus: Documentary Evidence of Jesus' 17-Year Journey to the East*)提到，耶穌在耶路撒冷傳福音之前，就是到了西藏(Tibet)，因為在當地有不少資料記載著一名外地來的十三歲才人，稱為「伊撒」(Issa)。當然，這類將耶穌神格化的文獻或傳說肯定不少。然以十三歲兒童的能力，豈可能從巴勒斯坦一帶跨越美索不達米亞、伊朗、印度之後，再進入西藏？前段提到耶穌一家前往埃及逃避死劫，或許有虛構之虞，但絕對比耶穌到了西藏來得有說服力。所以，儘管普弗特想強調耶穌與生俱來的才能，藉由文獻記載的方式來表現其權威性，可是這樣的證據仍然是相當薄弱。

不過，普弗特提到《新約聖經》不記載耶穌成長的階段，是因為信徒不必要知道這一段，只需要瞭解他所傳的道。這樣的說法，確實是頗有道理。畢竟信徒所需要的是宗教層次的耶穌，但卻不一定需要理解歷史層次的耶穌。然而太過於強調耶穌有異於常人的才能，從歷史角度來衡量還是難有可信度，就像是《新約聖經》則說，耶穌小時候去過聖殿，他因而對此相當神往，父母親還很難將他帶回家中，這樣也只是要強調耶穌擁有一般人沒有的信仰特質。

四、耶穌的行跡

耶穌的抗爭算是延續了施洗者約翰的活動，儘管《新約聖經》一再提到耶穌地位高於施洗者約翰，例如：〈馬太福音〉第 3 章第 14 節說道，耶穌想要受約翰的洗，約翰卻說「我當受你的洗，你反倒上我這裡來嗎？」後來，約翰才勉強讓耶穌受洗。但是，《新約聖經》或多或少還是透露出施洗者約翰的地位其實高於耶穌。如〈馬太福音〉第 14 章寫道：「那時分封的王希律，聽見耶穌的名聲，就對臣僕說，這是施洗的約翰從死裡復活，所以這些異能從他裡面發出來。」雖然這可作為希律要獵殺耶穌的線索，卻也可看到耶穌與施洗者約翰之間的關係，耶穌被當作是施洗者約翰的接班人。〈路加福音〉也提到，耶穌認為施洗者約翰「比先知大多了」、「凡婦人所生的，沒有一個大過約翰的。」於是，無論耶穌是否是由約翰施洗，都可以看出施洗者約翰的崇高地位。

《新約聖經》寫到耶穌有行神蹟的能力，對此，學者阿斯蘭認為其實就是驅魔師，而且有這類能力的人還不只一個，有些可以令天空下雨，有的可以預先看出人的生死，有人能為病人治病，甚至死而復生。施洗者約翰給眾人用水浸禮，就是種驅魔形式。這可以看出巴勒斯坦當地動亂的程度頗高，當權者沒有公信力，老百姓也不見誰人可以依靠，地方上以各類名義吸引群眾的個人或團體必然成為趨勢。儘管〈申命記〉第 18 章第 10 節到第 12 節寫明了，「你們中間不可有人使兒女經火，也不可有占卜的、觀兆的、用法術的、行邪術的、用迷術的、交鬼的、行巫術的、過陰的。凡行這些事的都為耶和華所憎惡；因那些國民行這可憎惡的事，所以耶和華你的神將他們從你面前趕出。」不過，在西元一世紀的叛亂與變動時代，所謂傳統觀念不盡然能為當時的人所接受，甚至那些已經是過時的想法。於是，耶穌這類會一點法術的人，成為人們推崇的對象。

圖 13：耶穌行神蹟治癒痲瘋病患

在《新約聖經》記載之中，耶穌會唸咒、吐唾沫讓人疾病痊癒，很明顯是個驅魔師。如〈馬可福音〉所說：「有人帶著一個耳聾舌結的人來見耶穌，求他按手在他身上。耶穌領他離開眾人，到一邊去，就用指頭探他的耳朵，吐唾沫抹在他的舌頭，望天嘆息，對他說：『以法大』，就是說：『開了吧』，他的耳朵就開了，舌結也解了，說話也清楚了。」而且，耶穌還會變臉。〈馬太福音〉第 17 章：「耶穌帶著彼得、雅各，和雅各的兄弟約翰，暗暗地上了高山，就在他們面前變了形象，臉面明亮如日頭，衣裳潔白如光。」只不過，對於信徒來說，這是行神蹟。學者塔博 (James D. Tabor) 提到，有些文獻說耶穌在五歲時用泥土做成十二隻麻雀，他拍拍手之後就都化成真的麻雀而飛走了；有小孩從屋頂跌下來摔死，耶穌立即令他復活；木材若切得太短，只需要手一拉就能夠長短剛好。也有傳說耶穌曾在埃及學過法術。至於這種能力是真是假，也只能說寧可信其有，但無論如何《新約聖經》還是過於美化耶穌的形象。

還有其他史料記載了耶穌有特異的能力這件事。羅馬史家優西比烏 (Eusebius) 的《教會史》(*Church History*) 說道，在幼發拉底河有個阿布加爾國王 (King Abgar)，身染重病，致信耶穌請求幫忙。文件內容是：「久聞你的大名，並且聽聞你無須藥物或草藥即可治病。有人傳言，由於你的醫治，瞎眼得看見，瘸腿得行走，痲瘋得康復，邪靈污鬼被驅逐，飽受各種慢性病折磨的得痊癒，死人從死裡復活。聽到這一切關於你的事情，我就斷定：你要麼就是上帝，要麼就是上帝的兒子，從天而降來醫治眾生。正是由於這個緣故，我煩請你來醫治我的病痛。我也聽說，猶太人一再埋怨你，並且試圖對你不利。我的城邦雖猶如彈丸之地，卻備受尊重，並且足夠我們兩人容身。」耶穌的回信是:「你有福了，因為你沒有看見我就信了！因為經上記著說，那看到我的不信我，而那沒有看到我的卻信我並得著生命。你來信請我去你那裡，但是我必須首先完成被差到這裡來的使命，而且，一旦使命達成，那位差我來的將把我接回天上。在被接之後，我將差派一位門徒到你那裡去，醫治你的病痛，並且為你和你家帶來生命。」這樣的記載，對信徒來說，絕對是耶穌神蹟蓋世的證明。

然而，這可能就是有人在各類醫療都沒有成效之下，才會尋求江湖術士的協助。當然可見耶穌必有過人之處，可是耶穌的回答卻很令人玩味。阿布加爾可能是客氣讚賞耶穌是「從天而降來醫治眾生」，而耶穌的回應卻強調了他是被差來這裡（人世），完成使命後會回天上。但其實耶穌根本沒有要答應這項請求，還說之後會差遣門徒過去。所以，或許這樣的資料可以證明耶穌這個人儘管有點名氣，但再怎麼說，從現實角度來看，這些都不是眾人生病時應尋求的治療方式，或者不該是整體社會秩序所應長久存在的現象，所以羅馬當權者必定要解決這樣的問題。

第三節　重新審視耶穌運動

一、叛亂運動

耶穌所掀起的運動，是不折不扣的猶太人運動，而且除了有驅魔般的魅力，也有擾亂秩序的影響力。畢竟，耶穌不是高層階級的知識分子，一生僅三十三歲，未曾離開過耶路撒冷，就算年幼時去過埃及（甚至去過西藏），也不足以讓他成為可以廣愛世人的聖人。在西元前後一世紀那猶太人動盪四起的時代，耶穌就是個跟著掀起叛亂的人，使當權者難以穩定社會秩序。

《新約聖經》不斷強調耶穌與過去大衛王的家族系譜，讓信徒知道這樣偉大的人物，就是來自於千年前偉大的家族。〈馬太福音〉第 1 章第 1 節寫道：「亞伯拉罕的後裔，大衛的子孫，耶穌基督的家譜。」接著書寫從亞伯拉罕以降四十多個人名，最後則是耶穌。在耶穌行驅魔之術之後，「眾人都驚奇，說，這不是大衛的子孫麼？」〈馬可福音〉第 10 章第 48 節寫到耶穌走在路上的時候，有人大喊：「大衛的子孫啊！」〈羅馬書〉第 1 章第 3 節也說：「耶穌基督的僕人保羅，奉召為使徒，特派傳神的福音，這福音是神從前藉眾先知，在《聖經》上所應許的，論到他兒子我主耶穌基督。按肉體說，是從大衛後裔生的。」

從《新約聖經》來看，作者或者編寫者全都相信耶穌源自於大衛家族，當然這也就影響了兩千年來基督教徒的信仰。不過，《新約聖經》這裡的記載太過於刻意。畢竟《舊約聖經》的人事物以虛構居多，猶太人又經過滅國的慘劇，居住到了巴比倫與伊朗，保留家譜不僅困難，而且也是龐大的工程。考古證據都難以證明有大衛的存在，那又何來這樣的家譜可以追本溯源？不如說是《新約聖經》在撰寫與編纂之中，刻意將耶穌書寫成大衛的子孫，因為《新約聖經》書寫時耶穌早已經去世多時，在資訊流通不便的情況之下，這樣的書寫並不會構成太大的問題，會去查證的人並不會太多，反正不求所有人相信，只要信徒願意繼續流傳即可。

《新約聖經》之中，單純就只有說耶穌傳道的故事，而他的本業似乎是個木匠。例如，當耶穌在自己家鄉傳道的時候，〈馬太福音〉第 13 章第 55 節說：「這不是木匠的兒子嗎？」而〈馬可福音〉第 6 章第 3 節說的是：「這不是那木匠嗎？」這些可能意指父業子承，耶穌也會是個木匠。不過，這些證據可能無法接受考古的檢驗。從塔博的考古證據來看，巴勒斯坦崎嶇的地形是沒有太多的木材可用的，房子都是石頭建造。塔博認為耶穌是個工人，而且是社會階層相當低下的工人。學者阿斯蘭則認為木工在巴勒斯坦找不到事情可以做，其實耶穌應該是個建築工。於是，塔博與阿斯蘭的見解很相近。如果當時的社會狀況不穩，猶太高層與祭司趨炎附勢，一味討好羅馬當權者，以致於民怨四起，盜匪隨處可見，耶穌這類有意發起叛亂者自然是有聚集群眾的可能性。耶穌在城裡辛苦工作，建造宮殿，但自己是窮苦工人，貧富差距大讓耶穌心生不滿。〈馬可福音〉第 11 章第 15 節到第 17 節：「他們來到耶路撒冷，耶穌進入聖殿，趕出殿裡作買賣的人，推倒兌換銀錢之人的桌子，和賣鴿子之人的凳子。也不許人拿著器具從殿裡經過。便教訓他們說，經上不是記著說：我的殿必稱為萬國禱告的殿嗎，你們倒使他成為賊窩了。」

〈馬可福音〉當然是讓耶穌的行為正當化，然而從旁觀者、或是當權者的角度看，這分明就是破壞聖殿，罪不可赦。就算對他來說，聖殿早已經腐化，但耶穌的立場並不等於所有猶太人的立場，大搞破壞、大鬧聖殿，無論對當權者或者在旁的猶太人來說，這肯定是該制止的行為，需要制裁。於是，耶穌的「傳道」，應該比較像是地方上批判時政的某些團體，而且是講當地方言，不見得是能與當權者對話的高級知識分子。就算耶穌真是木匠之子，或者他的工作就是個木匠，也絕對不會是滿腹經綸的人，他所表達出來的意見不會是如經文所寫的那樣文雅。反而是福音書的作者，以文字讓耶穌成為高尚有智慧的有志之士。

不過，耶穌也知道應想辦法自保。眾多彌賽亞運動的領導人都遭到處死，耶穌其實並不十分喜歡他人將他比喻成彌賽亞。〈馬可福音〉第 1 章寫道，有一惡鬼發現他是「神的聖者」，耶穌反說「不要作聲」；第 3 章寫道也有鬼喊說「你是神的兒子」，耶穌也要求「不要把他顯露出來」。而耶穌施行法術之後，也不希望有人張揚出去。然而，第 7 章寫道「耶穌囑咐他們不要告訴人；但他越發囑咐，他們越發傳揚開了。」〈馬太福音〉第 16 章第 20 節也寫道，對於門徒，耶穌也囑咐他們「不可對人說他是基督❷」。從正面角度來看，耶穌相當謙虛，對於他是「神的聖者」、「基督」這些有彌賽亞意味的稱號一一推去，希望做善事、好事都是低調進行，對於門徒來說，他也不想表現出崇高無上的姿態。然而，從另一角度來想，耶穌驅鬼、施法術，當然不願意讓太多人知道，畢竟群眾的嘴難以封住，要是這樣的事情讓猶太高層或羅馬總督知道了，那一定會遭到逮捕、處以死刑。對於門徒，他也不願意

❷　「基督」是如王一樣的受膏者，也就是救世主。

他們強調正在進行「彌賽亞運動」，免得讓當權者知道他們正在進行秘密集會，要發起造反運動。

為避免一切問題，這時候耶穌自稱是「人子」。這個詞並非自創，在希臘化時期寫成的〈但以理書〉第 7 章第 13 節已寫道：「我在夜間的異象中觀看，見到一位像人子的，駕著天雲而來，被領到亙古常在者面前。」這位人子出現之後，「得了權柄，榮耀，國度，使各方各國各族的人都事奉他。他的權柄是永遠的，不能廢去，他的國必不敗壞。」或許耶穌讀過〈但以理書〉，所以用了這個詞。當然這也可能是書寫《新約聖經》的人，借用了〈但以理書〉的概念，所以在《新約聖經》之中描述耶穌不斷以「人子」來代稱自己。例如〈馬太福音〉裡的：「但要叫你們知道人子在地上有赦罪的權柄」、「凡說話干犯人子的，還可得赦免。惟獨說話干犯聖靈的，今世來世總不得赦免」；〈馬可福音〉也說：「凡在這淫亂罪惡的世代，把我和我的道當作可恥的，人子在他父的榮耀裡，同聖天使降臨的時候，也要把那人當作可恥的」、「因為人子來，並不是要受人的服事，乃是要服事人，並且要捨命，做多人的贖價」。

此外，「人子」還有特殊的現身方式。〈馬太福音〉第 26 章第 24 節：「然而我告訴你們要看見人子，坐在那權能者的右邊，駕著天上的雲降臨。」❸於是，耶穌雖不提自己是彌賽亞，稱做「人

---

❸ 此外，〈馬可福音〉第 14 章第 62 節也記載：「你們必看見人子，坐在那權能者的右邊，駕著天上的雲降臨」；〈使徒行傳〉第 7 章第 56 節的

子」或許有要避免當權者的注意，但其實還是自認擁有崇高地位，可以有赦罪、審判、救贖的權力。

另外，伊利斯的研究指出，耶穌時期要稱猶太人之王，仍是和過去猶太人在埃及時候觀測星象轉移有所關連。耶穌時期天空的星象已經由白羊星群轉移到了雙魚星群，儘管這時期天象觀測已經不是決定政治走向的方式，但仍有些許影響力。於是，魚成為耶穌時期的象徵符號，後來也成為基督徒之間常見的符號。當埃及因為白羊星群出現，而引起政治方面的大動盪，耶穌時期所看到的雙魚星群，也一樣是有政治將要變動的意涵。伊利斯認為，耶穌要藉由埃及傳統的天象觀測，讓自己有成為埃及法老王的依據。猶太人過去是從埃及分離出來的，一千多年之後還有人想要恢復埃及傳統，以法老自比並非完全不可能。

在《舊約聖經》裡已寫得很清楚的金牛與白羊之爭，在《新約聖經》之中卻已經變得比較不重要。例如：〈希伯來書〉第 10 章第 4 節寫道：「因為公牛和山羊的血，斷不能除罪。」魚的力量反而有明確提示，就像是〈馬太福音〉裡五餅二魚的故事，「門徒說，我們這裡只有五個餅、兩條魚。耶穌說，拿過來給我。於是吩咐眾人坐在草地上，就拿著這五個餅、兩條魚，望著天、祝福、擘開餅、遞給門徒，門徒又遞給眾人……吃的人除了婦女孩子，約有五千。」「魚」的力量凸顯出來了，可以拯救眾人，否則兩條魚怎可能讓五千人飽食。或許耶穌在加利利這個靠海邊的漁村發

司提反 (Stephen) 喊道：「我看見天開了，人子站在神的右邊。」

跡，魚原本就是人們求生的依賴，福音書的作者凸顯魚的力量似乎也很合理。這對信徒來說，當然是耶穌顯神蹟，可是對於歷史研究來說，這樣的故事太不真實。

二、自我中心的耶穌

不過，這樣的「人子」，無論把自己宣傳得有多崇高，其實還是不斷透露出只為自己、只為猶太人的心態。〈馬太福音〉第10章第5節寫道：「外邦人的路，你們不要走。撒瑪利亞人的城，你們不要進。」大概受到《舊約聖經》南方猶大國觀念的影響，北方以撒瑪利亞為中心的以色列，南方人多視其為背道者，因為他們不尊崇猶太人的傳統律法。耶穌對此也是這樣的態度，他不僅

圖14：耶穌手拿五餅二魚的馬賽克壁畫　傳說耶穌用五個餅、兩條魚，讓五千名信眾得以飽食。

排斥外邦，連理念不同的自家人都一律排斥。這也可以看到，在《舊約聖經》裡提到以色列北方的撒瑪利亞不受南方認同的情況，歷經幾百年了仍然存在。

又如〈馬太福音〉第 10 章第 34 節：「你們不要想我來，是叫地上太平，我來並不是叫地上太平，乃是叫地上動刀兵。」〈路加福音〉第 12 章第 51 節：「你們以為我來，是叫地上太平嗎？我告訴你們，不是，乃是叫人紛爭。」而且，〈馬太福音〉第 26 章第 24 節：「賣人子的人有禍了，那人不生在世上倒好」；〈路加福音〉第 12 章第 9 節：「在人面前不認我的，人子在神的使者面前也必不認他。」這些經文都是一樣表現出，跟耶穌不同道的，他不僅不認同，還強調「不生在世上倒好」。對耶穌來說，外邦人、理念不同的人，一概要區隔開來。

第四節　十字架上的猶太王

一、審判耶穌

耶穌的事情，終究還是讓猶太祭司感到要出手處理的時候了。約西元 18 年之後，該亞法 (Joseph Caiaphas) 擔任猶太祭司，而羅馬總督彼拉多 (Pontius Pilate) 於西元 26 年來到耶路撒冷。對於羅馬當權者來說，造反的人多稱強盜、竊賊、暴民煽動者，這些人多被釘在十字架處死。身為羅馬總督，彼拉多必然處理過很多叛亂事件，也處死過不少叛亂分子。對該亞法與彼拉多來說，耶穌引起的問題便是眾多亂賊事件的其中一樁。耶穌曾說過：「該撒的物當歸該撒，神的物當歸給神。」他強調了任何羅馬皇帝應有的東西，當然羅馬皇帝可以擁有，可是耶路撒冷這個神聖的土地，就是屬於上帝，而不能讓羅馬人占有。這樣的言論，當然就更不可能為當權者所接受。於是，當耶穌與其門徒在深夜之中聚會時，羅馬士兵逮捕了耶穌一行人到彼拉多面前，眾人告他，如〈路加福音〉第 23 章第 2 節所說，「我們見這人誘惑國民，禁止納稅給該撒，並說自己是基督是王」。

彼拉多知道耶穌是來自加利利之後，便交給希律處理。但對於希律的問話，耶穌不發一語。後來耶穌又被送回彼拉多那邊，決定將他釘十字架。審判的過程之中，彼拉多問耶穌，「你是猶太人的王嗎？」耶穌回答是。彼拉多有意要羞辱耶穌，向眾人問道：「你們要我釋放猶太人的王給你們嗎？」眾人反對，大喊要「把他釘十字架」。在各福音書之中，對這段審判的記載不太相同。〈馬太福音〉之中，彼拉多只問眾人一次，然後說「反要生亂，就拿水在眾人面前洗手說，流這義人的血，罪不在我，你們承擔吧。」〈馬可福音〉較為簡單，只將耶穌鞭打後就交給人釘十字架。〈路加福音〉的彼拉多卻問了三次眾人為什麼要把耶穌釘十字架？或許彼拉多覺得「沒有查出他犯了什麼該死的罪來。所以我要責打他，把他釋放了」。

於是，彼拉多在福音書之中，可能有意要釋放耶穌，因為他找不出耶穌的罪名，反而是旁人執意要將耶穌釘上十字架。有些研究解釋道，福音書是寫於羅馬時期的作品，是基督徒的福音，而當時羅馬社會已經有反猶的氣氛，這樣的書寫方式是刻意降低羅馬人彼拉多對耶穌之死的責任，反而周遭的猶太人才是逼耶穌致死的罪魁禍首。〈約翰福音〉第 19 章第 15 節，還直接否認耶穌是猶太人的王。當彼拉多問到該如何處置他們的王時，猶太人回答說：「除了該撒，我們沒有王！」不過，事實應該就是彼拉多無論有沒有問眾人有關耶穌的罪行，反正這類亂賊就是釘十字架，並不會有太仔細與冗長的審判。羅馬士兵將荊棘編做皇冠，讓耶穌戴著，一根葦子充當權杖，揶揄著耶穌說「恭喜猶太人的王啊」。

圖 15：喬托所繪的「耶穌受難」

至於是不是十二門徒 (apostle) 中的猶大 (Judas Iscariot) 背叛了耶穌，就不必要太深究了，畢竟福音書撰寫多半有穿鑿附會之處，究竟誰去告密的，不能完全說是猶大，耶穌的運動也不見得是多保密到家的地下活動，當猶太祭司與羅馬總督致力於搜尋這些叛亂分子時，耶穌不一定能夠躲得過。〈使徒行傳〉第 1 章第 24 節寫道猶大丟棄了使徒的位份，「往自己的地方去了」。但這些內容可能都有作者的立場，很難反映出實情。而且，在心理學家弗洛伊德看來，福音書寫道耶穌說吃他肉喝他血的段落，還有圖騰象徵的意涵。〈哥林多前書〉第 11 章第 25 節：「飯後，也照樣拿起杯來說，這杯是我用我的血所立的新約。你們每逢喝的時候，要如此行，為的是紀念我。」〈約翰福音〉第 6 章第 53 節到第 56 節寫道：「我實實在在的告訴你們，你們若不吃人子的肉，不喝人子的血，就沒有生命在你們裡面。吃我肉、喝我血的人就有永生，在末日我要叫他復活。我的肉真是可吃的，我的血真是可喝的。吃我肉、喝我血的人，常在我裡面，我也常在他裡面。」耶穌吃肉喝血的事情，就成了後來達文西 (Leonardo Da Vinci) 「最後的晚餐」(*The Last Supper*) 繪畫的素材。

二、耶穌復活

十字架釘死一事，其實並非羅馬時期舊有的酷刑，自古以來西亞地區就有這樣的作法，可能是嚴懲十惡不赦的罪犯。或許羅馬時期沿用西亞地區的這項刑罰，用於叛賊身上，以防任何顛覆羅馬統治權威的威脅出現。跟著耶穌一起被釘十字架的有兩個人，都是強盜。〈馬太福音〉第 27 章第 38 節：「有兩個強盜，和他同釘十字架」;〈馬可福音〉第 15 章第 27 節：「他們又把兩個強盜，和他同釘在十字架，一個在右邊，一個在左邊。」耶穌的罪名則是「猶太人的王耶穌」。福音書作者刻意強調耶穌的罪名，應該是要凸顯耶穌與他人的不同，或者是要消遣他。否則，彌賽亞運動已經持續了一段時間，耶穌與其他人做的是一樣的事情，何以耶穌的罪名與其他人不同。可能耶穌與過去的希西家、猶大、西門等人釘在十字架時，罪名都一樣是盜匪或叛賊，而福音書的作者為了顯示耶穌的特殊性，寫下了「猶太人的王」。釘死在十字架上，可見這些實是窮兇惡極的人。或者，是書寫福音書的人刻意強調受害的概念。

耶穌可以稱為猶太人之王，有別於其他彌賽亞運動的領導人，一定有他人難以比擬的特色。宗教會有一番解釋，但歷史注重證據，在沒有證據之下，就難以解釋為何耶穌的叛亂會是特別的重要。畢竟除了《新約聖經》之外，我們的確很難找到任何有關耶穌的歷史文獻。優西比烏的《教會史》有寫到耶穌，但他的原始出處是來自於約瑟夫。而約瑟夫在《猶太古史記》之中，也只有一小片段提到耶穌。約瑟夫記載道：「有一位名叫耶穌的智者，……這人行了許多神蹟奇事，也是一位讓人們心悅誠服接受教誨的夫子。他身邊有許多跟隨他的猶太人和外邦人，這人就是基督。」約瑟夫對於耶穌的記載僅止於此，並不如基督徒一樣的大書特書。《猶太古史記》寫於西元 93 年，距離耶穌西元 33 年釘於十字架的時間並沒有太久，如此簡短的陳述，可見耶穌生前的活動可能是諸多叛亂之中的一個例子，反而是死後他人延續抗爭勢力，轉變成更大的運動。約瑟夫的記載尚稱貼近史實，並未提到復活之事，很明顯約瑟夫所知道的耶穌與各福音書的作者不同，撰寫的目的也不一樣，約瑟夫著重在事實，而福音書作者僅在歌頌耶穌。

耶穌復活之事也過於誇大。〈馬太福音〉第 28 章第 5 節到第 10 節：「他不在這裡，照他所說的，已經復活了，你們來看安放主的地方。……忽然耶穌遇見他們說，願你們平安。他們就上前抱住他的腳拜他。」〈馬可福音〉第 16 章第 6 節：「你們尋找那釘十字架的拿撒勒人耶穌，他已經復活了，不在這裡。」〈約翰福音〉第 20 章第 17 節寫道：「耶穌說，不要摸我，因為我還沒有升上去見我的父。你往我弟兄那裡去，告訴他們說，我要升上去，見我的父，也是你們的父。」〈路加福音〉第 24 章第 22 節到第 36 節：「我們中間有幾個婦女使我們驚奇，他們清早到了墳墓那裡。不見他的身體，就回來告訴我們說，看見了天使顯現，說他活了。……耶穌親自站在他們當中說，願你們平安。」

每個福音書所記錄的都不太一樣，都欲宣傳耶穌的特殊性，在聽說或看過他人撰寫耶穌復活之事之後，另外又加上一點故事性質的文筆，就算復活是不可能的事，也能把這事說得繪聲繪影。而且，復活一事，耶穌早就預告。〈馬太福音〉第 16 章第 21 節：「耶穌已向門徒說到他會被殺，而第三日復活。」〈路加福音〉第 18 章第 33 節寫道：「並要鞭打他，殺害他。第三日他要復活。」由此可看到，福音書作者已經毫無極限地強加耶穌神聖的形象了。

〈路加福音〉第 24 章第 46 節還添加了：「照經上所寫的，基督必受害，第三日從死裡復活。」然而，如果這句「照經上所寫的」是指《舊約聖經》的話，翻遍《舊約聖經》卻從未看到這類的說法出現，若非耶穌有特殊的見解，那就是〈路加福音〉加油添醋。

此外，伊利斯的考古研究對於耶穌叛亂、去世，也有不一樣的思考方向。從耶穌屍體處理的方式來看，伊利斯認為耶穌有意要成為埃及法老王，因為〈約翰福音〉第 19 章第 40 節寫道：「他們就照猶太人殯葬的規矩，把耶穌的身體用細麻布加上香料裹好了。」儘管這裡強調的是猶太人的規矩，然而猶太人源自於埃及，而埃及權貴或是法老的殯葬方式就是裹屍加香料，或許這凸顯了猶太人的埃及起源，但也代表了耶穌起義叛亂不盡然就是單純想要作猶太人的王，可能有更遠大的目標，就是擁有如埃及法老一樣至高無上的權威。因此，可能只要是有助於加強耶穌神聖性的事物，就可以用盡各種方式全部合理化之後再寫進去《新約聖經》裡。耶穌處於抵抗羅馬、耶路撒冷權貴的時代，本是各方勢力興起的時代，援引各類思想並非不可能，也許還是有人推崇猶太人的埃及起源。既然《新約聖經》是目前對耶穌唯一的文字記錄，卻又是宗教性質為重，其他相關資料闕如，所以各種推測並非完全沒有邏輯可循。於是，就伊利斯的研究所說，耶穌這名在後世為基督教之中最重要的人物，在當時可能只是叛亂人士，他不見得是要重建猶太王國，反而是要追尋其埃及的根源。

耶穌於西元 33 年去世，但這僅是猶太人反抗猶太當權者與羅馬的一個過程而已，還有諸多反抗活動仍在進行。耶穌的影響力當然也沒有因而消失，他的門徒還在抗爭中。以彌賽亞運動的浪潮來看，釘死耶穌絕對不會是一切之終結，與他一起遭釘死的兩名「盜賊」，可能一樣也在進行著彌賽亞運動，往後還是有很多人朝這個方向前進，爭奪猶太人之王。從歷史現實來說，耶穌沒有復活，就如同其他盜賊一樣在十字架上死去。不過，耶穌成為現在人所皆知的人物，並非從這時候奠下基礎，而是西元四世紀羅馬將所謂的基督教明訂為國教才開始。然而，在耶穌運動的猶太教特質成為基督教之前，還有一段過渡期，便是下一章會提的門徒之間權力衝突。

第五章 | *Chapter 5*

最後的猶太王與猶太戰爭

第一節　耶穌之後的新領袖

一、耶穌的弟弟雅各

希律家族藉由羅馬的力量，緩和了耶路撒冷的動亂，暫且又恢復了政治權威。耶路撒冷的彌賽亞運動，還是在官方猶太王與民間猶太王之間擺盪著。羅馬指派的猶太王並非完全受到排斥，像是亞基帕 (Herod Agrippa) 就很受人愛戴，可惜於西元 44 年去世。接著即位的亞基帕二世 (Herod Agrippa II)，也不斷為猶太人民向羅馬爭取權益，最後羅馬又取消猶太王的政治權限，一切改由羅馬總督主導。羅馬政府關心的是耶路撒冷的治安是否穩定，該地區向來是西亞的交通要衝，可連結埃及、阿拉伯、美索不達米亞，指派的猶太領導人若能夠穩定秩序，可能羅馬與耶路撒冷之間就相安無事。從史家的記載來看，多有羅馬與猶太高層官員一同壓榨下層的小老百姓之事，特別是繁重稅收這方面最為嚴重。以《新約聖經》來看，就有許多這類型的敘述。

在耶穌去世之後，是誰成為他的地位繼承人？從《新約聖經》的記載來看，是門徒彼得與保羅 (Paul)。不過，在歷史文獻裡看到的「公義的雅各」(James the Just)，則是引起了研究者的興趣。在《新約聖經》之中，很少提到耶穌的家庭，但從僅有的若干文句之中，還是可以看到他家裡的成員。〈馬太福音〉第 13 章第 55 節：「這不是木匠的兒子嗎？他母親不是叫馬利亞嗎？他的弟兄不是叫雅各、約西、西門、猶大嗎？」〈馬可福音〉第 6 章第 3 節：「這不是那木匠嗎？不是馬利亞的兒子、雅各約西猶大西門的長兄嗎？他妹妹們不也是在我們這裡嗎？」由此可見，耶穌不僅有兄弟，應該也有姊妹。而最大的弟弟，名叫雅各。

耶穌復活，也是先讓雅各看到。〈哥林多前書〉第 15 章第 7 節：「以後顯給雅各看，再顯給眾使徒看。」優西比烏的《教會史》還有做了一句說明，指出這個雅各「據說是救主（耶穌）的一位兄弟」。保羅在〈加拉太書〉第 1 章第 18 節也提到「主（耶穌）的兄弟雅各」。

這個雅各，在往後的歷史記載之中，都被稱為是「公義者」，而且是耶路撒冷主教的第一人。如〈多馬福音〉❶第 12 章所說，耶穌要離去（升天）時，「門徒問耶穌，『我們知道你要離開。以

---

❶ 〈多馬福音〉不在《新約聖經》之中，為基督教的第五福音，記載了耶穌的言論，可是沒有復活與傳道這些事情。

後由誰帶領我們?』耶穌對他們說，『無論你們在哪裡，都將投奔公義雅各，天地為他而立。』」優西比烏也引用了一段文獻，指出雅各的為人處事：「教會傳到了眾使徒和主（耶穌）的兄弟雅各的手中。從主的時候直到如今，這位雅各一直被眾人稱為『義者』，這是因為：當時有很多人也叫雅各，而這位雅各自從母腹起就被奉獻給上帝。他滴酒不沾，從不吃肉，從不剃頭，從不洗澡，而且沒有受過膏油禮。……他習慣於獨自進入聖殿，常常跪下禱告，為眾人祈求寬恕，由於長時間的屈膝禱告，他的膝蓋變得像駱駝一樣硬。」

圖 16：公義的雅各

由此可見，雅各的生活清苦，而且也體驗著社會底層民眾的生活，完全不同於猶太高層人士的生活面貌。或許如此，雅各延續耶穌的反抗運動，受到更多民眾的迴響。就學者的推論，雅各何以在《新約聖經》裡失去重要地位，其實是因為《新約聖經》撰寫的立場問題。由於《新約聖經》強調耶穌母親馬利亞的童女聖潔，如果馬利亞不只有耶穌一個兒子，當然也就失去了她的聖潔性。儘管《新約聖經》無法完全刪去耶穌有弟弟妹妹的敘述，但刻意摒除雅各的崇高地位是很容易的。此外，《新約聖經》除了對雅各記載很少之外，前三大福音書寫到耶穌門徒時，彼得的名字都在雅各前面，這更可看出福音書作者想要降低雅各地位的意圖。

雅各之所以在《新約聖經》遭到邊緣化，也可能出於他與耶穌「門徒」保羅的地位之爭。保羅自稱為耶穌的門徒，但若以福音書裡提到的十二門徒來看，福音書均未把他包含在所謂十二門徒之中。〈馬太福音〉第 10 章第 2 節提到十二門徒的名字，「頭一個叫西門，又稱彼得，還有他兄弟安得烈，西庇太的兒子雅各，和雅各的兄弟約翰。腓力，和巴多羅買、多馬，和稅吏馬太、亞勒腓的兒子雅各，和達太。奮銳黨的西門，還有賣耶穌的加略人猶大。」保羅並不在其中。另外，在〈馬可福音〉第 3 章第 16 節、〈路加福音〉第 6 章第 14 節、〈使徒行傳〉第 1 章第 13 節，都可看到相似的描述。

然而，以學者研究的論述來說，現在世人熟知的《新約聖經》，其實都是以保羅為主角，傳述的思想都是保羅對於耶穌運動的解釋。不過保羅其實也透露出耶穌弟弟雅各的重要性，如〈加拉太書〉第 1 章第 19 節，在耶穌去世十年之後，保羅第一次見了彼得，但是「至於別的使徒，除了主的兄弟雅各，我都沒有看見。」雅各在耶穌一派之中的地位崇高，談論大事不會有其他門徒在場。另外，第 2 章第 9 節裡，保羅提到「教會柱石」的順序為雅各、磯法（彼得）、約翰，也顯示出雅各的地位。還有，西元 50 年的耶路撒冷會議召開時，雅各總結會議中討論外邦人是否要信守摩西律法的事情，如〈使徒行傳〉第 15 章所說：「據我的意見，不可難為那歸服神的外邦人。只要寫信，吩咐他禁戒偶像的污穢和姦淫，並勒死的牲畜和血。」隨後眾人都同意他的意見，事情圓滿解決。這也就表示雅各的決定，有十足的分量。

二、耶穌未曾謀面的門徒：保羅

保羅原名掃羅 (Saul of Tarsus)，自稱見到了復活的耶穌，在那之後，保羅才算是耶穌的信徒，但那已經是西元 36 年的事情，離耶穌去世已經有一段時間了。這對於保羅來說，見到「靈體」的耶穌是比雅各等人只與「肉體」耶穌接觸來得崇高許多。他也強調自己接受了啟示與使命，而且是向「外邦人」傳道的使命。〈使徒行傳〉第 22 章第 18 節：「看見主向我說，你趕緊的離開耶路撒冷，不可遲延，因你為我作的見證，這裡的人，必不領受。……主向我說，你去罷，我要差你遠遠的往外邦人那裡去。」〈羅馬書〉第 3 章第 29 節也說道：「難道神只作猶太人的神嗎？不也是作外邦人的神嗎？是的，也作外邦人的神。」第 11 章第 13 節也說：「我對你們外邦人說這話，因我是外邦人的使徒，所以敬重我的職分。」這樣的作法，很明顯背離了耶穌的觀念。畢竟耶穌在世的時候，其實立場非常鮮明，也就是只在乎同一陣線的猶太人，若立場不同，無論是猶太人或外邦人，耶穌一概排斥。而保羅所說，可能完全只是藉由耶穌之名來行自我理念之實。

保羅的信念，跟雅各等人出現極大的差異，凸顯在〈使徒行傳〉之中。〈使徒行傳〉寫道，掃羅原本對於猶太教徒頗不認同，卻遇到了天上發光，有聲音對他說：「我就是你逼迫的耶穌。」隨後掃羅成為耶穌的信徒，想要證明耶穌就是基督。然而，耶穌在世時都稱自己是「人子」，掃羅要稱他是基督的話，必然會引來耶

圖 17：保羅

穌信徒的不滿，有些猶太人決意要殺掃羅。掃羅則是逃往耶路撒冷，想要結交耶穌的門徒。儘管「他們（門徒）卻都怕他，不信他是門徒」。但掃羅還是與耶穌門徒同進同出 。 在第 13 章第 9 節之後，掃羅就改稱為保羅，開始宣揚他的理念：「神的道先講給你們，原是應當的，只因你們棄絕這道 ， 斷定自己不配得永生，我們就轉向外邦人去。因為主曾這樣吩咐我們說，『我已經立你做外邦人的光，叫你施行救恩直到地極』。」

這樣的言論並不受到猶太人的認可，但保羅的「外邦人」思想越發明確。〈以弗所書〉第 3 章第 1 節寫道：「我保羅為你們外邦人作了基督耶穌被囚的，替你們祈禱。」第 6 節：「這奧秘就是外邦人在基督耶穌裡，藉著福音，得以同為後嗣，同為一體，同蒙應許。」 第 8 節說：「我本來比眾聖徒中最小的還小，然而他（耶穌）還賜我這恩典，叫我把基督那測不透的豐富，傳給外邦人。」〈歌羅西書〉第 1 章第 27 節也說：「神願意叫他們知道，這奧秘在外邦人中有何等豐盛的榮耀。就是基督在你們心裡成了有榮耀的盼望。」〈帖撒羅尼迦前書〉第 2 章第 15 節寫道：「這猶太人殺了主耶穌和先知，又把我們趕出去。他們不得神的喜悅，且與眾人為敵。不許我們傳道給外邦人使外邦人得救，常常充滿自己的罪惡。神的憤怒臨在他們身上已經到了極處。」〈提摩太後書〉第 4 章第 17 節寫道：「惟有主站在我旁邊，加給我力量，使福音被我盡都傳明，叫外邦人都聽見。」〈使徒行傳〉第 9 章第 22 節說：「掃羅越發有能力，……證明耶穌是基督。」保羅的傳教已經有所成果，過去耶穌不敢自稱基督，現在保羅刻意宣傳了耶穌就是基督，還頗獲認同。

保羅除了強調外邦人也一概受耶穌福音之外，他遭到批判的就是不按照摩西的規範受割禮，因為這樣就不能得救。保羅也受到雅各的批判，雅各說：「他們（猶太人）聽見人說，你教訓一切在外邦的猶太人離棄摩西，對他們說，不要給孩子行割禮，也不要遵行條規。……你就照著我們的話行吧！我們這裡有四個人，都有願在身。你帶他們去，與他們一同行潔淨的禮，替他們拿出規費，叫他們得以剃頭。這樣，眾人就可知道，先前所聽見你的事都是虛的；並可知道，你自己為人，循規蹈矩，遵行律法。」可見，雅各已經聽聞保羅的消息，也知道保羅的作風與他們不同，但既然同為耶穌追隨者，雅各還是需要保羅不要背離耶穌奉行的猶太規範。雅各也致力穩定信徒的信念，他說：「正如經上所寫的，『此後我要回來，重新修造大為倒塌的帳幕，把那破壞的、重新修造建立起來。叫餘剩的人，就是凡稱為我名下的外邦人，都尋求主，這話是從創世以來，顯明這事的主說的』。」雅各認為，不可難為那歸服神的外邦人。對於雅各來說，外邦人的身分並沒有問題，他們若信了耶穌也不是壞事，保羅向外邦人傳道也不需要制止。但是，雅各擔憂的是，保羅所傳的道偏離了猶太思想既有的信念。

三、保羅之道

保羅並沒有與雅各公然起衝突，應是知道時勢並不是他能掌控的。他也知道雅各並不反對他對外邦人的宣傳。例如，〈加拉太書〉第2章第9節說道：「那稱為教會柱石的雅各、磯法（彼得）、約翰，就向我……用右手行相交之禮，叫我們往外邦人那裡去，他們往受割禮的人那裡去。」看得出來雅各對於保羅的包容，而保羅對雅各也還保持尊敬的態度，稱他們為「教會柱石」。〈哥林多前書〉裡保羅也自稱：「我原是使徒中最小的、不配稱為使徒。」保羅四處行走，宣傳自己的理念，也不與人起衝突，遇到人們的抗拒、詆毀，保羅就說：「你們的罪歸到你們自己頭上，與我無干，從今以後，我要往外邦人那裡去。」

猶太人不願意接受保羅的觀念，保羅遂將傳道的對象放在外邦人身上。保羅應自知自己在猶太人之間難以取得共鳴，所以用自己的意思詮釋耶穌的思想，進而透過對外邦人傳道來取得人們的重視。在〈哥林多前書〉第15章第10節寫道他則是認為自己「我比眾使徒格外勞苦」。保羅這樣的說法，當然是要強調自己地位卑下，但卻又傳達著他不會受到困苦的客觀環境所影響、依然堅持自己理念的形象。當然，保羅也有明顯敵對猶太傳統的言詞。例如〈加拉太書〉第5章第1節到第6節：「基督釋放了我們，……我保羅告訴你們，若受割禮，基督就與你們無益了。我再指著凡受割禮的人確實的說，他是欠著行全律法的債。你們這要靠律法稱義的，是與基督隔絕，從恩典中墜落了。我們靠著聖靈，憑著信心，等候所盼望的義。原來在基督耶穌裡，受割禮不受割禮，全無功效，唯獨使人生發仁愛的信心，才有功效。」割禮是猶太人固有傳統，保羅卻一再主張不必遵從這項規則。

但一如耶穌時期的驅魔師的社會風氣，保羅可能也習得一招半式。〈使徒行傳〉裡一則故事寫道：「路司得城裡坐著一個兩腳無力的人，生來是瘸腿的，從來沒有走過。他聽保羅講道。保羅定睛看他，見他有信心可得痊癒，就大聲說，你起來，兩腳站直。那人就跳起來而且行走。」另一段故事是：「神藉保羅的手，行了些非常的奇事。甚至有人從保羅身上拿手巾、或圍裙放在病人身上，病就退了，惡鬼也出去了。」此外，在〈加拉太書〉裡，保羅還強調自己「不是從人領受的，也不是人教導我的，乃是從耶穌基督啟示來的。……然而那把我從母腹裡分別出來、又施恩召我的神，……」便是神化了自己的出身，讓自己更靠近耶穌。

於是，雅各與保羅雖都是追隨耶穌的人，卻有很明顯不同的觀念。根據《新約聖經》的記載，對雅各來說，保羅所持的觀念並不正統，畢竟保羅從未與耶穌相處過，只是強調他是受復活的耶穌所感召。對於保羅來說，雅各不認同他的作法，可是他確實對耶穌的思想有不同的闡釋，因而逐漸出走。然而，保羅受復活的耶穌所感召，應是〈使徒行傳〉所加油添醋的故事。畢竟人死復活這樣的事情不可能發生，只是福音書作者的誇大說法。其實從這樣的歷史發展來看，可理解保羅刻意不再繼續跟隨雅各，而是要找其他路線發展，他的觀念若對於猶太人不可行，那就把傳道的對象改成外人。只不過，無論雅各與保羅是否有嚴重的立場衝突，兩派在羅馬當權者來說，都是不可容忍的亂賊。

第二節　保羅之審判

一、羅馬剿滅叛賊

西元 40 年代之後，羅馬內部的動盪也不少，持續了二十幾年之久。在耶路撒冷，羅馬人與猶太人之間的糾紛也不少，叛賊的問題依舊困擾著羅馬，騷亂時斷時續。約瑟夫記載道，約西元 48 年時，羅馬皇帝革老丟 (Caludius Caesar) 時期在一次逾越節 (Passover) 的慶典之中，一羅馬士兵脫下褲子，這個不雅的舉動造成在場的群眾大為憤怒，在猶太人的暴動之中，超過兩萬人喪生，慶典反而成為舉哀的日子。隨後，又發生士兵撕毀摩西律法書事件，羅馬官員為了平息猶太人的憤怒，才將那名士兵砍頭，以防止更多暴動發生。從約瑟夫的記載來看，多是羅馬人逾矩行為造成社會失序，這樣的書寫立場較為偏頗，持平來看，猶太亂賊造成的社會動盪，也可能令羅馬人不勝困擾。隨後，革老丟命希律亞基帕二世為猶太人的王，而總督由安東尼厄斯腓力斯 (Antonius Felix) 擔任。

約西元 54 年，有一個從埃及來的人，自稱是先知，說耶路撒冷的城牆會聽他的命令而倒下。這事情為腓力斯得知，一共殺四百人、捉了兩百人，可是那個埃及人卻逃跑了。幾年後，這件事情卻牽涉到了保羅身上。西元 57 年，羅馬皇帝尼祿 (Nero) 即位第三年，保羅遭到羅馬官員逮捕。逮捕他的人說：「你是從前作亂、帶領四千兇徒往曠野去的那埃及人嗎？」當然這件事跟保羅無關，不過可見羅馬當局對於各種可能的叛亂分子都相當關注，也或許是保羅引起的社會動盪，已經是羅馬總督不得不處理的問題。〈使徒行傳〉寫道，保羅為自己辯護，說明了自己受耶穌基督感召的經過，但猶太人還是想要殺他。保羅也一再聲明耶穌復活之事，眾多猶太人也不能認同，保羅也因造成社會動盪而遭到監禁兩年。〈使徒行傳〉提供的理由是，腓力斯想討猶太人的喜歡，就留保羅在監裡。基督教聖人保羅因猶太人的關係而被監禁，〈使徒行傳〉透露出了基督徒的反猶太立場，用文字記錄的方式來加強猶太人的可惡。

二、審判保羅

兩年後，總督改由波求非斯都 (Porcius Festus) 接任。猶太人想趁著新總督剛上任的時候，再次控告保羅，而且要將保羅帶到耶路撒冷，然後在路上埋伏殺害。非斯都說：「你們中間有權勢的人，與我一同下去，那人若有什麼不是，就可以告他。」可是，猶太人卻又都無法證實保羅任何罪名。保羅不斷強調「無論猶太人的律法，或是聖殿，或是該撒，我都沒有干犯。」當然〈使徒行傳〉是以保羅立場為主，所以會強調猶太人想殺他卻找不到合適的理由。保羅也義正詞嚴說道:「我站在該撒的堂前，這就是我應當受審的地方。我向猶太人並沒有行過什麼不義的事，這也是你明明知道的。我若行了不義的事，犯了什麼該死的罪，就是死，我也不辭。他們所告我的事若都不實，就沒有人可以把我交給他們。我要上告於該撒。」

當時亞基帕二世雖是猶太人的王，但畢竟是在羅馬的版圖之內，所以保羅不認為猶太人王有權力審理他的事情，更何況一切都沒有事實根據，這樣的糾紛必須要交給羅馬方面處理。而在非斯都對保羅事件的理解之中，似乎保羅並沒有犯下什麼大的亂事，他只是發現「不過是有幾樣辯論，為他們自己敬鬼神的事，又為一個人名叫耶穌，是已經死了，保羅卻說他是活著的。」亞基帕二世此時也想瞭解這件事情，非斯都同意讓亞基帕二世與保羅見面。由此可見，耶穌復活之事應是保羅自己的說詞，等於是他對於耶穌理念的理解，但其實既非雅各等人能夠接受，連眾多猶太人都不同意他的說法。而且事隔兩年，其實無論是各任羅馬總督，或者猶太人王亞基帕二世，大概都不是很清楚那時發生了什麼事情。唯獨比較重要的，大概就是這位名為保羅的人，不斷強調耶穌死而復生之事，以致於在社會之中形成恐慌。在亞基帕二世面前，保羅辯解道:

> 猶太人所告我的一切事，今日得在你面前分訴，實為萬幸。更可幸的，是你熟悉猶太人的規矩，和他們的辯論，所以求你耐心聽我。神叫死人復活，你們為什麼看做不可信呢。

> 以前我自己以為應當多方攻擊拿撒勒人，耶穌的名。……我就聽見有聲音，用希伯來話向我說，掃羅（保羅的本名）、掃羅，為什麼逼迫我，你用腳踢刺是難的。我說主啊，你是誰。主說，我就是你所逼迫的耶穌。你起來站著，我特意向你顯現，要派你作執事作見證，將你所看見的事，和我將要指示你的事，證明出來。我也要救你脫離百姓和外邦人的手。亞基帕王啊，我故此沒有違背那從天上來的異象。

亞基帕與非斯都共商的結果，同意保羅並沒有犯該死的罪。不過，保羅事件因為已經上告羅馬了，所以羅馬人一定得將保羅送往羅馬。

保羅既是猶太人，也是羅馬人（他父親是羅馬公民），前往羅馬可能對他有利。或許知道他在耶路撒冷難以發展，畢竟有雅各，所以想要另尋發展的地方。也有可能他知道在耶路撒冷，終究會因為不利的局面而受審判，到羅馬去，猶太人的影響力可能不會很大，或許有生存的機會。前往羅馬的路上，〈使徒行傳〉第28章記載了保羅所顯的神蹟。在一座島上，「保羅拾起一捆柴，放在火上，有一條毒蛇，因為熱了出來，咬住他的手。……保羅竟把那毒蛇甩在火裡，並沒有受傷。」當地人原本認為毒蛇出現，代表這個人必然是天理不容的罪人，但他卻沒有因為毒蛇咬傷而死，轉而認為「他是個神」。此外，保羅還幫島上的病人醫治。〈使徒行傳〉在此，對保羅已經特別神化了。

而且，到了羅馬，當保羅與當地猶太人有過交談，他們對保羅沒有敵意：「我們並沒有接著從猶太來論你的信，也沒有弟兄到這裡來報給我們說你有什麼不好處。但我們願意聽你的意見如何；因為這教門，我們曉得是到處被毀謗的。」然後，保羅就似乎得到了部分猶太人的信任，「許多人到他（保羅）的寓處來，保羅從早到晚，對他們講論這事，證明神國的道，引摩西的律法和先知的書，以耶穌的事，勸勉他們。」保羅說的話，其實還是有人不信的，所以這些不信的人就離去，但保羅一再強調「所以你們當知道，神這救恩，如今傳給外邦人，他們也必聽受。」之後，保羅在羅馬住了兩年，接待了所有來看他的人，也沒有人再禁止他的傳道。〈使徒行傳〉這一說，似乎保羅這個「教門」已然在猶太人之間傳播。不過，這些都是在保羅去世之後才撰寫的文獻，免不了有書寫立場的問題，作者刻意往保羅的好處來寫，也就是保羅在猶太人之間已是重要名人。

三、保羅與基督教

學者塔博認為：「《新約》中的〈彼得前書〉與〈彼得後書〉讀來太像保羅的言語，許多學者都認為是竄改過的，或甚至可能是保羅的追隨者執筆的。」塔博也強調：「〈馬可福音〉是西元 70 年前後寫成，是保羅死後之作，也是傳遞保羅訊息的原始之作，作者把保羅的思想反投射回到耶穌的生平事蹟裡。……保羅所見的耶穌是神聖的、先於一切被造物的上帝之子，化為人身後，為贖世人之罪而釘死十字架，復活後回到上帝右邊的天上榮耀之中，這個觀念也成為正統基督教的訊息。」

於是，保羅在後世基督徒之間有其重要性，但他在世期間其地位是有爭議性的。當然他的立場不代表他有意要摧毀耶穌所傳的道，就算是雅各也不見得就完全跟隨耶穌的路線，只能說使徒之間有不同的想法，眾多人追隨雅各並不代表雅各沒有任何錯誤，保羅所宣揚的說法也不盡然就一無可取。然保羅試圖打破猶太思想的侷限，尤其是讓所謂外邦人都能夠受上帝的恩惠，而且他四處旅行，讓猶太思想能夠向外傳播，無論是否有立即成效，但都算是保羅實踐了他個人信念，這也就是後來保羅的猶太思想成為基督教雛形的基礎工作。在基督教徒的觀念之中，耶穌是基督教的創始者，可是從不同資料與研究的觀點來看，反而保羅可能才是讓基督教逐漸與猶太教脫離出去的主要人物。

第三節　雅各理念及其死亡

一、重看〈雅各書〉

既然保羅沒有接收耶穌權位的資格，是雅各才有，那又該從何處來看雅各的接位資格？前文敘述到在福音書、〈使徒行傳〉、〈加拉太書〉的經文裡，都已經透露出雅各在耶穌門徒之中的重要性。保羅並未列入耶穌的門徒之中，只有他自己提到他接受耶穌的感召，但那也是在耶穌去世之後的事情。耶穌在世時並不認識保羅，從歷史現實的角度來看，人死不能復生，死後傳話給在世的人這類事情，儘管「寧可信其有、不可信其無」，卻也不能當作真實的事情。受到既有的基督信仰觀念影響，保羅的重要性高於雅各。然而，從經文來看，雅各才是最重要的耶穌權位繼承人。而且，在《新約聖經》之中，還有一部〈雅各書〉，闡述了雅各的思想。

從〈雅各書〉之中，可看到諸多經文都與福音書裡面耶穌的話語相符合。例如，第 2 章第 5 節提到：「神豈不是揀選了世上的貧窮人，叫他們在信上富足，並承受他所應許給那些愛他之人的國嗎？」這個觀念其實很符合〈路加福音〉第 6 章第 20 節裡耶穌所說：「你們貧窮的人有福了，因為神的國是你們的。」雅各也說過：「只要你們行道，不要單單聽道。」這也符合〈馬太福音〉第 7 章第 21 節耶穌說：「凡稱呼我主啊、主啊的人不能都進天國，惟獨遵行我天父意旨的人才能進去。」又如雅各說：「你們這些富足人哪，應當哭泣、號咷，因為將有苦難臨到你們身上。」也像是〈路加福音〉第 6 章第 24 節：「你們富足的人有禍了！因為你們受過你們的安慰。」還有，雅各說：「不可起誓，不可指著天起誓，也不指著地起誓，無論何誓都不可起。你們說話，是，就說是；不是，就說不是。」這也是與耶穌在〈馬太福音〉第 5 章說過的一樣：「只是我告訴你們，什麼誓都不可起，不可指著天起誓，因為天是神的座位；不可指著地起誓，因為地是他的腳凳」、「你們的話，是，就說是；不是，就說不是。」從上述的對比來看，雅各的觀念與耶穌傳的道完全契合，像是同情窮人、批判富人，反而保羅所說的顧及外邦人這樣的概念卻完全是另外一回事。

二、雅各之死

史家優西比烏的《教會史》，提供了許多有關雅各的事蹟。儘管不見得都是優西比烏所寫，可是卻可藉此窺視這位「公義者」的作為以及去世的原因。優西比烏提到雅各：「這位雅各品德超群，因而被人稱頌為『義者』，並且成為當選耶路撒冷主教的第一人。」優西比烏也引述他人的文字說：「彼得、雅各和約翰是救主所喜愛的，在救主升天之後，他們並沒有為了名利彼此爭競，而是選擇義者雅各擔任耶路撒冷主教。」還有，「主在升天之後把知識傳授給義者雅各、約翰和彼得。其他使徒從他們那裡領受這知識。……義者雅各，他從聖殿的護欄被人扔到地面，之後又被人用洗衣棒打死。」這些說法都強調了雅各的重要性，但都沒有人提到是保羅該延續耶穌的理念。

雅各死於西元 62 年，優西比烏引述了一段有關雅各死前的事情：「七個猶太支派的代表曾問他（雅各），『耶穌之門』是什麼意思，他回答道耶穌是救主。由此，一些人開始相信耶穌是基督。……這在猶太人、文士❷和法利賽人之中引起不小的騷動，他們擔心所有人都會把耶穌當作基督。於是，他們聚集到一起，對雅各說：『我們請你制止那些人，他們偏行己路，追隨耶穌，以為他就是那基督。我們都十分信任你，……讓他們不要相信耶穌。

---

❷ 文士的希伯來文是 sopherim，是律法與經文專家，也是會講解《聖經》的人。不僅僅作抄寫文書工作，還是懂得律法的特別階級。

我們和眾人都可以擔保，你是公義的。』雅各回答道：『你們為什麼問我關於人子的問題呢？他正在天上，坐在大能者的右邊，將來還要駕著天上的雲降臨。』……於是，文士和法利賽人相視而言：『我們犯了一個大錯誤，居然讓他給耶穌作了一個這樣的見證。讓我們上去把他扔下來，這樣眾人就會感到懼怕，不再相信他。』」

由這段話可見，猶太人之間知道雅各是公義的，而且他知道「耶穌之門」的意涵。但就算人稱「公義」，也不代表對所有人來說都是「公義」。總之，自詡耶穌傳人的保羅此時不在場。而雅各在最後遭到打死之前說：「我祈求你，主，上帝和父親，赦免他們：他們所做的，他們不曉得。」約瑟夫在《猶太古史記》記載了雅各之死，與優西比烏的敘述頗為相似。「這時非司都已死、而阿爾巴努 (Albinus) 又還在路上，安納努（Ananus，另譯阿納努斯）就召集了大公會的審判官們，他將耶穌基督的兄弟雅各和其他幾個人（就是和雅各在一起的人）帶到他們面前，在大公會前指控雅各等人觸犯了律法，然後就定下以石塊處死他的判決。」

上文之中，可以看到法利賽人對待雅各的態度。他們會強逼雅各，其實也是因為耶穌的關係。在福音書之中，可看到不少耶穌對法利賽人的批判。在〈馬太福音〉第 15 章就描述了耶穌與法利賽人的言語衝突：「那時有法利賽人和文士，從耶路撒冷來見耶穌說，你們的門徒為什麼犯古人的遺傳呢，……耶穌回答說，你們為什麼因著你們的遺傳，犯神的誡命呢？……法利賽人聽見這話，不服，……耶穌回答說，凡栽種的物，若不是我天父栽種的，必要拔出來。任憑他們罷，他們是瞎眼領路的，若是瞎子領瞎子，兩個人都要掉在坑裡。」第 23 章又有耶穌對法利賽的批判：

> 你們這假冒為善的文士和法利賽人有禍了。因為你們走遍洋海陸地，勾引一個人入教。既入了教，卻使他做地獄之子，比你們還加倍。……在人前外面顯出公義來，裡面卻裝滿了假善和不法的事。……我告訴你們，從今以後，你們不得再見我，直等到你們說，奉主名來的，是應當稱頌的。

狀似法利賽人犯了很多耶穌不齒之事，但諷刺的是，耶穌並沒有現今基督徒所強調的「大愛」，也就是不與他一路的就是有禍、就是不法，而且還叫別人不得再見他。於是，法利賽人特別要剷除耶穌一派，即使耶穌已經釘死於十字架上了，其弟雅各也難逃一死。

學者塔博認為，「雅各一直在耶路撒冷教會擔任領袖，直到西元 62 年，他被大祭司阿納努斯處死為止。他被處死不是因為他是耶穌的追隨者，當然也不是因為他違反律法。雅各是因為他盡心盡力做的事而被殺：護衛窮人與弱者，對抗富人與強者。」令人感慨，這世界向來就不會有公平正義，富人與強者永遠高枕無憂，窮人與弱者的力量始終不會受到重視。至於保羅，似乎除了《新約聖經》以外，沒有其他的歷史文獻。而約瑟夫記載了雅各之死，卻沒有寫到保羅，可見雅各在西元一世紀時期的重要性，保羅可能在當時並不是重要人物。或許保羅努力傳道，只是在當時並未成為一股龐大的影響力。而且，對於「正統」耶穌一派來說，雅各的「正統」是無可辯駁的事實，就算保羅已有其勢力也沒有紀錄的價值。

第四節　猶太戰爭

一、羅馬與猶太人之衝突

非斯都在耶路撒冷上任總督時，有一群盜賊稱為希卡里派(Sicarii, the Daggermen)，也就是短刀派，他們報復的對象只限於猶太人，特別是那些順服羅馬統治的富有祭司貴族。據約瑟夫的記載，這些人特別在節慶時混在群眾之中，這樣可以很容易殺死他們的目標，而他們也常在對手的村落裡燒殺擄掠。在雅各勢力已經除去之際，希卡里盜賊的問題還在，總督的殲滅行動雖有成效，希卡里的人數卻也沒有減少太多。

除了巴勒斯坦之外，羅馬內部也有衝突。西元 64 年羅馬的大火，塔西陀的《編年史》第 15 卷第 44 節寫道：「因此尼祿為了闢謠，便找到了這樣一類人做為替身的罪犯，用各種殘酷之極的手段懲罰他們，這些人都因作惡多端而受到憎惡，群眾則把這些人稱為基督徒 (Christian)。他們的創始人基督 (Christ)，在提貝里烏斯（即尼祿）當政時期便被皇帝的代理官彭提烏斯彼拉圖斯（即彼拉多）處死了。這種有害的迷信雖一時受到抑制，但是不僅在猶太、即這一災害的發源地，而且在首都本城（世界上所有可怕的或可恥的事情都集中在這裡，並且十分猖獗）再度流行起來。」

這一場突如其來的大火，猶太人還是做了代罪羔羊。

西元 66 年巴勒斯坦爆發了大規模的猶太人暴動，猶太人反抗羅馬總督基修斯弗洛魯 (Gessius Florus) 的暴政。但有幾個不同的猶太團體分據了耶路撒冷，有些人決心與羅馬人一戰，有些則是想要和解。猶太王亞基帕二世呼籲民眾停止暴力活動，「不要冒險與整個羅馬帝國對抗。戰爭一旦爆發，一切就會難以收拾。現在任何人都不可能抵擋羅馬的力量，若不為了家人，也希望是為了這個城市，我們要保全我們的聖殿。」亞基帕二世希望民眾不要再違反弗洛魯，卻導致反弗洛魯一派的人更加憤怒。亞基帕二世絕對不是屈服於羅馬，只是當下的現實就是猶太人沒有能力跟羅馬對抗，唯有透過協商談判，盡力取得雙方都能滿意的狀態，猶太人才能夠暫且取得喘息的機會 。當時希卡里派領導人米拿現 (Menahem)，派刺客謀殺了大祭司，這使得耶路撒冷的彌賽亞狂熱達到高峰。但似乎米拿現作得太過於暴虐，以致於群眾之中出現反米拿現的情況。希卡里派旋即遭到祭司一派反擊，逃往今日死海一帶。在面對羅馬的關係尚未處理完畢時，猶太人之間的內鬥一發不可收拾。這也是長期以來猶太人遭到羅馬壓制的結果，猶太的主政階層與下層民眾的立場不同，雙方當然都想要脫離羅馬控制，但作法不同，難以一致對外，內戰難以避免。約瑟夫寫道，猶太人陷入無止盡的自相殘殺。其實，約瑟夫就是那時候反抗羅馬的其中一個將領，在加利利擔任司令官。另一方面，西元 67 年保羅遭到斬首。大概就是在這時期的羅馬與猶太人衝突的氣氛之下，羅馬將可能有影響力的猶太人處死以宣示權威；彼得也是在這個時候遭到處死。

二、約瑟夫與維斯帕先

尼祿派了西班牙將軍維斯帕先 (Vespasian) 來鎮壓，好幾軍團的羅馬大軍湧進了巴勒斯坦。但是，維斯帕先於西元 67 年年初在加利利就遭到約瑟夫的強烈抵抗。維斯帕先雖然已經退休，但過去戰績輝煌，在歐洲鎮壓了日耳曼人的叛亂，甚至在英格蘭都有戰果。約瑟夫採用羅馬的軍事制度來訓練猶太軍隊，因為他深知羅馬軍隊之強盛，就在於堅決服從的紀律和嚴格的訓練，於是，約瑟夫在加利利培養他的勢力，也加強防禦羅馬人的力量。維斯帕先的軍隊與約瑟夫的軍隊，在加利利交戰，但約瑟夫始終難以占上風，只看到羅馬人不停搶劫當地民眾財物，使得加利利地區面目全非。難民能夠逃亡的地方，只剩下約瑟夫防守的城鎮。其實，約瑟夫已經預知士氣將要崩潰的窘境。約瑟夫決定投降，若能藉此找到別的機會脫逃，還可在城外集結新部隊來協助城內的猶太人。約瑟夫主張投降，令猶太人相當不滿；約瑟夫就這樣遭到維斯帕先的囚禁。見到維斯帕先的時候，約瑟夫還說維斯帕先只不過是得到了一個俘虜，但這個俘虜卻是上帝派來的使者。

在這樣看似「末日」的時代，猶太人之間內鬥從未減緩，完全陷入混亂狀態。像是聖殿祭司與奮銳黨人的衝突不斷，後者批判祭司階層的把持權力，一再藉口一切事務是古老習俗，而祭司則控訴這些人總是製造掠奪與流血事件，反而羅馬人不會踐踏任何神聖風俗，也對聖所表示恭敬之意。雙方對峙的結果，奮銳黨人殺了祭司，接著處決了年輕貴族，唯有加入奮銳黨才能活命。看到耶路撒冷的情況，維斯帕先並未趁勢追擊，反而認為「等待下去，會看到敵軍因為內訌而數量減少。他可以放心地把領導權交給上帝，上帝會把猶太人當作勝利的禮物拱手交給羅馬人，而他們自己根本用不著動手，對軍隊不會造成任何傷害。」耶路撒冷鄰近地區的人卻再也無法忍受這樣的混亂情況，一些人逃亡到羅馬營區，請求羅馬保衛生命遭到自己人威脅的猶太人。於是，當羅馬軍隊進入這些地方，受到部分猶太人的熱烈歡迎，甚至他們自己推倒城牆，不再想發動戰爭了。

在維斯帕先於耶路撒冷持續進攻時，羅馬政局有了巨大變動。西元 68 年地方省長叛變包圍了尼祿，最後尼祿只好選擇自殺。而且此後羅馬陷入嚴重內亂之中，新任國王加爾巴 (Servius Sulpicius Galba) 只作了 221 天的皇帝就遭到殺害，下一任的奧托 (Marcus Salvius Otho) 僅有三個月，再下一任的維特里烏斯 (Aulus Vitellius Germanicus) 也只有 250 天的皇帝命，最後遭到維斯帕先的軍隊殺害。西元 69 年年底，維斯帕先結束了羅馬帝國的重大政治危機，然後登基成為羅馬的新皇帝。在約瑟夫成為維斯帕先的俘虜時，他有預言維斯帕先會成為皇帝。約瑟夫那時說：「您，維斯帕先，您將成為凱撒大帝，您的兒子將成為您的繼承人。所以，用您的鎖鍊鎖住我，把我留在您身邊，因為您不僅是我的主人，還將是陸地、海洋和整個人類的主人。」

那時候維斯帕先並不以為意，但此時卻因為預言成真而禮遇了約瑟夫。這件事記載在約瑟夫所寫的《猶太戰爭》裡，真實性不得而知。耶路撒冷因為羅馬的內政問題而稍微得到了喘息機會，但維斯帕先登基之後，在 70 年時再度進攻耶路撒冷，提多（Titus，維斯帕先之子）將軍的六萬名軍人橫掃這個上帝的「應許之地」。提多派遣約瑟夫以他的猶太人身分來跟同胞對談。約瑟夫不斷勸退猶太人，但也不斷遭到怒罵。約瑟夫對猶太人說，「古代先知已寫下並預言……，而如今就快成為現實了。他們預言聖城陷落的日期，就是當某個人開始殘殺同胞的那時候。是上帝讓羅馬人來清洗聖殿，是上帝徹底清除了這個腐敗的地方，上帝將要讓這裡灰飛煙滅。」但這些都沒能緩和猶太人的抵抗，儘管猶太人偶有突出的戰役，最後仍然無法抵抗羅馬的軍隊，聖殿淪陷、毀滅，所謂的第二聖殿時期到此為止。耶路撒冷已經完全成了廢城，只剩下幾個塔樓以及西牆（Western Wall 或是 Wailing Wall，即今日的哭牆 Kotel）。史家優西比烏說，維斯帕先在猶太人反叛之後，下令逮捕所有屬於大衛家族的人，猶太人之中不准留下王室家族的分子，因此再度對猶太人施以極嚴厲的迫害。

三、猶太人的最後一搏

猶太戰爭貌似結束了，但猶太人對於羅馬的反抗卻未曾減弱。羅馬直接統治了耶路撒冷，猶太人繳納給聖殿的稅金，都改為交給羅馬帝國，這稱為「猶太稅」(Fiscus Judaicus)。加利利人還在抵抗羅馬軍隊，持續了三年之後才集體自殺。而居住在耶路撒冷的基督徒，仍有人強調是大衛王的後裔。這股勢力在西元 106 年遭到羅馬皇帝圖拉真 (Trajan) 殲滅。由此可見，雖然現在都稱基

圖 18：今耶路撒冷的西牆

督徒為「基督徒」，但其實猶太教與基督教之間的區隔相當模糊，基督徒也不見得完全忽略「基督」（即耶穌）既有的猶太本質，一些基督徒仍然景仰大衛王的時代。圖拉真之後，哈德良 (Hadrian) 繼任羅馬皇帝。西元 130 年，哈德良來到了耶路撒冷，下令在這個古老的城市上興建新城，而且改名為阿埃里亞卡皮托尼那 (Aelia Capitolina)。哈德良也打算將這裡作為羅馬、希臘、埃及神祇的中心，還要興建朱比特 (Jupiter) 神廟，再於耶穌十字架之處設置阿芙蘿迪特 (Aphrodite)❸神像。對於猶太人的習俗，例如割禮，嚴格禁止，違者一律處斬。

---

❸ 希臘神話中代表愛情與美麗的女神

就在西元 132 年年底哈德良離開耶路撒冷時，新的一場猶太抗爭興起，由巴爾科克巴 (Simon Bar Kokhba) 領導。科克巴自稱以色列與星辰之子，這是出自於《舊約聖經．民數記》第 24 章第 17 節：「有星要出於雅各，有杖要興於以色列。」科克巴以耶路撒冷南方為據點，建立以色列國，在錢幣上鑄有「元年：以色列救贖」與「為了耶路撒冷的自由」等字樣。哈德良徵召軍團，下令可以毫不留情地打擊這些已經瘋癲不可理喻的猶太人。最後，幾乎沒有人生存下來，猶太人淪為羅馬奴隸，甚至遭到禁止不得進入耶路撒冷。哈德良雖然在羅馬帝國史之中是賢君，其實對於巴勒斯坦的猶太人來說，哈德良是毀滅世界的猛獸。猶太人在耶路撒冷的勢力，就此再也難以興起。從古以色列分裂、滅亡之後，猶太人雖然一再有反對外來強權的抵抗，甚至有哈斯蒙尼朝的建立，但始終是受到鄰近強權的壓力，至科克巴死後，猶太的抵抗力量已然告終。

第 III 篇

現代以色列之建立

本篇談論現代以色列建立的過程與發展。1948 年建國的以色列，其實不能算是古代以色列國重建，而是以想像的方式在大約同一個地方，透過外交、政治的途徑，在既有的西亞版圖之中空降一個新的國家。由第一篇的古代以色列歷史發展過程來看，《舊約聖經》的內容令人存疑，是否有一個強大與一統的古代以色列也是沒有明確的答案。到了近代，部分猶太人憑著《舊約聖經》為以色列存在之依據，作為國家「重建」的動機。歐洲猶太人試圖「復國」，源自於近代歐洲民族主義的影響，連帶著歐洲的反猶風氣，促使若干主張復國主義的猶太人思索應移民至巴勒斯坦。不過，若沒有歐洲強權作為後盾，其實猶太人也不太可能在西亞地區建立國家。

從以色列整個建國過程來看，因為英國與美國較為重視猶太人與以色列，致使阿拉伯國家淪為弱勢一方。其實歐洲強權並非發自內心要協助猶太人建國，而是基於長久以來歐洲在西亞地區所建立的霸權，例如英國與俄國在地中海 (Mediterranean Sea)、黑海 (Black Sea) 爭奪勢力範圍，牽涉到了至少這兩大歐洲強權與鄂圖曼帝國 (Ottoman Empire) 的外交關係，耶路撒冷正處於東地中海、蘇伊士運河 (Suez Canal)、紅海、波斯灣 (Persian Gulf) 等海路交通的重要地帶，近代歐洲強權與鄂圖曼無止盡的糾葛就在於此。歐洲國家協助猶太人建國，藉此加強了在西亞的影響力，以免因為任何動盪而喪失既有的優勢。於是，現代以色列的建立，與古老的歷史並沒有密切的關係，反而與近代歐洲強權在西亞地區的利益有關。

巴勒斯坦自十六世紀之後就屬於鄂圖曼帝國的領土範圍之內，儘管這地區因為猶太、基督、伊斯蘭三大勢力的關係而存在著相當大的複雜性，但長久以來阿拉伯人作為當地主要的人口卻是不爭的事實。無論猶太人再如何強調他們源自於巴勒斯坦、無論《舊約聖經》的內容是否千真萬確，以現實情況來看，猶太人要在巴勒斯坦建立國家是一件相當不容易的事情，當地的阿拉伯人絕對不會同意。猶太人如果僅是單純要在巴勒斯坦居住，其實問題不大，是否會造成猶太人與阿拉伯人之間的衝突，這也不必過於在意，一個社會、一個國家之中，不同群體總是會有爭執，無論彼此之間的關係多麼靠近、多麼親密，但若是刻意將某些人驅趕、劃分到另一個地區，而且還有龐大的外來力量加以干涉，那就不會是能夠簡單且完善處理的問題了。

迄今，巴勒斯坦仍然時常在國際新聞中占領頭條的位置，而且在衝突事件裡，主流輿論對於阿拉伯人總是有過多的批判，視他們為衝突的始作俑者。而且，許多的分析文章會將事件的起因，導向於長久以來猶太教與伊斯蘭教的對立問題，看似這兩宗教在教義方面的差異構成了雙方信徒的惡劣關係，至今仍沒有任何解決方案。但是，近現代歐洲人帶來的政治問題，卻鮮少人提出批判。根本上，猶太人與阿拉伯人不至於到水火不容，也沒有長久的對立與仇恨，但將所有糾紛都歸咎於宗教，那就無法理解事件發生的本質。

第六章 *Chapter 6*

猶太復國運動

第一節　赫茨爾與《猶太國》

一、復國思想之萌芽

十九世紀末部分猶太人因為歐洲民族主義影響，而有了猶太復國主義 (Zionism) 的思潮出現，復國主義者視猶太人為自古以來就與眾不同的單一民族。1830 年代開始從事社會運動的猶太人摩西赫斯 (Moses Hess) 就曾說過，他認為猶太人不是宗教團體，而是獨立的民族、是特別的種族，如果有現代的猶太人否定這一點，那他就是背叛了宗教、也背叛了人民。赫斯也希望能夠返回在巴勒斯坦的故鄉猶太國，而且認為法國會幫助他們建立他們的居住地。在這樣的國家裡，猶太人都不需要去證實自己的身分，也不必做任何隱瞞。

1860 年 5 月出生於布達佩斯 (Budapest) 的猶太人赫茨爾

(Theodor Herzl)，為促成猶太人建國的先鋒。他讀到一些歐洲著名的研究作品時，發現書中有濃厚的反猶意識，例如德國學者杜林 (Eugen Dühring) 的《猶太問題作為種族個性之問題，及其對民族生存、風俗與文化之傷害》(*Die Judenfrage als Frage des Racencharakters und seiner Schädlichkeiten für Völkerexistenz, Sitte und Cultur*) 寫道：「猶太種族沒有任何價值，那些出於錯誤的仁愛感情而讓猶太人平等地、有時甚至高人一等地生活在他們之間的民族，必須清除這些有害的闖入者，必須進行排猶。」這段話深植在他腦海中，日後表現出對反猶思潮明確的批判。不過，似乎同為猶太人的同胞沒有表示支持。猶太人可能不是全體受排斥，在反猶氣氛之中似乎也不一定有整體一致的態度。爾後，赫茨爾開始寫作，主要是旅行方面的文學作品，1882 年之後到了巴黎從事記者的工作。1892 年之後，因為他不同意奧地利國會把猶太問題視為是宗教問題，所以他說：「猶太問題長久以來就不是個神學問題，這與宗教和良心沒有任何關係。……而且，猶太人問題不是一個民族問題，也不是宗教問題，這就是一個社會問題。」1894 年，法國發生「德雷福斯事件」(Dreyfus Affair)，一名法國的猶太軍官德雷福斯遭起訴間諜罪，而且有輿論特別強調他是猶太人。這對赫茨爾來說是不可思議的事情，因為猶太人長期以來名聲不好，既然能當上軍官就絕對會更加看重名聲、注意形象。儘管這事件在 1906 年獲得平反，但可見法國的反猶主義還是主流風氣。赫茨爾說道：「德雷福斯事件不僅表現出司法錯誤，還反映了多數法國人的心態：判處一個猶太人有罪，通過判處這個猶太人來宣布所有猶太人都有罪。……這是在法國，在共和制、現代、文明的法國！在《人權宣言》發表一百年後的法國，但多數法國人並不想讓猶太人享有人權，這是踐踏了法國大革命的精神。」

圖 19：赫茨爾

二、《猶太國》的理念

1896 年，赫茨爾的著作《猶太國》(*The State of the Jews*) 出版，猶太復國思想表露無遺。赫茨爾在書中提到，「這不是烏托邦」，「一切都取決於我們的推動力量，也就是猶太人的苦難。」他強調「猶太人問題……只有通過把它作為一個世界性的政治問題，並由全世界的文明國家在會議上來討論，才能使它得到解決。」赫茨爾強調的「一個民族，一個種族」，大概是受到當時歐洲的民族主義所影響。赫茨爾也說道：「沒有那個人富有和強大得以足以能把一個民族從一個居住的地方，搬到另一個地方去。一種思想卻能夠做到這一點，這種建立一個國家的思想就會有必要的力量來這樣做。猶太人在他們歷史的漫漫長夜裡，一直做著這個高貴的夢。」史家霍布斯邦 (Eric Hobsbawm) 對於猶太復國有不同的立場，他認為，「儘管在巴比倫之囚之後就有猶太民族認同的現象，但一直要到十九世紀末，猶太人的民族主義才跟隨著西方民族主義一同壯大。猶太人從古至今，都不會同化在他們的生活環境之中。」霍布斯邦也不認為猶太人要號召同胞，在《舊約聖經》提到的聖地建立現代的民族國家，因為這樣的話穆斯林也得全部擠進麥加居住了。不過，赫茨爾認為猶太人是可以融入其他民族之中的，「我們民族的特徵從歷史角度看太著名了，儘管一再遭受磨難，它仍十分美好，所以它的消亡是不應該的。假如讓我們安寧地生活兩代人的時間，或許我們會完全消溶到周圍的民族中去。」只是猶太人向來不是一個單一民族，從本書第一篇的古代部分來看，猶太人之所以成為猶太人，應是在從埃及遷徙至巴勒斯坦之後，居住在猶地亞一地才逐漸有「猶太」的名稱。整個群體成員相當雜亂，所謂的十二部族彼此間沒有必然的友好與結盟關係，時而分散、時而合作，甚至在巴勒斯坦居住的地點也因地勢的關係而隔閡，各部族逐漸形成各自的習俗與風氣。

赫茨爾說，準備工作就是先要有個猶太人協會，也要有個猶太人公司。「猶太人協會，將在科學和政治領域進行準備工作，然後由猶太公司付諸實施。猶太公司將作為外移猶太人在商務方面的清算代理機構，並且將組織和建立新國家中的商業和貿易。」他也提到一個相當重要的概念就是:「把地球的某一部分的主權授與我們，其面積足以滿足一個民族的正常需要；其餘的事情將由我們自己設法來做。」在此，赫茨爾還沒有強調就是要在巴勒斯坦建國，只是模糊地說是要在「地球的某一部分」。不過這樣的概念，其實過於一廂情願，要在某一地方建立一個國家，這確實是不容易，要由誰授權？要多大的土地面積才算是可以滿足民族的正常需要？在民族國家相繼建立的時期，究竟又有哪個國家願意讓出土地給另一個族群居住？這些在赫茨爾書中都說得很模糊。如同摩西赫斯認為法國會幫助猶太人一樣，都把建國一事講得很理想化。

赫茨爾繼續說道：「創造一個新國家既不荒唐，也不是不可能。在我們這個時代，我們已親眼看到了關於一些民族建立國家的進程，這些民族大多不是中產階級，而是比我們貧窮，教育程度比我們低，因而也比我們更加弱小。所有遭受反猶主義滋擾的國家政府，將會非常熱心地協助我們獲得想得到的主權。」所以，赫茨爾確實是受到歐洲民族主義影響甚深，他觀察到整個歐洲局勢的巨大變動，所以認為猶太人要建立國家是相當合理的事情。而且，赫茨爾認為持反猶主義的國家都會樂意協助他們獲得在另一個地方建國的主權，似乎這些反猶的國家會很開心見到他們離開。

儘管赫茨爾不認為這個猶太國家會是「烏托邦」，但他的想法卻很「烏托邦」。例如，赫茨爾安排了猶太人之間前往目的地的先後順序。首先是最窮的人：

> 最窮的人們將首先離開，去開墾土地。按照事先訂好的計畫，他們將修築道路、橋樑、鐵道和電報設施；他們將整修河道，並建蓋他們自己的住宅。他們的勞動將會創造出貿易，貿易將創造出市場，市場又將會吸引新的定居者；因為每個人都是自願去的，自己負擔費用，自己承擔風險，在土地上付出的勞動將使得它的價值升高，猶太人很快就會感覺到，這裡正在出現一種可以發揮他們開拓精神的永

久新環境。

這真的是烏托邦，赫茨爾這樣的主張，似乎是不在乎同胞之間個別的想法，「最窮的人」是哪些人？而為什麼窮人就該先去開疆闢土？就算這些都是他講的「自願」，但既然都是最窮的人，又怎樣自費而去？要怎樣承擔風險？失蹤、受傷、死亡等問題是否都自己承擔？儘管赫茨爾強調猶太人是一個民族、一個種族，但其實他心裡對於同胞還是有地位高下之分。他也說：「贊成我們建立一個國家的猶太人都要加入猶太人協會，協會將因此被授權代表我們的人民與各國政府會談和簽訂條約。這樣，在與各國政府的關係中，猶太人協會將被承認為一個籌建國家權力機構。這種承認實際上將創造出我們的國家。」於是，所有贊同建立猶太國家的人，也都要加入猶太人協會，但赫茨爾沒有考慮到，即使有人贊同，卻不代表他們都要跟著來執行這個建國概念。協會或有權力授予特定的猶太人去跟其他國家協商與談判，但其他國家完全沒有必要理會猶太人。赫茨爾又說：「如果不採取強制性措施，我們怎樣才能把大批的猶太人從他們現在的家裡輸送到新國家中去呢？他們的外移肯定應該是自願的。」他一再強調猶太人移民、建國都是自願的，但是卻又有強制措施，這些想法都太過於理想且矛盾。

赫茨爾提出了建國的兩個地點，一個是阿根廷，一個是巴勒斯坦。然而，移民到阿根廷的猶太人已經受到當地抨擊，所以赫茨爾選擇巴勒斯坦：

> 巴勒斯坦是我們記憶中永存的歷史家園。巴勒斯坦這個名字本身對於我們的人民就有著極其強烈的吸引力。如果素檀 (Sultan)❶給我們巴勒斯坦，我們將承擔整頓整個土耳其的財政作回報。在那裡我們將成為歐洲防止亞洲入侵的保護屏障的一部分，並將作為文明世界在未開化地區的一個前哨陣地。我們將作為一個中立國家與整個歐洲保持著聯繫，歐洲則將保證我們的存在。

由此可見，巴勒斯坦其實還是赫茨爾認為很理想的地方，畢竟這個地點有《舊約聖經》為根據，他也自認為鄂圖曼帝國與歐洲國家都會配合。赫茨爾強調：「我相信一代驚人的猶太人將脫穎而出，馬加比將再次興起。」猶太建國這個概念若付諸實踐的話，就會如同古代的馬加比朝代一樣復興猶太王國。此外，赫茨爾的想法不僅很理想化，也過於積極，他說：「假設我們被要求去清除某一個國家的野獸，我們不應該按五世紀歐洲人的方式來做這件事。我們不應拿著梭鏢與長矛，單槍匹馬去追逐野熊。我們會組織一支龐大的、活躍的狩獵隊，共同去驅逐野獸，我們會把炸彈投到它們中間。」由最後一句可見，赫茨爾似乎覺得必要時候就得動用暴力。

---

❶ 鄂圖曼帝國君主。

三、赫茨爾的努力

赫茨爾為實現建國目標，試圖聯繫德國與鄂圖曼素檀，來執行他的復國計畫。赫茨爾的策略頗為正確，畢竟十九世紀末德鄂關係友好，德國在鄂圖曼境內規劃了巴格達鐵路 (Baghdad Railway)，而且也想要將這條鐵路連接到伊斯坦堡 (Istanbul) 再進歐洲連接柏林 (Berlin)。鄂圖曼長年來受到英國與俄國勢力的壓迫，俄國不斷進逼黑海海峽、巴爾幹 (Balkan) 地區，英國則是主導了埃及與西奈半島 (Sinai Peninsula) 之間的蘇伊士運河股份與航運，甚至在 1882 年占領了埃及。鄂圖曼在英俄壓力之下，主權無能獨立、領土也無法完整。於是，鄂圖曼逐漸往德國靠攏，藉此打擊英國的地位。1890 年登基的德國皇帝威廉二世 (William II) 想要將其勢力深入西亞地區，也有考量進入巴勒斯坦，所以與赫茨爾接觸。

然而，赫茨爾覺得德皇的態度很模糊，最後在德國發表的公報感受到德國的冷漠。該公報說：「這個代表團（赫茨爾）向他（威廉二世）贈送了一本巴勒斯坦猶太殖民區的圖片冊。在回答猶太代表團負責人的致詞時，德皇表示他對改善巴勒斯坦農業所進行的各種努力深表關切，只要這些努力符合鄂圖曼帝國的利益，並以完全服從素檀的態度進行。」很顯然，威廉二世並無意直接協助猶太人。然而，鄂圖曼素檀一方對於赫茨爾的復國運動也沒有任何表示。巴勒斯坦這個選項，赫茨爾完全碰了一鼻子灰。

儘管有猶太人稱赫茨爾為「新的摩西」，帶來了一點讓猶太人脫離苦難的希望，但其實猶太人之間對赫茨爾反應不一。《猶太國》出版後，讀者不多，輿論界持否定態度，特別是猶太人的報紙，有些完全沒有刊登任何關於《猶太國》的出版，有些認為猶太復國主義是絕望的瘋狂行徑，有的則是把赫茨爾當作是患有猶太狂熱症狀的小說家。他在倫敦與猶太人社群接觸，也沒有任何進展。巴黎的猶太人也不認為大規模移民能夠成功，所以不願與赫茨爾合作。赫茨爾對於與菁英合作失去熱情，反而轉往一般民眾， 在維也納 (Vienna) 找到支持者， 在柏林也有與猶太學生接觸。赫茨爾也越來越勇於表達他的想法，他強調：「猶太人問題必須從作為個人慈善事業的方式中解脫出來。我們必須創建一個講壇，每個為猶太人民活動的人，都應該在它面前出現，都應該對它負責。」召開猶太復國主義代表大會的構想就此而生。

第二節　巴塞爾大會

猶太人遷徙至巴勒斯坦，並非是赫茨爾之後才開始。猶太人在十九世紀末期，便已經有移民巴勒斯坦的情況了。儘管人數不多，但在當地都已經有住所與工作。自 1882 年起，已經有些猶太人移居到巴勒斯坦， 猶太復國主義者稱之為 「第一次阿利亞(Aliyah)」，阿利亞就是「上升」的意思。接近二十世紀初期時，在巴勒斯坦的猶太人估計有五萬人左右。不過這些猶太人與赫茨爾及猶太復國主義者差異甚大，他們來到巴勒斯坦並非懷抱著復國的想法，僅是移民定居，但似乎結果並不理想，因為居住地區貧瘠、沒有農耕收成，也沒有舒適的住宅，還常受到鄂圖曼的當地政府與阿拉伯人的侵擾。而且，猶太人並非在西元 136 年科克巴起義失敗後就完全被驅離巴勒斯坦，仍然有相當多的人居住原地，其他西亞地區的猶太人也有許多重要聚落，例如現在伊拉克首都巴格達 (Baghdad) 就有相當多的猶太人，他們講的是阿拉伯語，也沒有意圖要在巴勒斯坦建國。此外，無論受到各國的驅逐或是迫害，其實猶太人並沒有完全在西亞地區消失。

反而是歐洲，出現一些猶太人像赫茨爾那樣抱有明確的復國概念。1897 年 8 月 29 日，赫茨爾與猶太復國主義者在瑞士的巴塞爾 (Basel)，召開了第一次的世界猶太復國主義組織 (World Zionist Organization) 的會議，約 197 人與會。赫茨爾在會中的第一句話:「我們猶太復國主義者尋求猶太問題的解決，我們不是要組織一個國際協會，而是要開展國際討論……。我們與陰謀、秘密活動、間接手段毫不相關，我們希望把問題置於自由的公共輿論監督之下。」該大會制定了《猶太復國主義綱領》: 猶太復國主義的目標，就是要在巴勒斯坦建立猶太人的家園。以下有幾種進行的方式：一是鼓勵猶太人在巴勒斯坦定居，二是成立猶太機構來聯合猶太人，三是加強猶太人民的共通情感，四是取得一些政府的同意。在會議之中，猶太人有三大立場，一是赫茨爾一派，認為要有大國支持才有機會建國；二是直接移民巴勒斯坦，不必取得誰的同意；三是成立猶太人的世界精神中心即可，不必拘泥於要建立一個真正的國家。最後完成了《巴塞爾綱領》(*Basel Program*)，主張猶太人要在巴勒斯坦建立一個獲得國際承認，還有法律保障的家園。

赫茨爾試圖與英國人商量到巴勒斯坦建國的事情。赫茨爾知道英國在西亞地區有極大的利益，尤其 1882 年之後占領了埃及，就是要完全控制蘇伊士運河。儘管英國在大半個十九世紀對鄂圖曼的政策是要維持其主權獨立與領土完整，例如 1829 年希臘獨立時，有俄國支持，還有 1839 年埃及總督穆罕默德阿里 (Mohammad 'Ali) 宣布獨立，都讓鄂圖曼呈現了分崩離析的狀態，唯有英國致力於讓鄂圖曼維持領土完整。當然這還是英國為自身利益的考量，因為英國在十九世紀殖民印度之後，就相當關注著印度的安全，避免任何的外來壓力。俄國向黑海、巴爾幹、高加索 (Caucasus) 擴張，以及法國在埃及與紅海的進逼，都威脅著英

圖 20：1897 年在瑞士巴塞爾召開的第一次世界猶太復國主義組織會議

國殖民地印度的安全。

於是，英國為抵擋這兩方的壓力，對於處於中間地區的伊朗與鄂圖曼帝國，遂採取了維護主權獨立與領土完整的政策，讓伊鄂成為英國與俄國、法國對峙的緩衝國家。然而，在 1856 年克里米亞戰爭 (Crimean War) 之後的《巴黎條約》(*Treaty of Paris*)，英國尚能維持鄂圖曼的領土完整，但 1878 年俄國與鄂圖曼戰爭之後的《柏林條約》(*Treaty of Berlin*)，英國已經無法再堅持鄂圖曼的領土完整與主權獨立，因為鄂圖曼已經難以抵擋外來勢力之侵犯。英國被迫改變既有政策，先後占領地中海的賽浦路斯島 (Cyprus) 與埃及。巴勒斯坦與埃及相鄰，又具有貿易、經濟、宗教方面的重要地位，許多英國人都認為如果鄂圖曼崩潰的話，英國一定要控制巴勒斯坦。

儘管如此，英國也沒有直接同意猶太人在巴勒斯坦建國。1902 年 10 月底，英國殖民部部長約瑟夫張伯倫 (Joseph Chamberlain) 向赫茨爾談到，或許可以考慮賽浦路斯，只是希望不大。至於阿里希 (Arish)，在西奈半島北部沿海的地區，就需要埃及方面的意見。埃及總督克羅默 (Evelyn Baring Cromer) 說，埃及所要的基本條件就是，新定居者必須成為受埃及法律管轄的鄂圖曼臣民，只要英國在這裡還有影響力，定居者必然受到保護。赫茨爾表示同意這樣的作法，猶太人移居阿里希指日可待。

可是，赫茨爾與埃及組織了調查團進入當地之後，調查團的報告顯示：「在現有的條件下，這一地區非常不適合來自歐洲的人定居。但如果能解決灌溉問題，一部分荒野的農業、衛生、氣候倒是可以讓一些人居住。」沒多久之後，張伯倫再跟赫茨爾提到英屬烏干達（Uganda，範圍包括今日烏干達、坦尚尼亞、肯亞等地）可能是個合適的地點，沿海地區氣候炎熱，但內陸倒是很適合歐洲人。張伯倫也有把握「在那裡英國可以給予行政自治，總督一定可以是猶太人。五年之後定居者可以完全自治，可定名為『新巴勒斯坦』。」看來情況似乎好轉，英國已經能夠協助猶太人移民，赫茨爾也在 1903 年的第六次世界猶太復國主義組織提出這個烏干達提議。不過，這次提案在會議之中，卻遭到不少猶太人反對。此外，英國在東非的殖民者也反對猶太人在烏干達定居，使得英國外交部也無法再堅持這項計畫。赫茨爾在世界猶太復國主義組織之中也屢受批判，無法再進行下去。後來赫茨爾於 1904 年去世。

第三節　巴勒斯坦的猶太移民潮

1905 年，赫茨爾去世之後的第二年，世界猶太復國主義組織批判了赫茨爾的外交運作並沒有效果。來自德國科隆 (Cologne) 的沃爾夫佐恩 (David Wolffsohn) 擔任第二任的世界猶太復國主義組織的主席，他不斷與鄂圖曼政府談判，但鄂圖曼要讓猶太人在巴勒斯坦定居的條件是要幫助他們賠償債務，也就是要猶太人付錢買土地。鄂圖曼要的是 2,600 萬英鎊，但沃爾夫佐恩只願意付 200 萬英鎊，最後談判不了了之。可是，1908 年青年土耳其 (Young Turks) 執政，鄂圖曼改行憲政體制，素檀不再是政治主導人。在沃爾夫佐恩等猶太主義者看來，這個局勢有利於猶太人移居巴勒斯坦。而且青年土耳其時期的鄂圖曼立即面臨著嚴重的巴爾幹衝突，中央政府與地方政府日漸離異，對猶太人入境的限制也無能全力關注，猶太人在巴勒斯坦買土地也較為容易。猶太復國主義者在鄂圖曼分崩離析之際，逐漸看到了移居巴勒斯坦的希望。最後世界猶太復國主義組織否決了小規模的移民，改採加強猶太人在巴勒斯坦農業與工業的地位為主要目的。這也就是改變了以往赫茨爾較為被動的路線，猶太人更加主動地前往巴勒斯坦。

一次大戰之前，有了更多的猶太人來到巴勒斯坦，除了想脫離歐洲的反猶迫害之外，也有實踐東歐社會主義思潮的意涵，許多人是工人運動分子，試圖要在巴勒斯坦建立公平正義的猶太家園。猶太思想家戈登 (Aaron David Gordon) 強調要能證明自己的價值，一個民族就要根植於他們的土地上，也只有在自己的土地上工作，民族才能自由，也才能顯示自己的存在。戈登隸屬於巴勒斯坦德加尼亞 (Degania) 公社（Kibbutz，也就是集體、聚集的意思)，1909 年他在當地建立了第一個猶太農業定居處，在這之中人人平等往來，一切財產為眾人所有。與此同時，猶太人發展出更有組織性質的社團，稱為伊休夫 (Yishuv)。1908 年，德國猶太人亞瑟魯平 (Arthur Ruppin) 移民巴勒斯坦，除了成立負責定居計畫的復國主義組織之外，也購買了許多土地。魯平有了一年的經驗之後發覺，有太多不可預見的事情與開銷了，猶太人要建國並不能以為大批移民就能解決，而是要有人在巴勒斯坦長期的工作。於是，之後的猶太移民才逐漸開始實行有組織的移民政策。

這在猶太復國主義者來看，是「第二次阿利亞」。但原本居住在巴勒斯坦的猶太人，並不見得同意持猶太復國主義的立場而移居巴勒斯坦，可是猶太復國主義者卻想要在這塊土地上復國及定居，兩派意見明顯不合。來自歐洲的猶太人，稱為阿什肯納齊猶太人 (Ashkenazi Jews)， 老猶太人則稱為塞法迪猶太人 (Sephardi Jews)，雙方衝突不斷。兩方也不願共同生活，老猶太人在耶路撒冷已有既定的勢力，新來的猶太復國主義者則是聚居在特拉維夫 (Tel Aviv)。逐漸地特拉維夫成為重要的猶太復國主義中心，因為所有定居者都是猶太人，不像耶路撒冷有複雜的人口，以致於特拉維夫成為比耶路撒冷還要重要的復國主義中心。

此後， 世界猶太復國主義組織的領導人由哈伊姆魏茨曼 (Chaim Weizmann) 擔任。魏茨曼本是俄國人，後來在英國教書，頗受赫茨爾《猶太國》之影響，為了復國運動而常說服英國政商名流認同猶太人建國與英國利益相符。他曾說道，巴勒斯坦與埃及緊密相連，若英國擁有巴勒斯坦，就可作為蘇伊士運河的屏障，如果持續讓猶太人往巴勒斯坦移民，約半世紀後就會有一百萬猶太人，那樣就能對英國在埃及的統治有更明確的屏障，猶太人也可以就此建立國家。1915 年，魏茨曼見了英國首相勞合喬治 (Lloyd George)。魏茨曼認為，勞合喬治對於弱小民族有同情心，而且猶太復國主義運

圖 21：哈伊姆魏茨曼

動對魏茨曼來說是相當重要的傳統，因為他相信《聖經》、相信猶太人回到巴勒斯坦不會是一場夢。

然而，如前文所述，儘管巴勒斯坦對於英國來說有很重要的利益，但還有很多不同因素需要考量，不可能只是勞合喬治的個人情感就能說明一切。更何況英國在西亞地區還有法國這個競爭對手，自近代以來法國曾經占領過埃及，也主導過 1856 年的克里米亞戰爭，英國要處理東地中海與巴勒斯坦一帶的事務，絕對不可能無視法國的存在。1905 年之後就任英國外交部長的葛雷 (Sir Edward Grey) 就認為，他對於猶太復國運動是持同情態度，但時機並不成熟，而且還必須要跟法國磋商。同是猶太復國主義者的記者呂西恩沃爾夫 (Lucien Wolf) 也向英國外交部要求，巴勒斯坦的猶太人應享有充分的法律及信仰自由，與其他居民有同等權力，也享有外來移民居住的適當條件，以及猶太人要享有地方自治權。葛雷建議，若猶太人與阿拉伯人的人口大約一致時，就可以給猶太人自治權。無論哪種要求，葛雷仍是相當謹慎回應。

圖 22：班古里安

另一個重要的猶太復國主義者是班古里安 (David Ben-Gurion)，1886 年出生於波蘭，1906 年移居巴勒斯坦。而且他在波蘭的時候，就已經是錫安工人黨 (Poale Zion) 的黨員了，所以他在巴勒斯坦也就成了勞工運動青年階級的領袖。隨後，他曾受到鄂圖曼政府的壓迫而離開巴勒斯坦，旅居美國。一直到鄂圖曼帝國因戰爭而衰敗後，他才在 1918 年回到巴勒斯坦。鄂圖曼之衰弱以及 1914 年大戰爆發 ， 都給予了猶太復國主義發展的機會。此時班古里安想要的是取得土地，甚至有占領的企圖。這不同於歐洲殖民主義的作法，藉由政治、外交、經濟、文化的方式滲透至當地，但其實人口遷移至當地的比例並不高，猶太人的作法則是更進階的殖民，是進入巴勒斯坦之後就沒有離開的意圖，即要把巴勒斯坦地區整個「猶太化」。

早先移居巴勒斯坦的猶太人，其態度並沒有像後期移民的猶太人一樣強烈，所以在新的猶太移民進入巴勒斯坦之後，舊猶太人與新猶太人之間逐漸出現差異。這如同古代猶太人進入巴勒斯坦時，部族之間並非團結一致，每個部族因居住地區的不同而顯現出差異，一統的以色列其實並不存在，這也與後來出現北以色列和南猶大的分裂情況有很大的關係。即使到了二十世紀，猶太人因為遷居巴勒斯坦的時間順序不同、目的不同，彼此之間並不認同對方的立場，所以若要強調猶太人統統都有一致的目標就是要在巴勒斯坦定居與建國，這樣的觀點可能需要再做斟酌。

一次大戰結束時，猶太復國主義者利奧摩茲金 (Leo Mozkin) 主張，不需要驅逐當地人，巴勒斯坦可接納六百萬名猶太人。但如果當地阿拉伯人反對，那就需要驅逐他們。由此可見利奧摩茲金的態度強硬，身為外來者，卻否定當地人的反對聲音，形同否定當地人的權益。《舊約聖經》寫到猶太人出埃及之後，在巴勒斯坦一帶與當地居民爭奪土地，引來多次戰爭，二十世紀猶太人試圖再次進入巴勒斯坦，縱然有實踐理想的目的，卻一樣也是給當地阿拉伯居民帶來困擾。

第四節　一次大戰時期的西亞局勢

1914 年 7 月，第一次世界大戰 (World War I) 爆發。戰爭的起因相當多，從歷史遠因來看，歐洲政局對鄂圖曼帝國的影響甚鉅。例如，十八世紀末法國大革命、十九世紀初拿破崙 (Napoleon Bonaparte) 席捲歐洲，帶動了所謂民族主義的浪潮，歐洲各小國、小民族都試圖尋求自我獨立。1829 年希臘要脫離鄂圖曼帝國，便是這種氛圍醞釀之下的產物。英、法、俄、奧地利等國都介入這場獨立運動，鄂圖曼雙拳難敵四手，希臘就此獨立後，也宣告鄂圖曼帝國的領土不再完整、主權不再獨立。希臘所處的巴爾幹半島的各公國漸漸騷動，鄂圖曼帝國在主權伸張方面相對地也就漸漸衰弱。鄂圖曼並不是「歐亞病夫」，而是苦於面對各方壓力而沒有喘息的空間。

1890 年以後德皇威廉二世的「世界政策」(Weltpolitik)，讓歐洲與世界的政局丕變。威廉二世時期的德國，用盡全力要追上英法俄的國際地位，所以德國孤立俄國與法國之後，也與英國爭奪海上霸權，也占據了中國的山東，還在非洲取得殖民地，以及藉由巴格達鐵路貫串整個鄂圖曼的美索不達米亞平原。1892 年之後，德國、奧地利、義大利組成了「三國同盟」(Triple Alliance)，到了 1907 年英國、法國、俄國組成了「三國協約」(Triple

Entente)，形成兩大對峙的強權集團。當 1914 年 6 月斐迪南 (Franz Ferdinand) 王儲在賽拉耶佛 (Sarajevo) 遭到槍殺之後，導致兩大強權集團開戰。鄂圖曼帝國在戰前就與德國保持友好關係，以擺脫英俄壓力的箝制，大戰爆發後，於在 11 月加入德國陣營。

戰爭期間，有相當多的新局勢浮現。鄂圖曼陷入兩面交戰，在高加索及伊朗的邊界與俄國對戰，在波斯灣一帶與英國軍隊交戰。伊朗雖保持中立，卻也遭到戰事波及，因為鄂圖曼與英俄就在伊朗的西北與西南邊界交戰，導致伊朗 1917 年爆發農業停滯、人口銳減的大飢荒，為其難以承受之痛。而鄂圖曼境內，則是出現阿拉伯人的起義反抗運動。此時在漢志 (Hejaz) 的伊斯蘭聖地麥加 (Mecca) 擁有崇高地位的哈希姆家族 (Hashmite)，有意要在大戰之中脫離鄂圖曼政府，建立一個廣大的阿拉伯國家。當時哈希姆家族的領導人為胡笙 (Hossein bin Ali al-Hashmite)，先後與敘利亞地區的阿拉伯家族聯繫，取得彼此間建立阿拉伯王國的共識，協議領土範圍，最後達成《大馬士革議定書》(*Damascus Protocol*)，內容有：

> 英國承認阿拉伯國家獨立，範圍包括阿達納 (Adana)、烏爾法 (Urfa)、阿馬迪 (Amadia) 至伊朗邊界，往南延伸到印度洋，而東部為伊朗邊界與波斯灣，西邊則以紅海、地中海為界。

這也就等於整個兩河流域到阿拉伯半島都由哈希姆家族來統領。

另一方面，1915 年，胡笙多次與英國交涉，希望英國能夠協助他們脫離鄂圖曼的控制。

胡笙與英國的駐埃及高級專員麥克馬洪 (Henry McMahon) 交涉， 來往聯繫的文件稱 《胡笙－麥克馬洪通信》 (*Hossein-McMahon Correspondence*)。麥克馬洪回覆給胡笙道，英國會支持麥加的阿拉伯人獨立，也會承認聖地的神聖性，還會協助阿拉伯人建立合適的政府形式，條件是阿拉伯人只能接受英國的協助。胡笙也能同意英國在巴格達、巴斯拉 (Basra) 的特殊地位，但貝魯特 (Beirut)、 阿勒坡 (Aleppo) 兩地只能屬於阿拉伯人的。胡笙很有外交手腕，知曉他交涉的對象需要的利益，所以在巴格達這一部分對英國人讓步，但阿勒坡的部分則強調要屬於阿拉伯人的。不過，麥克馬洪有他的堅持，他強調「在梅爾辛 (Mersin) 與亞歷山大勒塔（Alexandretta，現為哈塔伊省 Hatay）這兩地方，還有大馬士革、霍姆斯 (Homs)、哈瑪、阿勒坡以西的敘利亞地區，不能視為是單純的阿拉伯地區，所以不包括在胡笙的要求範圍之內。」

麥克馬洪特地指出這個區域，其實是法國較為關注的地區，如果沒有顧及到法國的立場，就完全讓阿拉伯人在此獨立，不僅會在敘利亞引起紛亂，也會造成英法之間的衝突。不過，無論英國有沒有意願要幫助胡笙，阿拉伯人能夠凝聚一股力量和英國人一同打擊鄂圖曼帝國，對於英國在戰爭期間必然有所幫助。胡笙領導的哈希姆家族正式揭竿起義，對抗鄂圖曼政府。1924 年，胡笙自立為哈里發（Caliph，先知穆罕默德權位繼承者），正是土耳其的凱末爾 (Mustafa Kemal) 宣布廢除哈里發頭銜之後，這表示胡笙意圖要接下穆罕默德代理人的位置，統領全體穆斯林。鄂圖曼的素檀長久以來以哈里發自居，胡笙此舉當然也就要取代鄂圖曼素檀領導穆斯林的地位。

然而阿拉伯半島的情勢，不是只有哈希姆家族一股勢力，而且自十八世紀以來便有其他家族所引起的動盪。當鄂圖曼帝國的政治影響力逐漸消退，阿拉伯半島已有反抗鄂圖曼的活動，例如內志 (Najz) 的瓦哈卜 (Wahhab) 試圖掀起抗爭，與紹德家族 (Saud) 結合，形成一股「瓦哈比運動」(Wahhabi Movement)。以宗教來解釋的話，這是一股追尋原教旨主義的運動，要淨化社會、要回歸伊斯蘭的純樸風氣。但是如果從現實情況來說，瓦哈比運動其實主要在於挑戰衰弱的鄂圖曼，也就是要在阿拉伯半島建立以阿拉伯人為主的政治勢力，來抵抗由突厥人 (Turks) 主導的伊斯坦堡政府。在整個十九世紀裡，紹德家族擴張衝擊著鄂圖曼帝國的政治地位，甚或與英國人有所合作，但家族內有王位繼承的內鬥，有些繼承人並不同意繼續挑戰鄂圖曼，反而有承認其宗主權的立場。二十世紀初期，紹德家族的領導人阿布杜阿齊茲 (Abdulaziz ibn Abdulrahman al-Saud)，再次讓紹德家族勢力穩定。在一次大戰時期，胡笙的阿拉伯獨立運動，擴大到了內志，但阿布杜阿齊茲予以反擊，勢力反而逼近了漢志地區。最後，當 1924 年漢志的胡笙自立為哈里發之後，紹德家族表達了極度不滿，從內志揮軍進入漢志，一舉擊垮胡笙的哈希姆家族。1925 年 12 月，阿布杜阿齊茲稱王，是為漢志與內志之王，其王國就是現在的沙烏地阿拉伯 (Saudi Arabia)。胡笙逃亡，1931 年在現在約旦的首都

安曼 (Amman) 去世。

英國與法國商量著該如何在美索不達米亞劃分勢力範圍，由雙方有西亞經驗的外交人員：英國的賽克斯 (Mark Sykes) 與法國的皮科 (François Georges-Picot)，於 1916 年簽署了一份協議，史稱《賽克斯－皮科協議》(*Sykes-Picot Agreement*)。內容重點如下：

1. 敘利亞、安那托利亞南部、摩蘇爾 (Mosul) 地區，劃為法國的勢力範圍。
2. 敘利亞南部和美索不達米亞東南部，為英國勢力範圍。

由此可見，英國與法國互相考慮對方所需要的利益。英國最需要的就是東地中海靠近埃及這一帶，包含巴勒斯坦，而另一端則是兩河流域下游靠近波斯灣一帶，所以整個美索不達米亞南部區塊，也就是現今巴勒斯坦、約旦、伊拉克都歸英國所管，北部地區就交給法國。儘管這些內容都屬於秘密協議，國際之間並不知道英法有這樣的安排，但可以想見大戰之中英法兩國都認為鄂圖曼帝國將會崩潰，兩國必須事先處理好彼此的利益問題。此時的巴勒斯坦列為國際共管，大概是因為這裡為各強權的宗教聖地，若英國或法國一方獨大必然引起紛爭。不過胡笙不知道有這樣的協議，畢竟英國人一再向胡笙保證：「英法在這場由德國主導的東方戰爭中的立場，就是要讓受到鄂圖曼壓迫的人民獲得自由，讓當地人可選擇政權，直到政府與行政機構之建立。」然而，事情當然不是這樣子單純與樂觀。

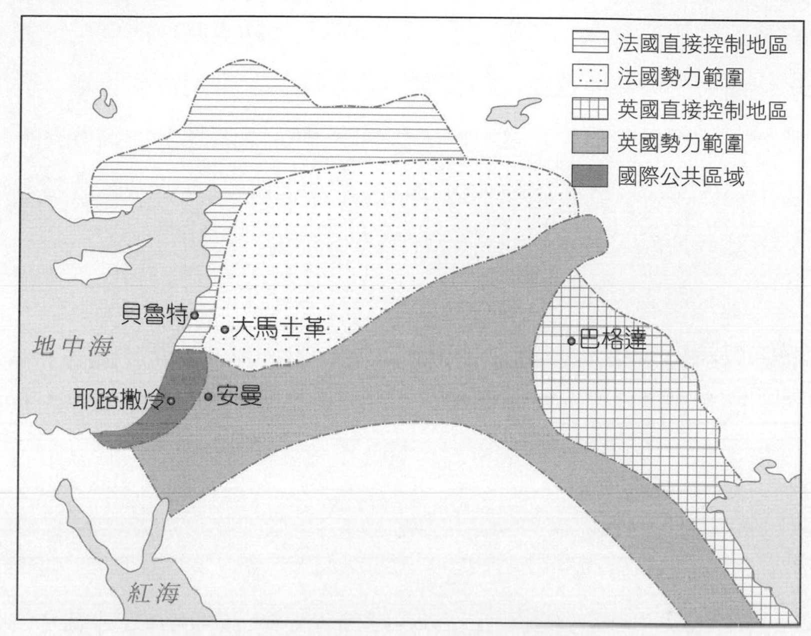

圖 23：賽克斯—皮科協議示意圖

1917 年，英國外交部長貝爾福 (James Balfour) 公布一份《貝爾福宣言》(*Balfour Declaration*)，就是有關在巴勒斯坦建立猶太家園的文件，內容提到：

> 英政府贊成猶太人在巴勒斯坦建立一個國家，也會盡力實現此目標。但不得傷害已經存在於巴勒斯坦的非猶太民族的公民和宗教權利，以及猶太人在其他國家享有的各項權利和政治地位。

從這宣言來看，英國支持猶太人，背棄了阿拉伯人，英國是否要實踐對胡笙的承諾，其實是視情況而定。英國人的作法就是，各項協商、交涉都同時進行，看事情的發展再來做最後的決定。從協商之中可以看到，其實英國人與阿拉伯人對於地區之劃分有相當不同的立場。對於阿拉伯人來說，巴勒斯坦向來就是屬於整個大敘利亞地區，並不需要特別指明。但是對於英國人來說，這一地區劃分與否，都攸關著大英帝國在戰爭結束之後的利益，所以必須要特別指明，以免落入強權勢力爭奪的模糊地帶。

而且，除了《貝爾福宣言》之外，《胡笙－麥克馬洪通信》與《賽克斯－皮科協議》都沒有公開，也就是不屬於正式的決定，英國可以做任何修改，但對於阿拉伯人來說便是失去在協議之中應獲取的權益。在宣言之後，英國軍隊就占領了巴勒斯坦。在埃班 (Abba Eban) 的《猶太史》(*My People: The Story of the Jews*) 寫道：「英國軍隊將猶太地區從土耳其手中解放了出來。」埃班曾於 1966 到 1974 年間擔任以色列的外交部長，此語顯示了他對於英國的友好態度。對魏茨曼來說，猶太人的努力終於有了成果。魏茨曼能夠與貝爾福密切接觸，主要是因為魏茨曼在英國海軍裡擔任技術顧問，而貝爾福擔任過海軍大臣。這樣的結果，也符合魏茨曼所計畫的建國進程，也就是要先獲得大國支持以及國際承認。不過，魏茨曼說過：「締造一個國家絕不靠一紙決議，而只能通過一個民族幾代人的努力奮鬥，即使各國政府給了我們一個國家，那也只是一種字面上的禮物。只有猶太人到巴勒斯坦親自去建設它，猶太國才能成為現實。」對於魏茨曼來說，復國運動雖獲得強權支持，但還是要靠自己的力量去實現。

於是，巴勒斯坦地區在一切狀況未明的時候，就已經出現了相當複雜的問題，而且不單只是猶太人遷居巴勒斯坦這件事，還牽涉到了阿拉伯人要建立的阿拉伯王國版圖，也有英國人與阿拉伯人對於巴勒斯坦地區不同的看法，甚至這地區的發展都會牽涉到背後的國際關係。一次大戰成為西亞世界變動的關鍵時刻，其中的影響因子包含了強權長期以來在該地區的爭權奪利，而鄂圖曼帝國的衰弱也導致強權更有插足的空間與機會。哈希姆家族與鄰近地帶的阿拉伯人獨立運動，就是這樣的政治氛圍下的產物。此外，英國人與阿拉伯人的文件，在現實之中完全違反阿拉伯人的意願。《胡笙－麥克馬洪通信》看似承諾哈希姆家族成立王國，可是《賽克斯－皮科協議》卻意圖要切割美索不達米亞，完全沒有讓哈希姆家族插足的空間，又有《貝爾福宣言》作為猶太人回歸巴勒斯坦的依據。欲釐清猶太人建國一事，歐洲強權、阿拉伯人、猶太人之間複雜的權力關係是最主要的觀察重點。

第七章 | *Chapter 7*

英國委任統治時期

第一節　一戰結束後的巴勒斯坦

一、巴黎和會時期的巴勒斯坦

大戰結束之後，戰勝國在 1919 年召開巴黎和會 (Paris Peace Conference)。在和會開啟之前，美國總統威爾遜 (Woodrow Wilson) 強調民族自決 (self-determination) 的原則。不過，這場和平會議，其實只是戰勝國利益分贓的會議，包著世界和平的糖衣，看似華麗充滿希望，實際上只有少數強權可以得利，戰敗國任人宰割，中立國無資格參與，甚至連戰勝國之中的義大利，也沒能在會議中取得應有的權益。在政治意識形態上與歐洲強權不同的蘇俄，也是被排除在和會之外。而且，所謂的民族自決，在巴黎和會中也沒有全然實現。中國要求從日本手中取回山東，未果；伊朗想加入巴黎和會以爭取受到戰爭波及的損失，遭到拒絕。在和會之中，鄂圖曼帝國卻是最悲慘的國家，整個橫跨歐亞非三洲的領土，因為《凡爾賽條約》(*Treaty of Versailles*) 中的《色佛爾條約》(*Treaty of Sevres*) 而被切割得四分五裂，也把美索不達米亞平原劃分出英法的勢力範圍，只剩下凱末爾 (Mustafa Kemal) 在安那托利亞高原的安卡拉 (Ankara) 抵抗戰勝國。總之，這些戰敗國家，都沒有爭取民族自決的機會。威爾遜的「民族自決」，對於非戰勝國來說完全是空話。

1919 年 1 月，費薩爾與魏茨曼會談，簽署了《費薩爾一魏茨曼協議》(*Faysal-Weizmann Agreement*)，巴勒斯坦地區可以讓猶太人建立家園，而且猶太人將說服英國人要遵守他們對哈希姆家族的承諾。費薩爾視猶太復國主義者為可以信賴的談判對象，畢竟英國人已不可能信守《胡笙一麥克馬洪通信》的承諾，那轉而與那些即將移居到巴勒斯坦的猶太人對談，可以直接理解雙方的想法，或許有改變情況的機會。該協議簡略的內容如下：

1. 阿猶雙方需要善意與共識，在各自的領土上要各派代表來維持這樣的關係；
2. 巴黎和會之後，阿猶共組調查團來決定阿拉伯王國與巴勒斯坦之間的界線；
3. 雙方贊同《貝爾福宣言》，並同意制訂巴勒斯坦的憲法與行政單位；
4. 盡最大的可能鼓勵猶太人移民巴勒斯坦，而阿拉伯農民與佃農之權利都應受到保護；

5. 保障宗教自由，也不得有偏袒任一方宗教的情況；

6. 伊斯蘭聖地由穆斯林處理；

7. 世界猶太復國主義組織協助阿拉伯王國處理經濟事宜；

8. 各方要確實實踐協議，維持雙方和諧；

9. 雙方的糾紛都由英國政府處理。

這項協議之中，費薩爾與魏茨曼已經有了一個阿拉伯國與一個巴勒斯坦的共識，而且也理解英國的重要性，畢竟英國在該地區的優勢地位，不容忽視，以至於重大事件需要由英國仲裁。

不過，情勢瞬息萬變，究竟後續會如何發展，其實也沒有人能夠知道。各方必然認為只要安排妥當，許多問題都可以慢慢解決。然而，英國與魏茨曼都沒有實踐對阿拉伯人的承諾。英國為了自身利益，以及猶太人積極藉由英國的力量往巴勒斯坦移入，成為阿拉伯人無法忽視的兩股壓力。魏茨曼藉由與費薩爾的協議，取得了更名正言順進入巴勒斯坦的資格，背後還有英國人支持。至於移民之後是否能夠和平共處、是否會勸說英國人答應對阿拉伯人的承諾，就不是交涉時能夠預料得到的。日後的大小衝突，結果使得所有承諾失去效力，費薩爾與魏茨曼的協議，就是繼《胡笙－麥克馬洪通信》之後的另一份沒有意義的歷史文件了。此外，1919 年巴勒斯坦當地的阿拉伯人聲明，他們不接受《貝爾福宣言》與《費薩爾－魏茨曼協議》。可見，儘管都是阿拉伯人，費薩爾等上層人士與他人的協商內容，都不能代表當地巴勒斯坦人的聲音。

二、國際聯盟的處理

1919 年 1 月巴黎和會開啟，會議中討論了「委任統治」(mandate) 一事，在 1919 年 4 月 28 日成為《國際聯盟盟約》(*Covenant of the League of Nations*) 的第 22 條：

> 第 1 款：在此次戰爭之後，從前的殖民地與領土已不再屬於某些國家，而其中的居民在這特別困難的情境之中，尚不能自立，所以適用以下原則：為了這些人民的福祉，以文明發展為目的的這項神聖任務，應寫入本盟約之中；
> 第 2 款：最好的方式，便是將這類人民的資源、經濟、地理優勢，委託給有意願的先進各國。國際聯盟也會保障這類國家的資格；
> 第 3 款：委任統治應視當地人民發展的程度、地理情勢、經濟狀況，還有其他相關情況來進行；
> 第 4 款：過去屬於鄂圖曼的幾個部族，儘管已經發展出獨立國家的程度，但還是要由委任國來指導與輔助，直到完全自立為止。該委任國應視這些部族的意願，再決定進行指導。

這看似妥善的安排，其實很明白表示了強權支配世界的行徑，自我訂下「能否自立」的標準，還自認這是為了當地人民的「福利及發展」。這也就形塑成現代世界發展的特色，西方強權透過《國際聯盟盟約》這樣的遊戲規則來主導世界，以各強權的自我利益劃分各自的勢力範圍，並不在乎當地人是否真的願意這樣的「委任統治」，也無視當地社會的自主性。就算威爾遜的「民族自決」原則說得有多麼漂亮、有多麼理想，現實卻是讓許多地方統統落入強權的控制之中，完全沒有自決的權利。

1920 年 4 月 20 日，阿拉伯人與猶太人在耶路撒冷起了衝突，稱為「納比穆薩事件」(Nabi Musa Riot)。這日為先知摩西的紀念節日，眾多阿拉伯人對著正在舉行活動的猶太人高喊「獨立、獨立」、「巴勒斯坦是我們的土地，猶太人是我們的狗」。衝突之中，若干阿拉伯人與猶太人死亡，也有幾百人受傷。英國在耶路撒冷處理了這場暴動，沒有懲罰阿拉伯人，卻是限制猶太移民，此時輪到猶太人覺得被英國人背叛了。英國外交部長早已不是貝爾福，

圖 24：納比穆薩事件中示威的阿拉伯人

而是曾經擔任過印度總督的寇松 (George Curzon)。寇松操盤了整個西亞與中亞的局勢，例如《1919 年英國伊朗協議》(*Anglo-Iranian Agreement of 1919*)，完全掌握了伊朗的政治、經濟、軍事層面；另外有《1921 年英國阿富汗條約》(*Anglo-Afghanistan Treaty of 1921*)，兩國互設公使館。由於過去英國汲汲於固守印度殖民地，任何有可能進犯印度的勢力都要殲滅。一次大戰結束之後，蘇維埃 (Soviet) 政府放鬆了在中亞與西亞的競爭，其實也是因為暫時無力競爭，使得英國成為該地區的歐洲霸主。於是，寇松在外交方面必然會有異於貝爾福的考量，可能不會完全關注著猶太人的建國事業，而是得關注能否穩固英國在廣大的西亞與中亞之絕對優勢地位。不過，英國僅限制猶太人移民人數，對阿拉伯人來說並不是值得滿意的政策。對阿拉伯人來說，應該是停止猶太人移民進入耶路撒冷，而不是只有限制人數。

三、範圍模糊的巴勒斯坦

其實，這時期的巴勒斯坦還沒有很清楚的輪廓。例如，英國與法國對於彼此委任託管地範圍有所爭議，在敘利亞與黎巴嫩以及巴勒斯坦的邊界，兩強權還在討論當中。法國提出以黎凡特（Levant，即東地中海）為邊界，可是這個地理範圍對於西方人來說相當模糊，難以成為界線。西方人在西亞地區其實有難以施展拳腳的部分，在劃分這些勢力範圍有不易界定的問題。例如，十九世紀鄂圖曼帝國與伊朗國界劃分的問題，西方強權也遇到困難。因為伊朗與鄂圖曼之間的交界處，並非單一邊界，而是一個

邊境 (borderland)，可能是兩國之間的一段緩衝地帶，也可能是當地游牧民族隨季節遷徙的活動地區。

然而當居民因為遷徙而造成糾紛與爭議，就成為伊朗與鄂圖曼兩國關係惡化的因素。再加上十九世紀中葉之後，英國與俄國也介入討論伊鄂邊界劃分事宜，兩強權當然是為了各自的利益而來，尤其俄國在高加索地區與伊朗及鄂圖曼交界，需要釐清彼此的主權範圍，而英國在波斯灣一帶有其影響力，正是伊朗與鄂圖曼交界之處，英國更需要瞭解這兩個西亞國家邊界的情況，還有阿拉伯河進入波斯灣的航道劃分。這表現出西方國家與西亞國家對於國界的觀念，有很大的差異。於是，對於巴勒斯坦，阿拉伯人與英國人之間已無法取得共識了，所以此時又要面對法國，英國一樣也難以在這方面取得共識。最後在 1920 年 6 月，法國提出以河流劃分邊界，像是約旦河源頭與雅穆克河 (Yarmuk River)，才算劃清楚英法所要控制的範圍界線。之後，英國將約旦河以東作為外約旦 (Transjordan)，以西至地中海作為巴勒斯坦。

1920 年 3 月，在敘利亞地區的阿拉伯人推舉了費薩爾為國王，主張他們的領土包括巴勒斯坦、外約旦、黎巴嫩。費薩爾在敘利亞登上王位，也算是實踐了哈希姆家族建立國家的願望。不過，1920 年 4 月，英法簽訂了《聖雷莫協議》(*San Remo Treaty*)，將敘利亞交給法國，而巴勒斯坦與伊拉克地區交給英國。法國派兵進入敘利亞，擊潰費薩爾才剛剛建立的哈希姆王國，敘利亞也就此淪入法國手中。此時大家面對的就不僅是界線劃分的問題，還有政治歸屬的問題了。在費薩爾登上敘利亞王位時，無論是外約旦或是巴勒斯坦，都是費薩爾的領土。但 1920 年 7 月費薩爾遭到法國驅逐之後，究竟該如何處理這兩個地區，就成為英國人要解決的爛攤子。猶太復國主義者要掌握約旦河東西岸一帶，其實並不是英國人想要的優先方案。而這時英國人遇到了另一個問題， 就是在麥加的胡笙派了他的次子阿布杜拉 (Abdullah ibn Hossien) 逼近安曼，再往北沒有多遠就可以觸及法國人的委任統治區。

英國人受法國之請求要阻攔阿布杜拉，但英國人認為沒有處理當地的權力，可是英國人在安曼也沒有可利用的力量對抗阿布杜拉。英國預料若不強行處理，可能法國與阿布杜拉的交戰，會讓法國勢力南下進入外約旦。於是，英國先與阿布杜拉進行協商。1921 年 3 月，英國決定，讓費薩爾去伊拉克當國王，而外約旦交給阿布杜拉。對於這樣做，殖民部部長邱吉爾 (Winston Churchill) 有幾個理由：第一，由阿布杜拉管理外約旦，英國人管理整個巴勒斯坦就不必太過於費心，盡量支持外約旦的阿布杜拉以求穩定，英國就只要處理約旦河以西至地中海之間的巴勒斯坦即可；第二，哈希姆家族在穆斯林之間有很大的影響力，由阿布杜拉來管理外約旦應是最好的選擇。這如同費薩爾到伊拉克當國王的作法一樣，英國尋求的是以阿拉伯人管理阿拉伯人的方式。所以，透過這樣的方式，英國解決了他們與法國之間的爭議，也解決了外約旦要由誰來主導的問題。於是，儘管敘利亞讓法國拿走，可是一時之間哈希姆家族在漢志、伊拉克、外約旦這一區域也串起了相當廣大的哈希姆勢力。

猶太人在這期間逐漸壯大勢力，例如 1929 年成立的耶路撒冷猶太代辦處 (Jewish Agency)，班古里安擔任執行委員會會長，他在 1920 年成立了勞工團體，稱為猶太工總 (Histadrut)，為廣大的巴勒斯坦勞工利益發聲。猶太工總在世界猶太復國主義組織之中勢力漸強，在各團體之中的代表大會裡，席次越來越多，成為世界猶太人中最主要的力量。到了 1937 年，執行委員會壯大到有如政府內閣，此外還設有政治部、移民部、勞工部的部門。不過，重要領導人物之間還是有不同的立場。例如，班古里安與魏茨曼關注的重點不一樣，前者在巴勒斯坦運作復國運動，有相當豐富的實地經驗，主要的對手就是龐大的阿拉伯人，反觀魏茨曼，並非不顧巴勒斯坦的情況，而是要想盡辦法讓英國人認同猶太人建國一事，畢竟少了英國的支持，猶太人可能就失去建國的機會。在猶太人的上層階級中，魏茨曼與班古里安就成了兩大對立的人物。1930 年，班古里安創立以色列地工人黨 (Mapai)。此外，賈伯欽斯基 (Valadimir Jabotinsky) 成立的修正主義黨 (Revisionist Zionism)，與猶太工總有不同立場，他們主張的是成立一個包括約旦的大猶太國，甚至在 1935 年脫離世界猶太復國主義組織，另組新猶太復國組織 (New Zionist Organization)，參與的人數還超過了世界猶太復國主義組織。

第二節　英國正式委任統治

一、委任統治開始

1922 年國際聯盟正式頒發《委任統治書》，授予英國與法國等戰勝國權力，來管理德國與鄂圖曼帝國的領土與殖民地，也就是「委任統治」的開始。1922 年國際聯盟頒發了《委任統治書》，有針對巴勒斯坦的部分說道：

> 第 2 款：委任國應保證託管地的政治、行政、經濟狀況，足以建立序言所規定的猶太民族之家，進而發展自治機構，不分種族與宗教，以保衛巴勒斯坦居民的公民權與宗教權；
> 第 4 款：應承認猶太代辦處為社會團體，以便在猶太民族之家與巴勒斯坦猶太人的經濟、社會，及其他方面的利益，建立合作關係。該代辦處必須在政府監督下，幫助且參與該地的發展；
> 第 6 款：由英國主導的巴勒斯坦政府，需保證不損害其他居民的權益與地位，在適當情況下給予猶太移民優惠待遇，且連同第 4 條款提到的猶太代辦處，一同合作來鼓勵猶太人在該地，包括國有土地與公共荒地，集中定居；
> 第 11 款：委任國有義務要協助猶太人的機構，開發基礎建設與自然資源。

由上述的條款可以看到，國際聯盟對於猶太人移居巴勒斯坦一事相當慎重。而且在條款之中提到「猶太代辦處」、「猶太人機構」，很明顯地在條款制定時必然參考了猶太復國主義者的聲明，因為這相當符合赫茨爾在《猶太國》一書裡所提到的建國條件。

不過，猶太人與阿拉伯人對於委任託管都感到失望。在託管憲章的初稿裡，沒有提到要建立猶太國家。在第二份草稿之中，雖然比較接近《貝爾福宣言》裡宣稱的「建立猶太民族家園」，卻也沒有說明是哪種形式的民族家園，一樣沒有給予猶太人建國的希望。而這些都沒有給予阿拉伯人保護條款，阿拉伯人的政治與生活權益都沒有包含在其中，甚至連阿拉伯人這個字都沒有出現在文件裡。其實阿猶的失望並不讓人意外，畢竟委任託管是西方強權國家的遊戲規則，純粹出自於他們各自的利益考量。

二、英國的政策白皮書

1922 年 7 月，邱吉爾發表白皮書，內容為：「1. 英國無意將整個巴勒斯坦變成一個猶太民族家園；2. 猶太社團有必要通過移民來增加人數，但移民數量不得超過該地區的經濟吸收能力；3. 建議成立一個議會來處理各種涉及移民問題的糾紛。」邱吉爾也說道，英國無意制止猶太移民，如果他們有這種要求的話，建立猶太民族中心是一件好事，甚至對英國人與阿拉伯人來說一樣都是好事。而邱吉爾主張，外約旦會從巴勒斯坦分離出去，作為在阿布杜拉領導下的半獨立國家。由此可見，一切問題都是來自英國的態度，若收手不處理猶太人移入巴勒斯坦事宜，阿拉伯人與猶太人的問題就是逐漸為當地社會自我吸收與融合，如同二十世紀之前沒有太多猶太移民一樣，人們相處的方式不會有太大的動盪。可是現在多了英國這樣的外力，就不是一件單純的事情了。然而，這就是帝國主義國家在世界各地插手任何事件的結果，諸多紛亂並非當地人的問題，而是有了西方強權刻意介入才造成的。

巴勒斯坦阿拉伯人之間，對於猶太人議題的意見也是差距甚大。阿拉伯人之中，拉希布納夏希比 (Raghib al-Nashashibi) 擔任耶路撒冷市市長，另外穆夫提（Mufti，伊斯蘭法執行官）則是阿明侯賽尼 (Amin al-Hosseini)。後者堅決反對猶太復國主義，可是納夏希比卻認為應該要和解才是。阿明侯賽尼等阿拉伯人有幾個目標，例如組成一個民族政府，然後要廢除猶太民族之家、停止猶太移民，直到民族政府建立。此外，英國人還希望穆夫提把西牆賣給猶太人，穆夫提當然不會允許。對於穆斯林來說，西牆是他們的財產。然而，西牆旁就是穆斯林的聖地阿克薩清真寺 (Aqsa Mosque)，這裡是《古蘭經》講到真主降福的地方，也是僅次於麥加與麥地那 (Medina) 的第三個聖地。對於穆斯林來說，猶太人大量聚集於西牆，可能會連帶挑戰了阿克薩清真寺的權威。既然猶太人有耶路撒冷猶太代辦處來推廣復國主義，阿明侯賽尼也就成立耶路撒冷保護委員會，來抵制猶太復國主義的擴張。在歐洲遷入巴勒斯坦的猶太人人口不斷升高之下，阿拉伯人與猶太人的衝突也就更加頻繁。在英國正式接受委任託管巴勒斯坦之後，猶太移民在巴勒斯坦大量購買土地，使得多數阿拉伯人失去住所，也沒有工作，儘管英國要求猶太人應檢討這樣的問題，但卻要阿

圖 25：阿克薩清真寺

拉伯人接受猶太人定居的事實。

1930 年英國發表的《帕斯菲爾德白皮書》(*Passfield White Paper*)，便是希望猶太人對於建國一事有所讓步。魏茨曼因而感覺到利益受損，以辭去世界猶太復國主義組織領袖的方式向英國表示抗議。賈伯欽斯基批判魏茨曼，而魏茨曼其實也正在說服英國首相麥克唐納 (Ramsay MacDonald) 否決那份白皮書。可見英國政策已經受巴勒斯坦問題牽絆，這必然是最初未曾預料到的情況。於是，猶太復國主義也逐漸令英國人難以駕馭。另一方面，猶太人也需要巴勒斯坦阿拉伯人的諒解，對他們來說最基本的要求就是建立猶太國家，可是巴勒斯坦阿拉伯人絕對不會同意。

第三節　分治方案與白皮書

一、1936 年的動盪

1933 年，有三萬七千名猶太人到達巴勒斯坦，1934 年多達四萬五千人。這樣的變化，絕對不是英國接受委任統治時所能料想得到的。處理巴勒斯坦事宜的英國專員沃裘普爵士 (Sir Arthur Wauchope) 感到局勢更加棘手，這也就是英國與猶太復國主義漸行漸遠的關係。巴勒斯坦逐漸難以控制的狀態，比起英國在其他阿拉伯地區來得複雜。然而，對阿拉伯人來說，猶太人不斷移入巴勒斯坦，代表著英國人沒有要禁止猶太人的意思。阿拉伯人的反英浪潮，在 1930 年代時期趨於激烈。

居住在海法 (Haifa) 的阿拉伯人伊茲丁卡薩姆 (Izz al-Din al-Qassam)，他於 1933 年時在巴勒斯坦的北方發動過游擊行動，攻擊猶太人或英國士兵。1935 年卡薩姆遭到英軍傷害，使得卡薩姆成為抵抗的新榜樣，因而導致 1936 年阿拉伯人的暴動。1936 年 4 月，阿明侯賽尼宣布在巴勒斯坦罷工，向英國要求禁止猶太人繼續向巴勒斯坦移民，要結束委任統治。當英國拒絕阿明侯賽尼的要求之後，罷工就成了一場武裝事件，猶太人與英國人都成為攻擊的目標。阿拉伯人與猶太人相互報復，持續了半年才停止。1937 年，英國派遣前任內閣大臣皮爾 (William Robert Peel) 的調查團至巴勒斯坦勘查，主張阿拉伯人要求民族獨立以及反對建立猶太民族家園是動亂的根本原因，兩民族之間的矛盾與衝突無法調和。

諷刺的是，英國人沒有知覺到幾十年來的問題都是他們所造成的。不過，皮爾有提出結束委任統治的建議，讓巴勒斯坦有一部分與外約旦合併成一個阿拉伯國家，而且擁有海法、盧德(Lod)、內蓋夫 (Negev) 等地方，五分之一的巴勒斯坦作為猶太國家，其餘的包括耶路撒冷與雅法港為英國管理區。可是，這樣的分治依然不會是最妥善的方式，更何況宗教聖地耶路撒冷要由英國人來管理，阿拉伯人很難接受這樣的安排。皮爾的報告也提到：「阿拉伯人遭受的苦難是不合理的，但是根據委任統治條款，只有壓制阿拉伯人才能實現委任統治對猶太人的義務。這樣卻行不通。」所以，皮爾建議要限制猶太人的居住地區，而每年有一萬二千名移民的限額，至少執行五年。儘管看似阿拉伯人取得較多的土地，但問題在於巴勒

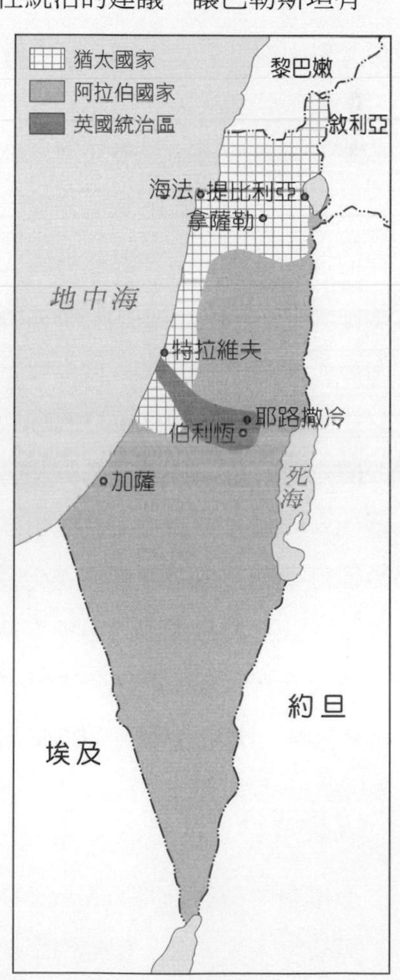

圖 26：巴勒斯坦分治

斯坦北方的土地比較富庶，卻是由猶太人擁有，分治結果相當不公平，而且再怎樣分治，就算是猶太人自治區，該地還是阿拉伯人人口較多，以致於之後出現更多阿以衝突。1937 年 9 月，埃及、伊拉克、敘利亞、黎巴嫩、外約旦也一致反對英國的分治計畫，要求廢除委任統治，在巴勒斯坦建立阿拉伯國家。

儘管阿猶之間關係惡化是英國人插手的關係，可是這時候的英國人並不像後來主導西亞世界的美國人一樣完全站在以色列那一邊，反而還比較願意承認猶太人與阿拉伯人都有在巴勒斯坦生存的權利。班古里安對於英國人的安排持保守態度，畢竟猶太復國主義能否成功，還是要看英國人的態度，始終不認為這些作法是最後的方案，於是接受小塊領土的分治計畫。他的保守態度，可能只是一種暫時妥協方式，一旦目標有機會實現，立場必然會改變。魏茨曼則是沒有完全失望，只是說「大衛王的王國更小」。此外，猶太人之間還有其他想法，不是所有人都像班古里安遷就於現實狀態，而是要求建立大疆土的以色列王國，直達外約旦東部邊界。武裝行動紛紛出現，例如有「國家軍事組織」(Irgun，也稱伊爾貢) 與「以色列自由鬥士」(Lohamei Herut Israel, Lehi) 等組織，便常有計畫性的攻擊阿拉伯人。

二、1939 年白皮書

1939 年，張伯倫 (Arthur Neville Chamberlain) 邀請了阿拉伯人與猶太人來開會，但他們都拒絕直接對談。張伯倫希望猶太復國主義者停止移民，其殖民大臣麥克唐納 (Malcolm MacDonald)

發表白皮書，內容大致是：

1. 把巴勒斯坦變成一個猶太國家，並不是政策的一部分，因為是違反委任統治對阿拉伯人的義務，也違反以前對阿拉伯人的保證；
2. 英國的目的是在十年內建立獨立的巴勒斯坦國，而且與英國有簽訂條約。阿猶之間按照人口比例來成立政府，以保障彼此的利益；
3. 五年內允許猶太人移入七萬五千人，五年後如果沒有阿拉伯人同意，就不再允許猶太人入境。

這份白皮書讓班古里安相當憤怒，這雖然是英國明示了他們不再支持猶太復國主義，而且還要介入其中，而且也列出時程，要在十年內建立由阿拉伯人與猶太人組成的巴勒斯坦國，還需要按照人口比例來保障彼此權益。說穿了仍然是由英國人來主導一切的發展，就算帶有排除猶太復國主義的意涵，卻也抹煞了阿拉伯人身為巴勒斯坦主角的重要性。

第四節　委任結束與以色列建國

一、英國委任統治受挫

二次大戰時期，德國希特勒 (Adolf Hitler) 正與英國人交戰，也同時在屠殺猶太人。英國人與猶太人都是阿拉伯人的對手，希特勒正好是巴勒斯坦阿拉伯人可以靠攏的對象。阿明侯賽尼甚至與墨索里尼 (Benito Amilcare Andrea Mussolini) 在羅馬見過面，也到了柏林見了希特勒。侯賽尼希望希特勒支持「巴勒斯坦、敘利亞、伊拉克一統的獨立國家」，而且他的企圖不只是巴勒斯坦，他要的是一個阿拉伯國。德國與義大利在北非與阿拉伯半島軍事武力的滲透，也讓英國相當擔憂，或許他們會導致阿拉伯人民對於德義兩國抱以新的希望，能夠擺脫英國與法國的力量。

1939 年英國發表的白皮書，比較沒有傾向猶太復國主義的立場，或許也與希特勒可能與阿拉伯人結合有關，英國應是有意以該白皮書來取得阿拉伯人的信任。然而，這份白皮書與 1917 年的《貝爾福宣言》並沒有太大差異，當初《貝爾福宣言》也強調過不會損害當地人的權益，當然就是指當地巴勒斯坦人的權益。可是在猶太人正式遷居巴勒斯坦之後，英國人卻完全沒辦法信守這

圖 27：阿明侯賽尼與希特勒

樣的承諾，毫無策略可以阻擋猶太人對巴勒斯坦人的侵犯。由這方面來看，1939 年的白皮書只是再次確立英國的態度，卻仍是一紙沒有任何調停能力的文件。這也看得出來英國對於阿猶問題已提不出完善的解決方法。唯一不同的部分，就是要由阿拉伯人與猶太人共同承擔政治責任，也就是建立阿猶共治的政府。

這份白皮書的貢獻只有在於限制猶太人移民至巴勒斯坦的人數，像是一年之內以一千五百名猶太人為上限，而已經定居在巴勒斯坦的猶太人，僅能夠購買沿海地區的土地。阿拉伯人從未同意這一份白皮書，這是想當然耳的事情，阿猶共治絕對不是阿拉伯人所要的。但是，當 1941 年德國希特勒開始屠殺猶太人之後，促使大批猶太人移往巴勒斯坦，這份 1939 年白皮書頓時淪為一張廢紙，英國再也無法控制移民人數。猶太人也沒有因為英國的安排而完全跟英國同一陣線，巴勒斯坦的英國駐軍也遭到猶太人攻擊，甚至 1946 年 7 月猶太復國主義者比京 (Menachem Begin)❶在耶路撒冷主導了大衛王飯店 (King David Hotel)❷爆炸事件。每當英國人以恐怖攻擊的罪名處決伊爾貢成員時，比京就以炸彈攻擊英國人的聚會場所。有多少猶太人受到英國人攻擊、行刑，接著就有多少英國人遭到猶太人以同樣方式對待。

英國限制猶太人移民人口的作法，是在對應多年來的混亂局

---

❶ 比京原是波蘭籍的猶太人，曾在波蘭發起猶太復國運動，1942 年來到巴勒斯坦，加入了伊爾貢，於 1977 年擔任以色列的第六任總理。

❷ 大衛王飯店是英國在當地的軍政機構要地。

圖 28：出埃及號

勢。然上有政策下有對策，既然猶太人要合法移民到巴勒斯坦受到阻礙，那就以非法移民的方式。最著名的事件就是「出埃及號」(Exodus)，在船上的猶太人來自歐洲，二次大戰結束之後想前往巴勒斯坦這個新家園，但靠港之後卻遭到英國人拒絕。這使得猶太復國主義者完全對英國失去信任感。與此同時，美國對猶太復國運動漸有影響力。二次大戰後期班古里安就說過：「英國雖然勝利了，但卻在戰爭中衰弱，我們在國際政治工作中的重心，無疑地是要從英國轉移到美國。美國已經是世界領導者，在那裡有最大、最有影響力的猶太人聚居地。」猶太人在美國開始有了活動，一如巴塞爾大會一樣，美國的猶太人在比爾特莫爾 (Biltmore) 飯店召開猶太人會議，最後提出的綱領是：「猶太代辦處必須有讓巴勒斯坦移民和建立國家的權力，可以開發尚未使用的土地；巴勒斯坦將建立一個猶太共和國，而且進入民主的新世界。」1946 年 12 月，連猶太復國主義大會也改變了立場，向來主張與英國合作的魏茨曼，此時被迫辭去世界猶太復國主義組織的主席職務，改由班古里安成為猶太人的領導人。往後的猶太人對巴勒斯坦阿拉伯人的挑戰越加密集，英國人的懲處也沒有任何功效，只是讓巴勒斯坦更加呈現了無政府的狀態。不過，猶太人對英國也有新的要求。大戰剛結束的時候，巴勒斯坦猶太代辦處就立即向英國提出幾項要求：

1. 立即宣布將巴勒斯坦建成一個猶太國家；
2. 授予猶太代辦處一切權力，讓更多猶太人能夠到巴勒斯坦定居，且盡可能開發這地區的所有資源；
3. 希望能有國際貸款與援助來促進巴勒斯坦的經濟發展。

至此，猶太人的作法，似乎已經忘記了阿拉伯人才是巴勒斯坦長久以來的居民。而且，自一次世界大戰以來猶太人與英國人的合作關係，此時已有了美國這新角色加入。

二戰結束後，英國開始與美國合作來處理巴勒斯坦問題。1945 年 11 月，英美調查團的報告指出：

1. 以目前阿拉伯人與猶太人敵對的狀態來看，絕不可能成立獨立的巴勒斯坦國，所以英國理當繼續委任統治；
2. 廢除 1939 年的白皮書，讓十萬名歐洲的猶太人入境巴勒斯坦，而且要取消他們購買土地的限制；

3.不得再有暴力行動，阿猶不可再相互攻擊。

其實，美國沒有考慮到英國的立場，當然更不可能為阿拉伯人設想，這純然是讓猶太人獨享利益的調查報告書。1946 年 7 月，英美調查團預計將巴勒斯坦變成聯邦制的國家，有一個小的猶太省，還有一個較大的阿拉伯省，以及兩個英國管轄的省分。預計一年時間內安排十萬猶太人進入巴勒斯坦，在這結束之後再由英國人來決定人數上限。結果，阿拉伯人與猶太人仍然反對。英國在二次大戰之後，需要龐大的經費來整建自己，沒有剩餘的經費來處理既有的殖民地以及勢力範圍內的事務。除了相繼放棄諸多殖民地之外，巴勒斯坦也是英國不再插足的地區之一。要解決阿以之間的問題，需要無止盡的軍事武力，而如此耗費資金與時間的事情，英國已經無法處理。

二、聯合國之分治方案

1947 年 2 月，英國便將巴勒斯坦問題交給了聯合國 (United Nations, UN) 處理。英國在西亞地區結束委任統治雖然時間不一，例如伊拉克是 1932 年、外約旦是 1946 年，但那不是因為認為當地人已經有獨立自主的條件，而是英國已經無法掌控當地抵抗的力量才撤離當地。由巴勒斯坦的情況來看，英國就是處於騎虎難下的狀況而決定交給聯合國解決阿以問題。英國外交部長貝文 (Ernest Bevin) 說：「英國政府沒有權力把這個國家交給阿拉伯人和猶太人，直到把這塊土地分給他們，……目前唯一可行的途徑是把這個問題交給聯合國處理。」於是，英國內閣同意放棄巴勒斯坦，由聯合國的巴勒斯坦特別委員會 (United Nations Special Committee on Palestine) 來處理巴勒斯坦的問題。

聯合國在紐約召開了巴勒斯坦問題的特別會議，但阿拉伯代表強調，不會接受任何違反巴勒斯坦阿拉伯主權的解決方案。英國代表也稱，若沒有阿拉伯人與猶太人都能接受的解決方案的話，英國人就不會協助執行。很明顯的阿拉伯人知道聯合國的力量，絕對能夠讓猶太人在巴勒斯坦建立國家，所以只能以一句「違反巴勒斯坦阿拉伯主權」作為抵抗之語，但總之反對猶太人在巴勒斯坦建國的意涵表達得相當清楚。而英國也學到教訓，雖然不是完全不顧巴勒斯坦的問題，畢竟那樣就失去了英國在當地的優勢地位，但也不願意再擔任主導角色，若聯合國能夠討論出可靠的方案，英國才來協助處理，也許還有機會取得些許利益。但是，若方案不能為阿猶雙方同意的話，英國就不願意參與其中。

1947 年 8 月 31 日，聯合國提出分治計畫：巴勒斯坦的沿海大部分地區、加利利西部、內蓋夫，屬於猶太人所有，其他地方則是由阿拉伯人所有。然而，分治計畫執行之後，伴隨著的是猶太人驅逐阿拉伯人的行動。許多巴勒斯坦人遭到驅離，猶太人還摧毀阿拉伯人的村莊，甚至出現屠殺的現象。美國欲暫緩分治方案，新的決定則是將巴勒斯坦交由國際託管五年，經過長時間的評估以求永久解決巴勒斯坦問題。

聯合國在 11 月通過分治方案，即聯合國第 181 號決議，同意讓猶太人在巴勒斯坦建立獨立的國家。分治的主要內容有：

1. 結束英國在巴勒斯坦的委任統治，最遲在1948年8月1日結束；
2. 委任結束後兩個月內，成立獨立的猶太國家與獨立的阿拉伯國家。前者的面積占巴勒斯坦的57%，後者則是43%；
3. 耶路撒冷及其附近郊區為聯合國管理的地區。

聯合國的分治方案一面倒向猶太人的立場，讓猶太國大於阿拉伯國。耶路撒冷屬於國際管轄並非創新作法，其實就是延續一戰時期《賽克斯—皮科協議》裡讓巴勒斯坦屬於國際管理的概念。似乎西亞局勢歷經三十多年，西方強權的處理方式並沒有與時俱進，或者說是沒有人找得到解決方案。聯合國自認這是公平解決問題的方案：「這兩個民族的歷史都源自於巴勒斯坦，而且不可否認地，兩個民族也對這塊土地的經濟和文化做出重要貢獻。此時將此土地分割成兩國的方案，就是充分考量到這些因素。」不過，這同樣也是沒有考慮到阿拉伯人長期居住在巴勒斯坦的權利。這樣的切割從聯合國的立場來看或許公平正義，但對廣大的阿拉伯人來說一點也不是，僅有益於猶太復國主義者。

三、以色列建國

班古里安同意分治方案，他認為為了建國可以承受這樣的代

圖 29：班古里安宣布以色列獨立

價。而阿拉伯人反對分治方案，他們想要統一且獨立的巴勒斯坦。聯合國的決定，在猶太人之間大受歡迎，但阿拉伯人則是完全不能接受。接下來幾個月的時間裡，阿猶雙方衝突不斷，約有幾千人的死傷，而且許多原本阿拉伯人較多的地區，都已經讓猶太人占領，甚至占領地區已經超過了分治方案所規定的面積。各地英國人都有特定聚集的區域以避免生命危險，但阿拉伯人就沒有這樣的優待了。衝突的情況嚴重，讓鄰近的阿拉伯國家有意出兵巴勒斯坦，聲援阿拉伯人。

不過，當最後一批英國人在 1948 年 5 月 14 日離開巴勒斯坦時，班古里安逕自宣布以色列建國，也宣讀了《獨立宣言》，由此可見，班古里安完全不顧阿拉伯人的感受。班古里安宣布建國之後，邀請了魏茨曼出任以色列的第一任總統。

　　此外，整個宣言強調過去猶太人受到迫害、流亡、屠殺的悲慘歷史，如今大家齊心協力回到家園建國。但是在巴勒斯坦重建家園這樣的事情，並不見得是全體猶太人的心願，問題是在十九世紀猶太復國主義思潮興起之前，可能沒有太多猶太人抱持著在巴勒斯坦復國的觀念。早先來到巴勒斯坦的猶太人是否有這樣的建國想法，這份宣言也都沒有解釋。儘管不少猶太人在歐洲遭到不公正的待遇，但還是有許多猶太人曾經有過非常優渥的生活。而以色列建國之前，猶太復國主義者動用了暴力手段逼迫阿拉伯人離開原本居住的家園，要重建那個傳說中的以色列國，這對於阿拉伯人怎能屬公平正義或是和平友愛。宣言只是強調著猶太人的建國企圖，卻完全遮掩了這幾十年來猶太人移入巴勒斯坦對阿拉伯人造成的困擾。猶太人之間的意見紛歧，在宣言中也一字未提。此外，有西方強權作為後盾，更是猶太復國主義運動得以達成目的的重要因素，以色列建國一事，僅看到猶太復國主義者藉著強權力量的協助，犧牲阿拉伯人在巴勒斯坦的生存權益。

第 IV 篇

阿以在戰爭與和平間的掙扎

第八章 | *Chapter 8*

阿以戰爭及其和平協定

第一節　阿以戰爭開啟

1945 年成立的阿拉伯國家聯盟（League of the Arab Nations，有埃及、伊拉克、約旦、黎巴嫩、沙烏地阿拉伯、敘利亞等），目的之一是為抵制猶太復國主義勢力侵犯巴勒斯坦，以保證「世界上這個地區的和平、安全、福祉」。阿拉伯國家聯盟的憲章強調了阿拉伯國家有義務保衛巴勒斯坦，也要防範耶路撒冷聖地遭猶太人侵犯，所以反對任何切割或者併吞巴勒斯坦的行動❶。就在以

---

❶ 阿拉伯國家聯盟的盟約附件特別針對巴勒斯坦說道：「上次大戰結束時，巴勒斯坦和其他阿拉伯國家一起脫離了鄂圖曼帝國，變成獨立國，不隸屬於任何國家。《洛桑條約》說過，巴勒斯坦的命運，應由與巴勒斯坦有關的各方面來決定。即使巴勒斯坦不能支配其本身命運，但國際聯盟盟約是在承認其獨立的基礎上，為它決定了一個政府體制。因此，巴勒斯坦在各國間的存在和獨立與其他任何阿拉伯國家的獨立一

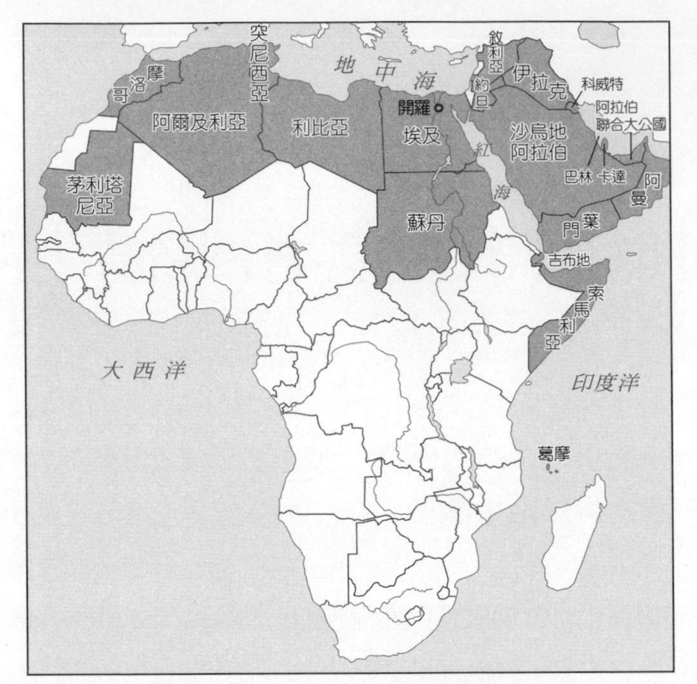

圖 30：阿拉伯國家聯盟會員國分布

色列宣布建國的第二天，1948 年 5 月 15 日，阿盟攻打以色列。以色列的班古里安則說道：「5 月 15 日是英國結束託管巴勒斯坦的日期，這天之後，這個地區就面臨著阿拉伯國家攻擊。他們都有自己的陸軍與空軍，甚至埃及有海軍。這一切是攸關民族命運

樣，在法律上不能再有所質疑。即使此獨立的表面由於不可抗拒的原因，仍看不出明確的面貌，但不適合以此當作對巴勒斯坦參加聯盟工作的障礙。於是《阿拉伯國家聯盟公約》簽署國家認為，鑑於巴勒斯坦的特殊情況，聯盟理事會應為巴勒斯坦指定阿拉伯代表一人參加聯盟理事會工作，直到該國享有實際獨立地位為止。」

的挑戰，遠遠大過這一千八百多年來的難關，更是生死存亡的關鍵時刻。」

一、阿拉伯國家的立場

在這段西亞地區遭到委任託管到獨立期間，儘管法國委任託管之下的敘利亞及黎巴嫩，與巴勒斯坦地區也有密不可分的關係，但畢竟巴勒斯坦是英國的勢力範圍，所以主要是由英國處理。而且，外約旦也扮演重要角色。阿布杜拉為了爭取外約旦的獨立，不得不向英國作了許多妥協，這導致了許多阿拉伯民族主義者的批判。魏茨曼曾在 1931 年 2 月與阿布杜拉會面，為的是要外約旦支持猶太人建立國家。1934 年阿布杜拉提出巴勒斯坦與外約旦要統一，但魏茨曼不同意。阿布杜拉也曾與納夏希比對談，而且他不滿阿明侯賽尼，他認為猶太復國主義者抵抗力量越來越強，就是因為阿明侯賽尼一派太過於固執的關係。在皮爾調查團之後，阿布杜拉更樂於接受部分巴勒斯坦與外約旦合併起來的建議，他本來就認為這樣的安排符合他的構想，有機會擴大哈希姆家族在阿拉伯地區的力量。此外，阿布杜拉在二次大戰期間已有巴勒斯坦的分治計畫。那時候猶太復國主義者同意讓巴勒斯坦東部併入外約旦，這樣外約旦也不至於向猶太人發動攻擊。1946 年，英國與阿布杜拉簽署了協議，英國承認外約旦獨立，不過英國保留對於外約旦的軍事、財政、外交的主導權。阿布杜拉也改國名為「外約旦哈希姆王國」(The Hashemite Kingdom of Transjordan)，隔年頒布憲法。阿布杜拉試圖取得猶太復國主義者的認同，他說他會占領 1947 年聯合國劃給阿拉伯人的部分西岸地區，不會影響到以色列疆界。不過，1948 年以色列建國卻不是阿布杜拉所樂見的，所以班古里安宣布建國，外約旦也就連同阿盟對以色列宣戰。

幾個阿拉伯國家面對著以色列建國，都各有各的打算。首先，伊拉克雖然沒有與以色列領土相鄰，但也牽涉在阿以問題之中。伊拉克也反對將巴勒斯坦劃分出去給予任何民族，致使聲援巴勒斯坦與反英聲浪高漲。1940 年伊拉克政府選擇與德國友好，要求英國讓阿拉伯國家獨立，也要保障巴勒斯坦人的權利。1947 年聯合國通過分治方案，以及 1948 年以色列宣布建國，儘管英國退出巴勒斯坦，伊拉克仍然批判以色列損害了巴勒斯坦阿拉伯人生存的權益。其次，1946 年敘利亞才剛獨立，立即面對許多難題，像是他們與黎巴嫩的邊界該如何劃清，就需要相當費心處理。敘利亞民族主義黨 (Syrian Social Nationalist Party) 強調敘利亞自古以來有著相當廣大的領土，包括整個美索不達米亞平原，甚至延伸到西奈半島。這當然與政治現實有相當大的差距，畢竟上述區塊都已是伊拉克、外約旦、埃及之領土，敘利亞政府不可能說擴張就擴張。但敘利亞民族主義黨頗有勢力，就成為了那時期庫瓦特利 (Shukri al-Quwatli) 政府對外關係的隱憂。對於以色列，庫瓦特利政府認為猶太人建國的話，必然會影響到敘利亞的領土，兩國共享部分邊界，不可能沒有衝突。

二、1948 年戰爭過程

1948 年 6 月 10 日，聯合國調停了以色列與阿拉伯國家，簽署第一次的停戰協定，四個星期的停火時間，讓以色列有喘息的機會，不到一個月，當戰爭重新開始時以色列就奪回了許多土地，結果導致阿拉伯國家開始呈現相互對立的局面，例如9月時埃及宣布成立「全巴勒斯坦阿拉伯政府」(All-Palestinian Government)，由阿明侯賽尼執政，定都加薩。轉瞬間外約旦感覺到埃及的威脅，似乎埃及也在爭奪著巴勒斯坦的主要地位。有些研究指稱阿拉伯國家相互猜忌、不團結，再加上武器不精良、戰術不佳，導致對以色列的戰爭都沒有成果。這樣的論述其實是預設了「只要是阿拉伯人就應該要團結一致」的立場，沒有注意到阿拉伯國家的個別性。敘利亞、約旦、伊拉克、埃及在鄂圖曼帝國瓦解之後，就成為各自發展的「國家」，本來就是處於不同的地理範圍，先後受過委任託管，又再各自獨立，共同出兵對付以色列的立場，僅在於大家都不願意猶太人在巴勒斯坦建立勢力，但不代表所有阿拉伯國家是一個完整的個體，任何一國都想在巴勒斯坦問題扮演主角，不願他人專美於前。

以色列則在這期間整頓了國內的情況，至少是軍事方面。由於建國之前，猶太人之間有伊爾貢、以色列自由鬥士等武裝組織，但建國了就應該有個超然於各派的軍隊，也就是要有國家等級的軍隊。所以大戰開始沒多久時，在建國後擔任總理的班古里安就嚴禁任何武裝組織，全力提倡國家性質的徵兵。伊爾貢等組織認為這是班古里安在搞剷除異己的動作、在獨攬軍事權力，所以對此作法表示反對。當然，他們的批判都沒有錯，班古里安就是要獨攬軍事權力、就是在掃除國內不同力量。然而這是建國後應該要做的事情，也是班古里安此時的責任。班古里安進一步收編各武裝組織，禁止他們私自取得武器、也不得自己製造武器。伊爾貢卻沒有接受這樣的命令，從外國運來了一批武器，這對班古里安來說就是公然抗命。這就是猶太人建國後必須面對的問題，在建國之前人人都在為了建國這個目標而出錢出力，但建國之後各項行事就必須有一統的機制。伊爾貢的領導人是比京，旗下不少伊爾貢部屬遭班古里安逮捕，頓時之間比京一派就成為了地下分子，也成為班古里安的政治敵手。

三、和談的結果

1948 年 11 月，以色列與外約旦達成停火協議。雙方有過許多談判，外約旦同意撤退，條件就是以色列必須承認外約旦與約旦河西岸部分的巴勒斯坦合併。1949 年上半年，以色列與五個阿拉伯國家簽訂停戰協定。但歸結來看，這樣的戰爭打下來，其實等於以色列取得勝利。戰爭期間，近百萬巴勒斯坦人被迫離開家園，後來猶太人將 1948 年 5 月 15 日稱為「災難日」(Nakba Day)。1949 年 4 月，在聯合國的主導之下，耶路撒冷遭到切割，以色列取得西耶路撒冷，而外約旦取得舊城與東耶路撒冷和西岸。猶太人不得在西牆祈禱，算是猶太人在戰爭之後唯一的損失。戰爭結束之後，聯合國曾協商要讓外約旦的阿布杜拉擁有全部的耶路撒冷，顯示出阿以問題之中外約旦的重要性。阿布杜拉自認為他將在歷史留名，「以真主之名，我是穆斯林統治者，哈希姆王朝的國王，我的父親是全阿拉伯人的國王。」當然，以色列拒絕聯

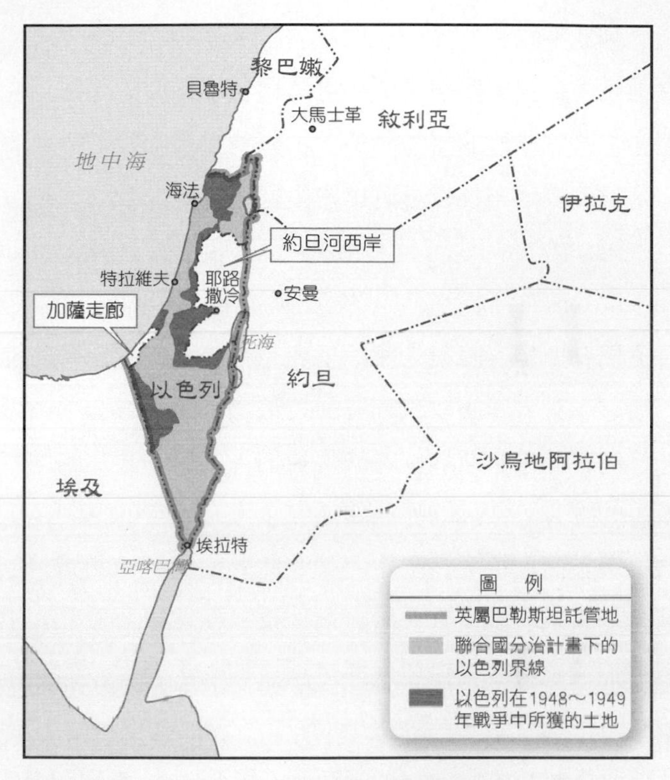

圖 31：以色列與周邊國家

合國這樣的安排。年底，以色列宣布耶路撒冷為首都。以色列因為征戰勝利，領土往外擴張，超過了 1947 年 11 月聯合國決定規劃的面積， 此時 1949 年以色列占領的面積已高達了巴勒斯坦的 78%。

外約旦接受聯合國的協助取得了約旦河西岸，遭到其他阿拉伯國家反對。在這方面來說，外約旦雖與其他阿拉伯國家漸行漸遠，但反而是達到了取得部分巴勒斯坦的目的。1949 年 4 月外約旦與以色列單獨媾和，最後雙方又在1950年2月簽下了和平條約。其他阿拉伯國家發現了外約旦這樣私下媾和的作法，完全違反了阿拉伯國家聯盟的盟約。3月，外約旦被阿拉伯國家聯盟除名，但這反而讓阿布杜拉更可以自由行事，他於4月宣布外約旦與約旦河西岸合併，而且更名為約旦哈希姆王國 (Hashemite Kingdom of Jordan)，簡稱就是約旦。可惜的是，阿布杜拉在1951年7月遭巴勒斯坦人暗殺，顯示了阿布杜拉要併吞巴勒斯坦並非當地人所願。其實無論以色列與阿拉伯國家戰爭或和平與否，情況最悲慘的就是巴勒斯坦地區的阿拉伯人，原本居住的地方成了國際戰爭的地方，當地的阿拉伯人完全沒有決定的權利。以阿雙方都透過戰爭而取得更多土地，讓彼此的衝突更加劇烈，巴勒斯坦的阿拉伯人只能承受戰火的無情以及居住地一再遭外人搶奪。就算阿拉伯國家與巴勒斯坦人都是阿拉伯人，但阿拉伯國家也不是以後者的立場來思考與解決阿以問題。不過，1950年，以色列曾表明「阿猶鬥爭，毒害了西亞世界三十年之久。」這樣的說法，更是完全忽略了整個問題是因為猶太人強行進入巴勒斯坦才造成的。

第二節　後續幾次的重大戰爭

一、蘇伊士運河戰爭

1948年戰爭之後，約旦對以色列來說已經不具威脅，反而雙方在切割巴勒斯坦一事有了共識。此後，埃及成為以色列的新威脅。1952 年，埃及法魯克國王 (King Farouk) 被納吉布將軍 (General Mohammad Neguib) 及納賽爾上校 (Colonel Gamal Abdel Nasser) 推翻，一舉扭轉原本法魯克向英國靠攏的立場，而且使埃及成為往後西亞地區重要的反西方帝國主義的基地。納賽爾的立場就是，「要解除帝國主義束縛，建立社會正義、追求進步經濟，也要維護埃及尊嚴。」特別 1956 年納賽爾擔任總統之後，埃及更成為西方強權在西亞地區擴張勢力的阻礙。例如 1951 年美國組織了「中東指揮部」(Middle East Command)，最後只有敘利亞與伊拉克加入，埃及是極力拒絕。1955 年英國促成的「中部公約組織」(Central Treaty Organization)，有伊拉克、伊朗、土耳其等國家，用意是要在西亞地區建立防範蘇聯的陣營，但埃及也沒有參與。納賽爾的回應是：「西亞的防衛工作應由當地人民來安排，不需要外來的影響或者支持。」隔年，埃及、敘利亞（經歷過國內政變而改變政治立場，轉向與阿拉伯國家聯合，而且向蘇聯靠攏）、沙烏地阿拉伯共同表示聲明，不會參與任何外國的軍事聯盟，而且「要消除外界對阿拉伯世界的威脅，也要終止外界要分裂阿拉伯國家的企圖。」

班古里安擔任以色列總理至 1954 年，這期間處理了國家創建事宜，例如憲法制定、政黨制度的組成，相當重要的就是讓國外的猶太人順利移民到以色列，也要加強對世界各地猶太人的聯繫。1948 年戰爭之後，不少阿拉伯國家的猶太人遭到驅逐，或者面對當地阿拉伯人的敵意。有幾十萬外地的猶太人，就在戰爭結束之後紛紛來到了以色列。結果促成 1950 年《回歸法》(*Law of*

Return) 誕生，規定猶太人只要有意願移居以色列，就可以移民。而兩年後又有《國籍法》(*Nationality Law*) 推出，讓所有移居以色列的猶太人都有以色列國籍。以色列這樣的作法，固然凝聚了全世界猶太人的向心力，但其實也是為了快速增加人口，以免人口太少而無法真正成為一個國家，也藉著增加人口才有人力來處理往後更多的猶太人移居事情。另一個目的是要快速增加人力來對付阿拉伯國家所施予的壓力，畢竟 1948 年戰爭結束之後，並不代表以色列在巴勒斯坦就能高枕無憂，任何人都可發覺阿猶之間的問題在過去幾十年都沒能解決了，以色列建國後對阿拉伯人來講更是一個明顯對立的目標，衝突只會更加嚴重。

以色列與阿拉伯國家邊境的問題，在於大量阿拉伯難民造成的紛亂與衝突。以色列與約旦相互指責停火線與協議屢次因衝突而遭到破壞，但其實兩國關係已較過去平和。反而是以色列與埃及的邊界，因為埃及在納賽爾執政之後凸顯的反帝國主義立場，阿以問題就以埃及與以色列衝突為重心了。埃及的反帝國主義立場，反映在他對以色列的態度。1955 年 2 月之後，班古里安對加薩發起大規模的攻擊行動，對埃及東北方的邊防安全造成威脅。

英美正提出阿爾法計畫 (Alpha Plan) 以促成埃以和平，但班古里安對加薩巴勒斯坦人的攻擊，使得納賽爾對以色列只能走上完全對立的策略。對於納賽爾來說，抵抗強權有許多層面，處理阿以問題也是反抗西方帝國主義的一環，上述的一切事情導致了 1956 年的蘇伊士運河戰爭。原本埃及向世界銀行 (World Bank) 貸款二億美元，以建造亞斯旺水壩 (Aswan Dam)。但是在 1956 年貸款遭到拒絕之後，納賽爾遂宣布蘇伊士運河收歸國有。納賽爾也關閉了蒂朗海峽 (Straits of Tiran)，因為這是通往以色列南方埃拉特 (Eilat) 港口的唯一通道，等於是封鎖了以色列，也迫使以色列發動攻擊。班古里安認為：「有必要對埃及發動攻擊，要制止加薩地區的騷動，還要打擊埃及實力，以免往後成為以色列的威脅。」

對於西方國家來說，埃及對蘇伊士運河的行動是「危機」，但對於埃及來說卻是捍衛主權的行動。蘇伊士運河的爭議，讓以色列成為英國（還有法國）的盟友，一同進軍埃及。1956 年 10 月 29 日，蘇伊士運河戰爭爆發，幾日之內以色列就在英法的支援下而讓埃及損失慘重。以色列軍隊趁勢占領了西奈半島，領土頓時擴大好幾倍。聯合國藉由第 997 號決議要求停火，而且要讓蘇伊

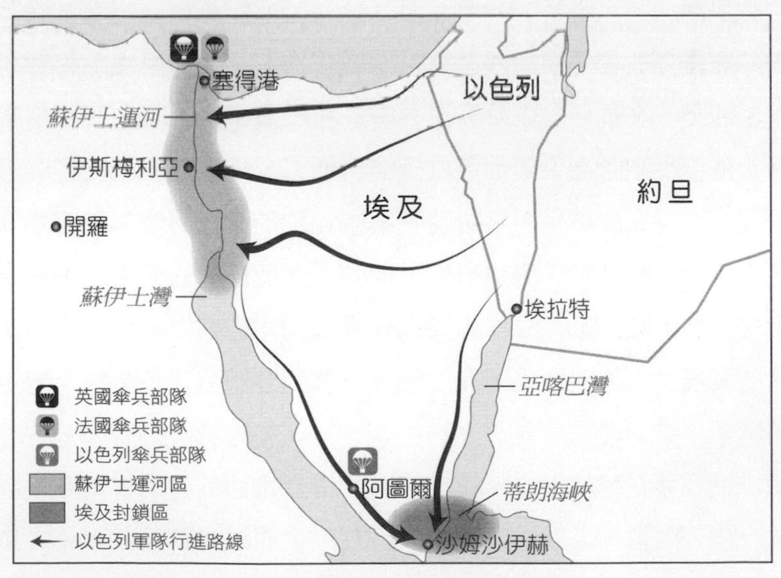

圖 32：蘇伊士運河戰爭形勢圖

士運河恢復通航。其實聯合國的作法，看似有調節國際問題的目的，但「讓蘇伊士運河恢復通航」就表明了其立場偏向於英法與以色列一方，忽視了埃及的主權問題。

埃及的決策並沒有錯，蘇伊士運河既然在埃及的領土之內，而且也已經收歸國有，當然有自行決定使用的權利。問題在於這道運河是十九世紀後半葉由西方國家興建、投資、運作，牽涉到英國與法國對東方貿易的重要利益。十九世紀下半葉運河開通，縮短了歐洲與亞洲的貿易時間。英國在1882年占領埃及，原因就在於埃及的反英浪潮有可能阻礙蘇伊士運河的貿易活動，而導致英國的經濟利益受損。西方深怕自己在該運河與該地區失去優勢地位，所以得防止納賽爾封鎖運河。從表面上來看，蘇伊士運河的戰爭屬於阿以戰爭之一環，但其實這屬於埃及與西方國家的問題，而且等於是延續十九世紀以來蘇伊士運河開通與使用的老問題。此外，在蘇伊士運河戰爭之中，也凸顯出冷戰時期的美蘇對立。蘇俄在戰爭之中擴張了自己的影響力，因為支持埃及對以色列與西方國家的抗爭，幫助蘇聯獲得埃及的友好回應，反而西方國家與以色列站在一邊，損害了他們在西亞地區的形象。美蘇冷戰在二次大戰之後，成為形塑世界國際秩序的框架，反映在各地區的發展之中。阿拉伯人與以色列之間的問題，也是美蘇冷戰的縮影。

納賽爾在蘇伊士運河戰爭之中取得阿拉伯世界至高無上的地位，代表阿拉伯人對抗萬惡的以色列，也痛擊貪婪無厭的英法強權。納賽爾趁此加強提倡阿拉伯民族的聯合，以反對帝國主義與猶太復國主義為目標。不過，倒也不是所有阿拉伯人都認同納賽爾的立場。這無關阿拉伯國家有沒有團結，畢竟每一個國家都有不同的考量，並不能把阿拉伯人當作全體思考一致的民族，就算有相同的宗教信仰，也不是決定國家發展的唯一因素，更不能將西亞地區當作單一區塊來看。

二、1967 年六日戰爭

1967 年 6 月 5 日，埃及與敘利亞進軍以色列。起因是以色列建造了蓄水池，將屬於敘利亞的水引入了以色列，然後敘利亞就以調水工程來減少約旦河下游的水流量。以色列聲稱這是敘利亞要分流約旦河上游水源，導致處於下游的以色列無水可用，而且敘利亞還侵犯以色列漁民。1962 年到 1966 年之間，敘利亞與以色列的水源問題鬧得沸沸揚揚。當敘利亞與以色列開戰之後，埃及納賽爾決定在西奈半島增加軍力，聲稱要發動一場消滅以色列的戰爭。納賽爾宣布關閉蒂朗海峽、封鎖亞喀巴灣。

不過，這場戰爭竟然在六天之內結束。以色列的總理艾希克爾 (Levi Eshkol) 批判埃及再次封鎖亞喀巴灣，畢竟這是以色列南方唯一的出口，埃及的封鎖等於是對以色列之侵犯。戰爭於 6 月 5 日爆發，由國防部長達揚 (Moshe Dayan) 制定計畫，時任參謀長的是拉賓 (Yitzhak Rabin)。結果，六天之後以色列大勝，史稱「六日戰爭」(Six-Day War)。以色列很快地擊潰埃及軍隊後，還致信給約旦說：「以埃戰爭結束，約旦若保持中立，以色列將不會攻擊約旦。」以色列當然不願意再另開戰場，但約旦國王胡笙

(Hossein bin Talal) 仍然對以色列開戰，最後吃下敗仗。在大獲全勝之下，以色列軍隊占領了比其國土還要大好幾倍的範圍，包括耶路撒冷的約旦河西岸地區 、 西奈半島與加薩 ， 還有戈蘭高地(Golan Heights)。原本西奈半島屬於埃及領土，而戈蘭高地屬於敘利亞領土，這都成為後續以色列和埃及、敘利亞問題難解的重大原因。達揚在戰爭時去過哭牆，他說：「我們重新整合了被瓜分的耶路撒冷、這個被割裂的以色列首都。如今我們重返我們的聖地，

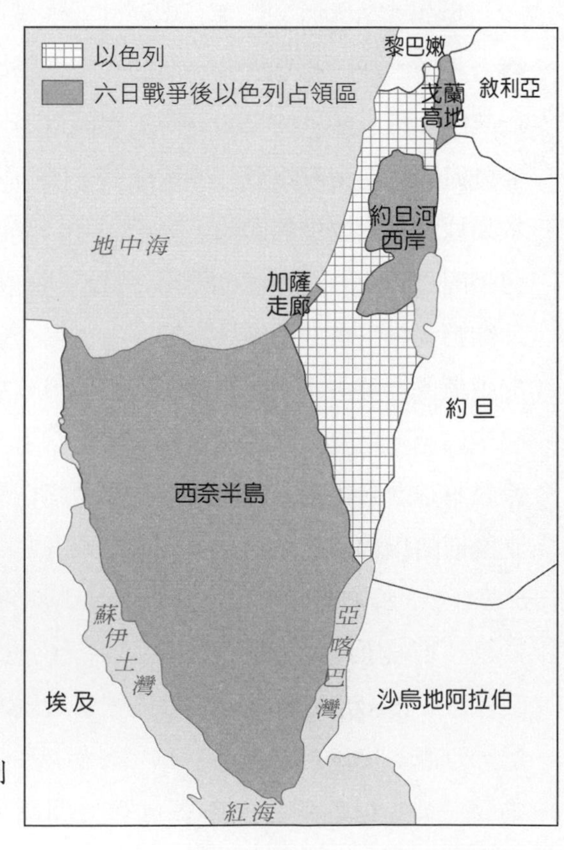

圖 33：六日戰爭中以色列取得的土地

圖 34：六日戰爭以色列進攻戈蘭高地

我們將再也不與它們分離。」

以色列對阿拉伯國家的長期戰爭，多次向美國購買武器。不過美國直到 1960 年代的詹森 (Lyndon Baines Johnson) 總統時期，才開始大量出售武器給以色列。這樣的轉變，讓美國在阿以問題之中漸成為解決衝突的關鍵角色，如果美國立場偏袒以色列，則表示以色列對阿拉伯國家的戰爭就占了上風。1967 年 9 月聯合國公布第 242 號決議，呼籲以色列撤離從戰爭所占領的領土，藉此來換取阿以之間的和平。其內容如下：

1. 以下為建立公平與持續和平的兩個原則：A. 以色列軍隊退出占領地；B. 停止交戰，尊重各國主權、領土完整、主權獨立，各國不再受到威脅，有和平生存的權利；
2. 三點要求：A. 必須保障國際航運在該區域的自由權益；

B. 公平解決難民問題；C. 保證區域內所有國家領土完整與主權獨立。

這項決議，還包括了有「領土換取和平」(Land for Peace) 的原則。只是，解決方案之中並沒有提到究竟巴勒斯坦人可獲得什麼樣的權益，比較起來還是以色列方面較有優勢。而且，美國除了出售武器給以色列來賺取戰爭財之外，也要取得西亞地區的優勢地位，如果在這冷戰時期能夠讓優勢倒向美國，也就能夠排除蘇聯在西亞地區的影響力，一舉兩得。

埃及在 1967 年戰爭之後元氣大傷，阿以問題的主導權到了約旦手上。1969 年，約旦對以色列有「六點主張」。1.終止敵對；2.尊重並承認這地區所有國家的主權獨立與領土完整；3.確保各國人民和平生活，不受戰爭危害；4.確保亞喀巴灣與蘇伊士運河航行自由；5.採取必要措施確保該區域所有國家不受侵犯；6.公正解決巴勒斯坦難民的問題。約旦的作法，其實不是不支持阿拉伯人或巴勒斯坦人對以色列的抗爭，但阿以衝突已經變得不再是很單純的問題，背後有複雜的關係因素，還有西方國家之介入。尤其在埃及的推波助瀾之下，聯合阿拉伯人反以色列、抵抗強權固然有其必要性，但是卻一再造成約旦在約旦河西岸的國防安全危機。在這樣的情況之下，儘管約旦想要維持阿以和平，但若影響到國防安全，約旦也不得不制止巴勒斯坦人的行動，反而是與以色列保持友好關係。1964 年，阿拉伯國家聯盟在埃及的開羅 (Cairo) 召開第一屆巴勒斯坦全國委員會會議，建立巴勒斯坦解放

組 織 （Palestine Liberation Organization，文後均稱巴解），也制訂了《巴勒斯坦民族憲章》(*Palestinian National Charter*)，其重點規定有：「巴勒斯坦是巴勒斯坦阿拉伯人的家園，以英國委任統治時期的疆域為界，是不可分割的領土單位」、「巴勒斯坦阿拉伯人對自己的家園擁有合法權力，拒絕接受 1917 年《貝爾福宣言》和 1947 年聯合國分治決議。我們要號召巴勒斯坦人民，進行反對以色列的鬥爭，直到返回自己的家園」。

圖 35：阿拉法特

約 1959 年，在埃及的巴勒斯坦籍學生阿拉法特 (Yassir Arafat) 建立了「巴勒斯坦民族解放運動」(Harakat al-Tahrir al-Filastiniya)，其名稱拼音的縮寫是 Hataf，其實是「死亡」的意涵，所以他們刻意倒過來寫成 Fatah，就代表了「勝利」，音譯為「法塔赫」。這個組織的宗旨就是「革命暴力是解放家園的唯一手段」。法塔赫在以色列境內、加薩走廊、東耶路撒冷、約旦河西岸不斷進行反抗活動，雖然「六日戰爭」之後西奈半島落入以色列手中，但通往約旦占領區卻有很長的邊界，約旦難以防守，使得法塔赫在這一漏洞之間自由行動，武器、人員都進入約旦河西岸。這仍然讓約旦國王塔拉勒感到困擾，因為有越來越多巴勒斯坦人加入了法塔赫，對約旦越來越不認同。法塔赫原本不是巴解的主導組織，但1965年後阿拉法特的行動越顯得讓其他組織相形失色。1967年之後，法塔赫接管了整個巴解，確立了巴解往後的武裝暴力運動。

1965年法塔赫曾在約旦對以色列發動襲擊，但這項行動卻遭到約旦終止。這使得巴解對約旦國王胡笙失去信心，而約旦一再表示與以色列友好，胡笙也說過「總有一天我們能放下武器，在耶路撒冷豎立紀念碑，宣示永久和平。」1970年爆發了「黑九月」(Black September) 事件就是一例，約旦徹底掃蕩了巴解。9月6日，巴解挾持美國泛美航空公司的飛機。隨後幾天又有綁架客機事件，約旦國王遂下令攻擊巴解，還將其驅逐，阿拉法特後來將巴解總部移往黎巴嫩。有部分巴解成員在1970年組成「黑九月組織」(Black September Organization)，在當年的慕尼黑奧運時，進入以色列選手村宿舍裡，挾持十一名以色列選手，要求以色列釋放兩百多名遭逮捕的巴勒斯坦人。阿以問題發展至此，各國如何調解都沒有作用。

三、1973年十月戰爭

1969年，果爾達梅厄 (Golda Meir) 出任以色列總理，正巧1970年埃及的納賽爾去世，改由沙達特 (Anwar Sadat) 擔任總統。以色列與埃及都出現重大的政治轉變，也就因而讓阿以問題進入了新的時期。不過，新時期不代表就沒有衝突或者戰爭。在「六日戰爭」結束之後，以色列沿著蘇伊士運河建立了有防禦性質的高牆，最著名的就是巴列夫防線（Bar Lev Line，是以當時參謀總長的名字命名）。而埃及沙達特則在思考如何開啟新的局面以拿回西奈半島，無論是戰爭或者談判都是他所考慮的方式。於是，雙方都有備戰的姿態。另一方面，1970 年敘利亞由反對猶太復國主義的阿薩德將軍 (General Hafez al-Assad) 掌政。

到了 1973 年，在戰爭氣氛濃厚的情況之下，埃及聯合敘利亞發動了突擊行動 。 這次的戰爭在以色列稱為贖罪日戰爭 (Yom Kippur War)，阿拉伯人稱齋戒月戰爭 (Ramadan War)。敘埃兩國想藉著以色列因節慶而不能戰鬥時，給予以色列迎頭痛擊。這就像是古代以色列在安息日時面臨強權侵犯卻沒有反擊，這樣的時刻反而成為猶太人的弱點。西元前 166 年的馬加比起義，就是主張不再遵守安息日，以隨時戒備與敵人交戰。1973 年的以色列也無法再拘泥於節慶不作戰的原則，因為不反擊必然遭到滅頂。沙達特將這次視為解決阿以問題的最後機會，不願意再讓以色列有機可趁了。

梅厄則是強調這次戰爭是埃及誤解了以色列的意思，其實以色列無意要攻打埃及，也不會進攻敘利亞。約旦則是無意加入這次的戰局，因為國王胡笙對巴解太過於不滿，而且沙達特承諾要讓巴解擁有約旦河西岸，那更不可能是胡笙會同意的事情。戰爭維持了 18 天，埃及向東突破了巴列夫防線，令以色列無法招架，只好將火力集中在北方來阻擋敘利亞軍隊。敘利亞戰況不佳，以色列幾乎逼近大馬士革，隨後又將火力集中南方，埃及軍隊這回竟然受挫，讓以色列攻進埃及境內威脅首都開羅。以色列將軍夏

隆 (General Ariel Sharon) 在這場戰役一舉成名。10 月 22 日，聯合國安理會提出第 338 號決議：1. 要求 12 小時內各方停止戰鬥；2. 停火後執行安理會第 242 號決議；3. 停火後立即進行談判。

從這號決議可見，其實聯合國提不出任何新的方式來解決阿以之間的問題，第 242 號決議從 1948 年到了 1973 年都是處理的主要基準點。美國作為聯合國龍頭，也是身處阿以問題的要角，卻沒有任何對策，遇到戰爭時只能高喊第 242 號決議，可是以色列的行動若違反了第 242 號決議卻不會受到任何懲處。反觀阿拉伯國家，在聯合國這樣的處理方式之下，戰爭無論勝敗都處於劣勢。不過，沙達特此時如同 1967 年的納賽爾一樣聲望高漲，「跨越運河的英雄」(Hero of the Crossing) 就成了沙達特的稱號。1973 年戰爭結束後，以色列不算成功，工黨的政治勢力受挫。

第三節　《大衛營協議》

一、埃及與以色列的和平趨勢

多次的戰爭之下，阿拉伯國家並沒有獲得任何好處，儘管約旦、埃及、敘利亞先後在阿以問題之中扮演重要角色，卻沒有哪一國能夠打擊以色列的士氣。埃及沙達特雖然也盡了力，但結果仍然是得停戰。問題在於以色列有聯合國與美國強權作為後盾，第 242 號決議就成了以色列進可攻退可守的依據，而且二十多年來都只採一樣的決議，也表示強權在處理阿以問題時沒有視情況再做調整。儘管往後第 338 號決議也納入參考，但本質上沒有變化。美國與蘇聯 1977 年 10 月共同發表聲明，主要有三項要點：

1. 美蘇主張阿以問題有必要作公正的解決方案，而且是要全面性的解決，聯合國部隊需派駐於阿以之間的邊界確保和平；
2. 雙方的解決方法，就是要透過談判來解決；
3. 各方代表應有一致行動。

不過，以色列卻反對召開任何和平會議，也不想要巴勒斯坦人參與談判，導致阿以問題的國際會議無法成行。1977 年，從以色列建國以來就與當權的工黨對立的比京，當選以色列總理，其領導的利庫德（Likud，意思為聯合）集團上臺，主張「大以色列」(Greater Israel) 的路線，也就是要在所有占領的土地上增加猶太人的定居數量。

1977 年 11 月，阿以關係開始出現一大轉變，沙達特在埃及國會宣布願意與以色列簽訂和平條約，還提議要在以色列國會發表演說。沙達特的用意就是改以談判的方式，向以色列取回西奈半島。外交部長憤而辭職，也有人私下批判沙達特瘋了。以色列總理比京接受這樣的要求，但其總參謀長認為沙達特所說的是詭計，掩飾他們要作的下一波進攻。其實沙達特可能可以藉此處理好埃及對以色列的問題，儘管這不能說是處理整體的阿以問題，但至少可以解決埃及的部分。1977 年 11 月 19 日沙達特抵達以色列，隔日下午到了以色列國會發表演說。他提出簽訂和平協議的條件：

> 以色列1967年以來所占領的阿拉伯領土；實現巴勒斯坦人民的基本權利與自決權；本地區各國都在自己國內安全和平生活；本地區所有國家都要以聯合國的原則與宗旨為彼此對待的原則；終止本地區的交戰狀態。

比京也強調，不再有戰爭、不再有威脅、不再有進攻。

二、《大衛營協議》簽署

12月中，埃及、以色列、美國出席日內瓦的和平會議，不過，卻沒有任何共識，也代表各方在之前的和平宣言都是場面話。例如埃及要在約旦河西岸與加薩建立巴勒斯坦國，以色列卻只願意讓巴勒斯坦人自治。沙達特要以色列撤出1967年侵占的土地，而以色列不願意全面撤離。最後的共識只有1973年十月戰爭是兩國的最後戰爭，其餘的問題將繼續討論。這僅是以埃以關係為出發點所考量，還不是整體阿以問題的解決方案。也很顯然地，以色列從頭到尾都沒有意願要放棄1967年占領的土地。僅就這一點來看，阿以問題就不可能解決。既然埃及沒能取得以色列的同意，那其他阿拉伯國家就更不可能。

1978年，埃及又與美國及以色列單獨會面。會議之中，以色列只願意放棄西奈半島，這個是對以色列利益損害比較小的部分，就巴勒斯坦地區而言，以色列無論如何都不願意退讓。9月17日，《大衛營協議》(*Camp David Accords*) 簽訂，強調以聯合國第242號決議為基礎，五年後讓巴勒斯坦人完全自治，往後的談判不可排除巴勒斯坦人的參與權。此外，《大衛營協議》簽署，也代表美國在這次的談判之中扮演了重要角色。可是，這並非美國的外交有多麼優越，僅僅是天時地利人和的湊巧機會而已。從當時簽署國的政局來看，1977年美國卡特 (Jimmy Carter) 總統剛就任，以色列比京總理也是在同一年上任，以上兩人或許都有解決阿以問題的企圖，但沙達特改變對於以色列的立場才是促成和談最關鍵的因素，轉瞬間給了阿以問題莫大的喘息空間。

不過，用協商的方式取得「和平」，僅是沙達特的想法，敘利

圖36：(左起) 埃及總統沙達特、美國總統卡特、以色列總理比京簽署「大衛營協議」後互相握手致意

亞、巴解都不認同，反而是全盤否認埃及的作法。1979 年 11 月美國駐伊朗大使館遭伊朗人占領，綁架了 52 名外交人員❷，卡特政府搶救無功，後來被認為是他 1980 年競選連任總統失敗的原因之一。最後，阿以和談也給沙達特帶來悲劇結局。1979 年埃及與以色列簽訂和平條約，要求雙方相互尊重、以色列撤出西奈半島等等決定。1981 年沙達特卻在閱兵典禮之中遭到槍殺，顯示了他的「和平」，無法符合持其他立場者所認定的和平。單一事件始終是沒有單純的解決辦法，其中有太多的主觀與客觀因素會相互影響。阿以問題始終不是單純的阿以雙方面的事情，而是擴及到了西亞與歐美國家之間的事情，任何一小環節有所變動，一切努力可能就前功盡棄。

1978 年沙達特與比京同時獲得諾貝爾和平獎，看似風光，但其實這也僅僅是因為埃以的和談符合了主流的「和平」觀點，也就是以美國為首的西方國家所想要的和平。1978 年埃以兩方領導人的和談，符合了西方期待的結果，等於是西方強權在這問題上鬆了一口氣，和平獎項就給了他們。如果埃及擊敗以色列而取回西奈半島，就算往後再無波瀾，和平獎項應該就不會頒給任何一方。西方觀點也主導了人們對於阿以問題的看法，例如究竟誰是

---

❷ 1979 年 2 月伊朗巴勒維 (Pahlavi) 政府垮臺，由宗教人士何梅尼 (Ayatollah Rouhollah Khomeini) 取得政權。由於何梅尼的反美傾向，使得部分伊朗民眾也追隨這樣的路線，以至於在該年 11 月 4 日爆發了伊朗人衝進美國駐德黑蘭 (Tehran) 大使館的事件，52 名外交人員遭到綁架。此事件持續了 444 天才結束。

恐怖主義者，就是靠西方立場來看。所謂的和平，都是在西方的運作框架中，符合西方標準才是和平。以色列與巴勒斯坦阿拉伯人的衝突，從歷史脈絡來看，其實是猶太人的移入與擴張而造成的問題，雙方為維護自身權益，都有暴力行動。可是，在主流輿論的影響之下，以色列的暴力行動都是「保衛家園」，阿拉伯人的暴力行動卻成了「恐怖行動」。這也就是人們觀察阿以問題時所需要注意的部分，主流輿論由歐美媒體掌控，鮮少為弱勢一方發聲，儘管報導與分析多如牛毛，但在完全偏向於以色列立場的時候，失去了平衡觀點，讀者的視角反更加狹隘。

第四節　以色列內部的分歧立場

以色列建國其實只是因為猶太復國主義勢力的關係，國內或者海外的猶太人不見得也是持一樣的立場。在前幾章節之中有提到，赫茨爾在推動猶太復國主義運動時就已有這樣的狀況。1948年才移入以色列的猶太人，他們與舊猶太住民之間的差異也甚大。近現代移居巴勒斯坦的猶太人，至少有兩波浪潮，其他的都是個別的移民，由於時間順序與目的不同的關係，移居巴勒斯坦的猶太人就有許多差異性。1948 年之後來到以色列的猶太人，不見得是遭到驅逐或者有強烈的復國主義思想才來，他們多半就是已經知道有這個家園，所以決定前來。而其中也有不少本來就是阿拉伯國家的猶太人，陸陸續續從阿拉伯國家遷徙至以色列境內。

然而，在重點地區都已經由舊有的猶太人居住之後，許多新進的猶太人只能居住在窮鄉僻壤，與鄰近的阿拉伯國家交界。1949 年 6 月，以色列外交部長摩西夏里特 (Moshe Sharett) 說：「最重要的是安全。大規模的巴勒斯坦歸鄉潮，可能會從內部摧毀這個國家。即使今日這些歸鄉者是帶著和平的態度歸來，當一場新的災難來臨時，我們也無法對他們有所期待。」這明顯表示以色列的猶太人之間是有很大的差異，連政府官員都認為這是相當大的問題。而且，看似沒有解決方案。諸多衝突也都發生在以色列邊界地區，無論是猶太人或阿拉伯人發起，受苦受難的都是當地人。

以色列在猶太復國主義者領導的表面下，其實問題相當多。許多猶太人居住在環境惡劣的地區，有就業問題也有居住問題。尤其以米茲拉希（Mizrahi，即東方的意思，指來自西亞、中亞和高加索地區）猶太人最受困擾。米茲拉希猶太人是 1948 年之後才來到巴勒斯坦，狀似「回歸祖國」，但結果卻是成為社會低下階層的群體，許多人變成廉價勞工。最著名的例子就是 1959 年的瓦迪薩利伯 (Wadi Salib) 起義，因為這個地區的猶太人多半是由摩洛哥 (Morocco) 移入的，不僅在社會上處於邊緣地帶，在地理位置上也屬於邊緣地帶。移入以色列的猶太人並未能享受重新建國的喜悅，反而淪為沒有受到政府照顧的弱勢團體。另外，阿什肯納齊猶太人（Ashkenazi，可作為東歐猶太人的意思）與猶太復國主義者是米茲拉希猶太人的對立面，他們受益於二戰之後德國的賠償，其生活狀況就相當優於米茲拉希猶太人。這些上層階級的猶太人建立了單一的猶太準則，即使同為猶太人，他們卻是罔顧邊緣群體的感受。

在以色列建國過程中，政治人物之間也不乏對立與鬥爭。在幾次對阿拉伯國家戰爭之後，以色列內部出現路線爭議，有人堅持要盡快兼併約旦河西岸與占領區，也有一派認為要用領土向阿拉伯人換取和平，應放棄占領地。在 1973 年戰爭結束後，工黨的勢力大受損傷，以至於讓利庫德集團得勢，主張對阿拉伯國家採取強硬立場，要併吞所有在巴勒斯坦的占領地。在許多研究與觀察之中，或多或少強調了猶太人的團結與韌性，但其實檯面下的波濤洶湧、明爭暗鬥，顯示著團結與韌性只是外界觀察到的形象，高層政治人物之間一樣是派系分明，爭權奪利互不相讓。利庫德的政治綱領有：「擴大以色列的主權到占領區，保留要求委任統治時期巴勒斯坦全境的權利（意即包括外約旦）；改善以色列落後地區的經濟與社會狀況；給以色列的阿拉伯人與非猶太人公民權利；強化猶太意識。」利庫德對於以色列的領土相當有企圖心，連外約旦都是他們的考慮範圍。不過這仍然沒有想到猶太復國主義再怎麼看都是二十世紀的外來勢力，而且倚靠西方帝國主義強占了阿拉伯人的家園。對利庫德來說，聯合國的第 242 號決議尚不是他們參考的基準，反而是更早先英國委任時期的巴勒斯坦範圍，才是他們真正建立以色列的目標。1977 年，工黨在國會選舉中敗給了比京領導的利庫德。儘管比京上任之後，就有《大衛營協議》與《埃以和約》的成果，但這僅是對埃及而已，藉著這些和平文件，以色列省去了埃及這個龐大的對手。

第九章 *Chapter 9*

阿以問題的外在壓力

二次大戰結束之後，英國已經不再是西亞地區獨大的強權了，美國與蘇聯此時也都有意干預阿以問題。而且，美蘇冷戰在二戰結束之後就成為新一波的國際局勢，這兩大強權對於阿以問題各有各的盤算，美國希望以色列可以作為他們在西亞地區的伙伴，而蘇聯想的是以色列投入共產黨懷抱以打破美國在西亞擴張的企圖。不過，美國與蘇聯的立場並不盡然處於衝突的狀態，兩國的共識是讓猶太復國主義者與阿拉伯人分治巴勒斯坦，幾個聯合國的決議也都是兩國在介入阿以問題時的基本參考依據。不過，強權要怎樣干涉西亞世界的問題，都是不了了之，沒有有效的結果。更何況強權干預是為了自身利益，不可能以當地的立場來處理問題。西亞國家對於阿以問題表現的態度，也值得討論，例如伊朗的立場在 1979 年革命前後有很大的轉變，而阿拉伯國家以及巴解在面對阿以問題也都有歧見。所以，阿以問題不單是要如前幾章一樣討論阿以之間的關係，還得觀察強權以及西亞國家整體的立場與態度。

第一節　冷戰強權㈠：美國

美國直到二十世紀初期對於西亞地區沒有很明顯的利益問題，對於猶太人移居巴勒斯坦一事保持著認同的態度。1919 年巴黎和會中，美國代表團就曾提議建立一個獨立的巴勒斯坦國家，由國際聯盟委任給英國管理，然後邀請猶太人回到巴勒斯坦定居。而美國也有「金一克雷恩調查團」(King-Crane Commission) 前往西亞地區進行調查，不僅是巴勒斯坦，還有敘利亞、黎巴嫩也都在調查範圍之內，結果當地人最期盼的是美國能協助他們建國，而調查團建議應該建立大敘利亞國，以費薩爾為國王。不過，美國這些都是紙上談兵，並沒有成為實際的政策。後來美國沒有簽署一戰結束後的《凡爾賽條約》，也沒有加入國際聯盟，所以巴勒斯坦問題至此尚沒有明顯的美國影響力。

一、二戰後期美國介入

原本美國與阿拉伯人的關係密切，總統羅斯福 (Franklin Roosevelt) 還曾在 1945 年答應沙烏地阿拉伯國王，會考慮阿拉伯人的利益與意見來解決巴勒斯坦問題。羅斯福說，應建立聯合的機構，由一個猶太人、一個阿拉伯人、一個基督徒來共同管理巴勒斯坦。在二次大戰期間，羅斯福就不斷在提倡建立和平機構來處理戰後的事情，對於西亞事務他也想要仿造他對於西方問題的作法，等於是用同一標準來處理不同區域的問題。但是，這樣的方式不一定在每個地區都合適。那時沙烏地國王阿布杜阿齊茲的回答是：「巴勒斯坦是屬於阿拉伯人的土地，不可分割，這塊土地的主權無庸置疑就是阿拉伯人的。」

然而，猶太人在美國的遊說活動非常有效，以至於 1944 年美國國會還曾通過支持猶太復國的決議。1945 年 4 月杜魯門 (Harry Truman) 擔任總統之後，再度開啟猶太復國的計畫。特別在納粹屠殺猶太人之後，杜魯門更加強他對猶太人的支持，要求英國得讓十萬猶太人進入巴勒斯坦。二次大戰之後，美國成為世界強權，尤其企圖要掌握西亞世界的石油利益，所以勢必要有當地盟友。既然猶太人在二次大戰後期已經將建國運動轉移到美國，那也就符合了美國之意。

1948 年阿以戰爭之後，聯合國曾調停兩方的衝突，可是以色列並不願意停戰。這導致美國的駐聯合國代表提出結束分治方案的建議，希望停止分治然後制訂臨時託管計畫。然而，儘管聯合國安理會 (United Nations Security Council) 將對以色列進行制裁，但美國總統杜魯門知道猶太人的支持對他的選舉有利，所以下令要駐聯合國的美國代表否決制裁以色列的提案。

二、滲透西亞地區

1950 年 5 月，英國、美國、法國對於阿以問題發表了《英美法三國宣言》 (*Tripartite Declaration on Security in the Arab-Israel Zone between Britain, France and the United States*)：「英美法承認阿以雙方都需要有一定程度的武器保護自己，三國都反對在阿以

之間發展武裝競賽，而且不允許任何一國侵犯邊界或停戰線，若有這種狀況發生，三國將於適當時機採取制止行動。」這個宣言看似讓阿以雙方都有維護各自主權的權利，可是對於阿拉伯國家來說，這個宣言形同是破壞了阿拉伯國家在巴勒斯坦的主權。阿盟回應道：「雖然阿拉伯國家急切關心和平的到來，但不能認可任何損及他們主權與獨立的行動。」美國的作法看似顧及阿以兩方，可是只要確定了以色列的存在，甚至提高以色列的地位，阿拉伯國家就不可能同意。儘管部分阿拉伯國家還是跟美國保持密切關係，但有時也表示不信任的態度。

1951 年時，美國邀請埃及加入「中東指揮部」，要圍堵蘇聯勢力往西亞地區擴張。不過，埃及並沒有接受這樣的提案，畢竟美國支持以色列建國，是埃及無法接受的事情。敘利亞與伊拉克則是加入了「中東指揮部」，但是卻引來兩國民眾反彈，爆發了示威遊行，還導致敘利亞哈基姆 (Hakim) 政府下臺。1953 年 1 月艾森豪 (Dwight Eisenhower) 擔任美國總統，比起杜魯門來說更加堅決反對蘇聯共產主義擴張，所以把西亞國家納入其圍堵蘇聯的陣營是為重要考量。艾森豪為求整體西亞國家都與美國同一陣線，並未特別偏袒以色列，以求取得阿拉伯國家的善意，還要求以色列收斂在巴勒斯坦的擴張政策。於是，即使以色列要將外交部從特拉維夫遷往耶路撒冷，一併要求外國使館也一同遷去，美國都沒有答應。

美國在西亞地區雖然無法拉攏埃及，但加強與其他國家的合作，例如 1955 年簽訂《巴格達公約》(*Baghdad Pact*)，土耳其、伊拉克、伊朗、巴基斯坦都有參與，組成了「中部公約組織」。埃及與沙烏地阿拉伯、敘利亞則發表了聲明，「決心保障阿拉伯世界不受冷戰毒害，要將阿拉伯世界置於冷戰潮流之外，對國際衝突採取中立政策。」美國就以拒絕貸款給埃及興建水壩的方式，來作為埃及不願加入美國陣營的警告，這也就造成了1956年的蘇伊士運河戰爭。不過，戰爭結束之後，埃及展現出得以率領阿拉伯國家對抗西方帝國主義的能力，頓時納賽爾成為西亞地區反對帝國主義與猶太復國主義的超級英雄，納賽爾聲勢大漲。1957年1月5日，艾森豪向西亞地區宣告「維護西亞國家的領土完整與主權獨立，若遭受共產勢力武力侵犯，美方必會使用武力協助抵抗」，是為「艾森豪主義」(Eisenhower Doctrine)。無論如何，美國都試圖用盡一切方式讓西亞地區不至於受共產勢力籠罩。

三、明確支持以色列

1961年甘迺迪 (John F. Kennedy) 擔任總統之後，漸漸地表明了美國對以色列的支持。1963年的總統詹森，延續著對以色列友好的政策，也批判埃及封鎖亞喀巴灣阻礙了以色列的對外聯繫。1967年6月的阿以戰爭，以色列大獲全勝，領土擴大到西奈半島、加薩、戈蘭高地、約旦河西岸、東耶路撒冷。6月19日，詹森發表五點原則：

1. 確認西亞各民族的生存權利；
2. 難民應獲得合適的待遇；

3.各國有自由通航不受妨礙的權利；

4.限制軍事競賽；

5.維護西亞國家領土完整與主權獨立。

儘管原則之中沒有特別明講美國所在意的對象，還強調是為了西亞各民族的生存權利，但明顯可見就是為了保障以色列。1969 年尼克森 (Richard Nixon) 當選總統， 其國務卿羅傑斯 (Williams Rogers) 發表「羅傑斯計畫」(Rogers Plan)，仍是以第 242 號決議為框架來平衡各方勢力。但這仍然無法解決問題，畢竟阿拉伯人不承認以色列的存在。若是特別要以色列軍隊撤離，那對以色列來說也不會是可接受的方案。

在埃及沙達特上臺之後，阿以問題再度出現變數。沙達特有意要與以色列作最後對決，1973 年 10 月的阿以戰爭，促使美國盡全力救援以色列，更顯示美國對於西亞地區的政策已經將以色列擺在第一要角了。不過，聯合國第 338 號決議卻沒有新的解決方案，仍是以第 242 號決議為主要的參考依據。這又凸顯出美國必然是要以色列存在的意圖，而難以獲得阿拉伯國家的認同。所謂建立長遠持久的和平，是只能在美國主導之下的和平，而且是有以色列存在的和平。對於阿拉伯人來說，停戰只是軍事方面暫時停止對立相向，可是絕對不會同意以色列存在以及美國干預的這種和平。於是，即使西方強權汲汲於 1973 年年底召開日內瓦 (Geneva) 的中東和平會議，可是仍然沒有成果。敘利亞在會議之前就批判說，這個會議是要為以色列服務的，所以他們不會參與。

1977 年，美國總統卡特對於阿以問題提出五項原則：

1. 全面和平；
2. 以聯合國的第 242 號與第 338 號決議作為談判基礎；
3. 阿以雙方應建立正常關係，停止交戰仍不算達成和平；
4. 分階段處理撤退與邊界的問題；
5. 巴勒斯坦人有自我決定的權利。

這些依然只是一些過於理想化的原則，過去都已經談過了，美國的政策並沒有多大變化。《大衛營協議》的出現，純然是因為沙達特展現和平意願的結果。

1980 年雷根 (Ronald Reagan) 當選美國總統時，西亞局勢已經與以往不同，特別是伊朗在 1979 年的革命之後成為反美國家，而蘇聯進逼阿富汗似乎也要打破美國獨霸西亞的局勢，伊拉克與伊朗的戰爭也在 1980 年爆發，都衝擊著美國的外交優勢。唯一沒有變動的，就是美國與以色列的友好關係，雙方承認加強戰略合作的必要性，以防範蘇聯在西亞地區形成的威脅。1982 年 9 月 1 日雷根發表「雷根計畫」(Reagan Plan)，將自己設定為問題的協調者，重申《大衛營協議》與《埃以和約》的有效性，而且讓巴勒斯坦人有自治權力。但是，雷根沒同意建立巴勒斯坦國。該計畫要求以色列歸還土地給巴勒斯坦人，西岸與加薩走廊也要和平轉移給巴勒斯坦人，不過前提是要以色列不受侵犯。至於邊界問題，交給以色列與約旦再行商議。總之，美國所主導的和平計畫，始終不將重心放在巴勒斯坦人身上。儘管美國不盡然認同以色列所發動的衝突，可是再怎樣協調，也都是將以色列作為主體。然而，以色列也不認同這樣的計畫，比京政府無意將土地還給巴勒斯坦人。「雷根計畫」反映出美國在執行對西亞的政策時，充滿了過多的理想，狀似顧及阿以兩方，但其實根本沒有切合當地的現實狀況。

第二節　冷戰強權㈡：蘇聯

一、蘇聯進入西亞地區

1917 年成立的俄國蘇維埃政府，曾經批判過猶太復國主義，像是猶太復國主義者與英國合作，就是透過帝國主義來壓迫阿拉伯民族。但是，二次大戰之後蘇聯對於西亞情勢的考慮，支持猶太復國主義，其實有利於蘇聯插足西亞地區。只要有利於他們在該地區的發展，就該全力支持。此外，1917 年之前的舊俄，向來在西亞與中亞地區就有龐大的影響力，例如中亞國家、阿富汗、伊朗、鄂圖曼帝國、黑海海峽，舊俄都沒有停止過擴張活動，以至於當時海上霸權英國必須嚴重防範舊俄穿過黑海、地中海而進入西亞地區，也得防止舊俄從高加索與裏海 (Caspian Sea) 南下至波斯灣甚至印度。尤其印度為英國在海外最大的殖民地，其安全不得為舊俄所威脅。

1917 年蘇維埃政府成立後，儘管一度放鬆對伊朗、鄂圖曼的外交壓力，但左派勢力卻漸有在西亞地區扎根的跡象。1920 年代初，埃及的共產黨建立，1930 年代敘利亞、黎巴嫩、伊拉克也有共產黨成立。當阿布杜阿齊茲於 1925 年擊敗漢志的胡笙時，第一個承認他為漢志國王（後為沙烏地阿拉伯國王）的國家就是蘇聯。1928 年，蘇聯也與葉門建交。但很可惜這樣的外交關係並不長久，1930 年代末蘇聯與沙烏地阿拉伯及葉門的關係中斷。不過，儘管多數西亞地區都是由英國操控，但從蘇聯對漢志王國與葉門的建交來看，蘇聯還是盡力開發對西亞外交的空間。二次大戰期間，蘇聯因為對抗德、義法西斯國家而與英國及法國成為盟友，這開啟了蘇聯將觸角伸入西亞地區的契機。1942 年之後，蘇聯在埃及、黎巴嫩、伊拉克、敘利亞都派駐了外交人員。

二次大戰重挫英國的世界地位，結果促使蘇俄在西亞地區獲得了相當大的活動空間。對於巴勒斯坦問題，英國無法再維持獨霸地位，蘇俄介入的機會到來，堅持主張英國人必須結束巴勒斯坦的委任統治。於是，二戰之後的巴勒斯坦分治問題，蘇聯採取支持猶太人的策略。蘇聯的駐聯合國代表葛羅米柯 (Andrei Andreyevich Gromyko) 表示：

> 阿拉伯人與猶太人都一致同意結束委任統治，這是聯合國在討論巴勒斯坦問題時必須認知的既成事實。在二次大戰期間，猶太人遭受的苦難不是筆墨可以形容的，因此我們應同情與關懷這些無家可歸的猶太人。二次大戰時期西歐國家都沒辦法給予猶太人適當的協助，但猶太人實踐建立

> 家園的願望，是不可以被忽視的權利。我們必須瞭解，巴勒斯坦是由阿拉伯人與猶太人組成的，這是兩個民族的故鄉，唯有給予他們合法的利益，才可能解決問題。只有建立獨立、雙元的、民主的阿拉伯—猶太國，他們才有可能得到適當的保障。

這樣的聲明，讓阿拉伯人相當震撼，但蘇俄並未否認巴勒斯坦阿拉伯人的地位，只是為了能夠打擊英國在巴勒斯坦的優勢，支持猶太人成了增加他們在這地區的競爭籌碼。在 1948 年班古里安宣布以色列建國之後，掀起了阿以戰爭，葛羅米柯便趁機批判英國是長期以來阿以衝突的始作俑者，而阿拉伯國家聯盟對以色列宣戰是英國縱容的結果。1949 年 3 月，蘇聯支持以色列加入聯合國。

二、蘇美在西亞交手

不過，蘇俄也因為介入猶太人建國一事，使得接下來在西亞外交就不得不與美國對峙了。例如，1951 年「中東指揮部」提到的「外來侵犯」，就是指蘇俄的共產主義。蘇俄回應道：「蘇俄不會忽視在距離蘇俄不遠的地方出現中東指揮部這樣的侵略組織，如果局勢因此惡化，那美國以及相關國家應該要負起責任。」蘇聯與美國的冷戰，也反映在阿以問題裡，而且蘇聯開始轉變成偏向支持阿拉伯國家。在 1955 年之後，蘇聯同時販售軍火給敘利亞與埃及兩國，這是回應以色列於 1955 年 12 月突襲了敘利亞的軍事基地的舉動。聯合國譴責這樣的行動，美國則持續提供武器給以色列。蘇俄出售軍火的舉動，就是要加強敘利亞對以色列交戰的實力。美蘇冷戰的戲碼，也在西亞地區上演。

而且，美國與蘇俄爭奪土耳其為盟友也頗為激烈。土耳其所擁有的黑海海峽，向來是近代幾世紀以來舊俄所要爭奪的地帶。蘇俄因為擔憂土耳其會向美國靠攏，在 1945 年廢除了自 1925 年以來簽訂的《蘇土中立與互不侵犯條約》(*Soviet-Turkish Treaty of Friendship and Neutrality*)，揚言要與土耳其共管黑海海峽。蘇聯的舉動使得美國擔憂共產主義的威脅擴張到黑海與地中海，所以 1947 年時任總統的杜魯門決定對土耳其（還有包括希臘）提供美金援助與軍事武器，即「杜魯門主義」(Truman Doctrine of Containment)。兩年後，杜魯門又提出「第四點計畫」(Point Four Program)，要援助埃及、伊拉克、約旦、黎巴嫩、伊朗、沙烏地阿拉伯、以色列等西亞國家。於是，當 1955 年《巴格達公約》簽署時，西亞地區出現了圍堵蘇聯的陣營。不過埃及沒有加入，反而是接受蘇聯的軍事協助。但埃及也沒有因而成為蘇聯的盟友，納賽爾的不結盟政策，並未讓蘇聯在西亞取得合作伙伴來抗衡《巴格達公約》。

1955 年之後，英美以《巴格達公約》、《北大西洋公約》(*North Atlantic Treaty*)、《東南亞條約》(*Southeast Asia Treaty*) 來包圍蘇俄之後，也促使了蘇俄的赫魯雪夫 (Nikita Sergeyevich Khrushchev) 加強其西亞政策，試圖要突破英美設下的防線。1952 年之後執政的納賽爾，既反對帝國主義侵犯，也鼓吹中立不結盟

圖 37：赫魯雪夫（左）與納賽爾

的政策，成了西方國家在西亞地區布局無法完整的重要因素。埃及曾聲明:「如果西方國家繼續執行聯盟的方法要來分裂阿拉伯世界的話，那阿拉伯人唯一的解決辦法就是接受蘇俄援助，因為蘇俄有能力提供阿拉伯國家所需要的任何軍事支援。」埃及開始向蘇聯購買武器，正式開啟埃及聯合蘇聯與西方對峙的道路。英美制裁埃及的方式，就是停止埃及的貸款。這讓納賽爾不滿，更是傾向於蘇俄。1956 年蘇伊士運河戰爭，埃及就以蘇聯作為後盾，運河收歸國有也為蘇聯所支持。

然而，蘇聯與西亞國家的友好關係，卻有基本立場的差異。畢竟赫魯雪夫突破美國西亞防線的目的不在於引起戰爭，但這反而不是納賽爾面對西方強權的作風。以致於 1958 年埃及與敘利亞共建阿拉伯聯合共和國時，赫魯雪夫批判納賽爾過於極端的個人野心，而且還批判納賽爾的阿拉伯民族主義壓迫弱小民眾。納賽爾曾說:「戰爭是解決巴勒斯坦問題的唯一辦法。」蘇聯並沒有批判納賽爾的資格，畢竟埃及最直接面對以色列所造成的威脅，蘇聯只是藉由埃及來介入阿以問題。

另外，敘利亞在 1954 年的阿塔西 (Hasim Bay Khalid al-Atassi) 政府相當反對參與西方的聯盟，而且強調敘利亞的中立政策。但面對以色列時，敘利亞也接受蘇聯在軍事方面的協助。由於蘇聯的援助，敘利亞自 1965 年之後左傾現象越來越明顯，例如獨尊馬克思主義 (Marxism)，提倡國營企業。但這造成了部分敘利亞人的反對，只是抗爭未果。直到 1970 年，才讓敘蘇友好的關係出現破裂。領導敘利亞新政府的是阿薩德將軍，主張要打倒以色列、改善敘利亞與阿拉伯國家的關係。但是阿薩德想要減少對於蘇聯援助的依賴。不過，這也不代表敘利亞就此與蘇聯斷絕關係。1971 年敘利亞、埃及、利比亞試圖要成立阿拉伯共和聯邦 (Federation of Arab Republics) 團結阿拉伯，面對美國等西方勢力，再度與蘇聯恢復友好。這也表示阿薩德瞭解國際情勢走向，一方面不能失去阿拉伯國家的信任，另一方面也不可以失去蘇聯這個在冷戰時期能夠對抗西方強權的強大後援。

由上文可知，蘇聯雖然譴責以色列對阿拉伯國家的侵略行為，但其實不同意阿拉伯國家有消滅以色列的企圖。1970 年代，當巴解逐漸受到排擠時，蘇聯對於巴解漸加支持。阿拉法特也曾去莫斯科進行訪問，商談雙方該如何處理阿以問題。尤其在蘇聯失去埃及的友好關係之後，蘇聯更加強與其他阿拉伯國家的聯繫關係，以組成反美陣線，包括有敘利亞、伊拉克等國家，連巴解都包括在其中，其以非國家的形式作為蘇聯的盟友。

蘇聯在 1974 年還承認巴解是 「包括居住在約旦河西岸巴勒斯坦人在內的全體巴勒斯坦人唯一的合法代表」，這完全提高巴解在阿以問題中的地位 。 赫魯雪夫之後的蘇聯總書記勃列日涅夫 (Leonid Brezhnev)，聲稱巴勒斯坦人有建立民族國家的權利。固然這不可能為美以認同，國際上也不可能接受這樣的說法，但以平衡觀點來看，巴解勢力壯大，處於阿以問題最核心地區的阿拉伯組織，比起其他阿拉伯國家更有談論阿以問題的資格，而蘇聯對抗美以的姿態，就成為了巴解最可靠的後盾。然而，問題還是在於蘇聯並不認同巴解的鬥爭方式，蘇聯傾向支持聯合國第 242 號與第 338 號決議，所以這也是巴蘇關係不能穩定的原因。由此也可看到，雖然美蘇處於對峙狀態，但在巴勒斯坦問題之中，蘇聯並不樂見過多的衝突。

第三節　西亞因素㈠：伊朗

一、伊朗與以色列的友好時期

伊朗局勢對西方以及阿以問題有許多影響。伊朗自十九世紀以來就受英國與俄國的政治與經濟箝制，即使到了二十世紀，英國與蘇俄仍然在伊朗有極大的影響力。二次大戰時期，英蘇擔憂伊朗向德國靠攏，還進軍伊朗促使禮薩巴勒維國王 (Reza Pahlavi Shah) 下臺出國。新任國王穆罕默德禮薩巴勒維 (Mohammad Reza Pahlavi)，仍有意排除英蘇力量，例如藉由聯合國來處理蘇俄軍隊占據伊朗西北邊的問題，而且 1950 年伊朗以石油國有化來打擊英國在伊朗的石油利益。 1909 年英國所成立的英國波斯石油公司 (Anglo-Persian Oil Company, APOC)，在 1953 年被伊朗趕了出去。然而，往後美國取得龐大的伊朗石油利益。1955 年伊朗加入西方陣營的「中部公約組織」，蘇俄就批判：「伊朗參加這個軍事集團，違背了西亞地區的和平與安全，也破壞了蘇俄與伊朗之間的友好關係。」 由於蘇俄與伊朗在 1921 年簽署過 《蘇伊友好條約》 (*Soviet-Iranian Treaty of Friendship*)，所以伊朗向美國靠攏當然是蘇俄不能容許的事情。

於是，冷戰時期，整個情勢把伊朗推往美國。巴勒維時期的伊朗與美國友好，其實也就加強了他們與以色列的關係。這當然也符合以色列要突破阿以問題困境的目的，畢竟若在西亞地區還有個國家可以作為伙伴，或許可以不讓自己在阿拉伯國家之中完全遭到孤立。伊朗在 1970 年代，是對抗阿拉伯民族主義，因為與美國友好的關係，伊朗與以色列也是西亞地區的伙伴。此外，以色列的情報機構摩薩德（Mosad，以色列情報與特殊使命局）與伊朗的薩瓦克（Sazman-e Ettela`at va Amniyat-e Keshvar, SAVAK，國家資訊與安全調查局）關係也很密切。

二、1979 年革命後的伊以問題

可是，1979 年伊朗發生革命，轉瞬間改變了伊朗與以色列的關係，這和革命之後，宗教人士何梅尼掌握了政權有關。在 1979 年之前，何梅尼因為在 1963 年反對巴勒維政府政策的關係，遭到驅逐出境。此後有十四年多的時間待在伊拉克，1978 年 10 月時又前去法國。在這段期間，何梅尼曾與巴解成員有所接觸，所以當 1979 年革命結束之後，阿拉法特還前往伊朗向何梅尼恭賀革命成果，原本以色列在伊朗的外交大樓就成了巴解的辦公場地。

圖 38：何梅尼

何梅尼對於伊斯蘭的觀念，成為往後伊朗內政與外交的骨幹。例如他在 1971 年出版的《伊斯蘭政府》(*Hokumat-e Islami*)，就表達了他認定的理想政治制度，也就是「宗教學者的政治管理」(Velayat-e

Faqih)，由最崇高的宗教學者來處理政治事務，當然這個最崇高的宗教學者，在革命的氛圍之下就一定是何梅尼來擔任。而何梅尼並沒有任何政治職位，他擔任的是精神領導人。在他的領導之下，伊朗還有總統與國會。不過，整個政策走向都還是要看何梅尼的意思，在多數西方國家可能總統有相當大的決策權，可是在伊朗，總統頂多是國家的第二號人物，或者是次於國會的第三要角。於是，何梅尼的思想與行事，左右著伊朗政局發展。

對於何梅尼來說，美國與以色列都是屬於帝國主義一方。儘管 1979 年革命的出發點不在於反美，可是過往何梅尼發表的多次反對美國在伊朗獲得的特權、或者批判巴勒維政府重視美國人而不是伊朗本地人，在革命之後成為他追隨者強調的政治路線。這導致 1979 年 11 月 4 日許多伊朗人衝進美國大使館綁架 52 名外交人員，破壞了美國與伊朗原本的友好關係。這個事件固然不會是何梅尼所指使，但其中不少人聲稱是追隨何梅尼路線，所以這場「意外」的反美事件，何梅尼政府就順水推舟讓它成為反美的重要成果。以色列也就在這時的反美氛圍之下，成為伊朗第二個反對的對象。何梅尼稱美國為「大撒旦」，以色列則是「小撒旦」。他認為美國帝國主義與猶太復國主義如一丘之貉，是世界的禍害。曾任國會議長的拉夫桑嘉尼 (Ayatollah Hashemi Rafsanjani) 也表示：「要徹底除去猶太復國主義的方式，就是要在巴勒斯坦建立另一個政府，而這就是要凝聚整個伊斯蘭世界的力量。」許多官員也都曾表示過反對任何與以色列妥協的協議，伊朗也已經做好與以色列作戰的準備。矛盾的是，1980 年到 1988 年的兩伊戰爭期間，伊朗還是接受了以色列的軍事協助。因為在八年的戰爭期間，伊拉克海珊的阿拉伯勢力，對抗著何梅尼的伊朗，多數阿拉伯國家也支持伊拉克，一時之間伊朗與以色列又成為國際政局之中同樣遭阿拉伯國家排擠的對象，也構成了短暫合作的條件。

三、伊朗對以色列隔空喊話

2005 年伊朗的總統當選人阿賀馬迪內賈德 (Mahmoud Ahmadinejad)，表達出對以色列相當不友善的態度。他的名言「讓以色列從地圖上消失」(wipe Israel off the map)，在國際間掀起風波，使得伊朗與以色列的對峙成為輿論聚焦的話題。不過，阿賀馬迪內賈德所說的話，其實是「這個占領耶路撒冷的政權，一定會從時間洪流之中消失。」(een rezhim-e ishghalgar-e qods bayad az safheh-ye ruzgar mahv shavad)，語氣並不如外界所認知的那樣強烈。而且，英國的伊朗籍學者阿迪布摩格達姆 (Arshin Adib-Moghaddam) 說，阿賀馬迪內賈德之語只是他自己的想法，並不代表所有伊朗人都這樣想，居住在伊朗的猶太人人口數，在西亞地區是除了以色列以外最多的，而且伊朗國會選舉還有猶太議員的保障名額。

許多研究都會指出，古代伊朗讓離散的猶太人回到伊朗，就是伊朗對於猶太人友善的例子，兩者之間沒有自古以來的仇恨。這樣舉例其實並不合適，畢竟古伊朗時期與現代伊朗差距數千年，那時的伊朗與猶太人和現代的伊朗與猶太人完全不同。古代的伊朗讓猶太人回歸巴勒斯坦，其實也是有利益之考量，一來是伊朗想要將觸角伸往埃及，需要巴勒斯坦通行不受阻礙，二來是由回歸的猶太人來治理巴勒斯坦，有語言與民族的親近關係，可能比較有說服力。而 1979 年以後的伊朗敵對的是 1948 年以來以色列這個新興國家，並不是針對猶太人。何梅尼特別強調美國是邪惡的一方，是為 1979 年革命之後出現的反美、反帝國主義浪潮的原因，以色列既是巴勒維與美國的友好對象，導致以色列在何梅尼執政之後，也成為何梅尼反對的對象之一。

回到阿賀馬迪內賈德之言 ， 其實在以色列於 1948 年建國之後，阿拉伯國家多次的戰爭行動，比起阿賀馬迪內賈德的隔空喊話還要來得危險。此外，從歷史發展過程來看，伊朗對於以色列的政策與阿拉伯國家比較起來，其實是沒有構成太大的威脅性。固然傳言說伊朗有許多檯面下針對以色列的行動，但都不是直接交戰這類的衝突。更何況伊朗除了在 1980 年到 1988 年打過兩伊戰爭之外，並未以戰爭作為對外關係發展的主軸，要為了攻打以色列而橫跨整個美索不達米亞，應該不會是伊朗的主要選擇。而且從 1989 年何梅尼去世之後到現在，其實伊朗的內政與外交著重在經濟重建與務實對外，儘管對美國與對以色列的關係沒有明顯改善，但伊朗的經濟並沒有太差，而對外也很有發展空間，不會因為對美以關係惡化就完全遭到孤立。

第四節　西亞因素㈡：阿拉伯國家

阿拉伯國家之間因為各自立場不同，其實是相互批判。這並不是阿拉伯國家不團結，而是每一個國家都是獨立自主的，在以阿問題方面各有各的立場與態度，沒有任何理由要求阿拉伯國家對同一議題採取一樣的立場，也沒有任何理由可約束所有阿拉伯國家一同面對以色列的勢力。於是，儘管阿盟在 1948 年共同對以色列發動戰爭之後，卻始終沒有達成消滅以色列的目標。可是往後阿盟各國對於以色列的立場日漸分歧，造成彼此之間關係不融洽。阿以問題不只是阿拉伯國家與以色列之間的問題，還有引發各國自己需要面對的新問題。

一、埃及對抗伊拉克

在 1950 年代，埃及在阿以問題展露鋒頭，呈現出所謂納賽爾主義 (Nasserism) 的力量，也站上了阿拉伯國家龍頭的地位。埃及不僅是強硬對抗著以色列，也在對抗著西方帝國主義。不過，1955 年伊拉克與伊朗、土耳其、巴基斯坦組成「中部公約組織」，伊拉克為阿拉伯國家聯盟成員國，卻加入西方陣營，形同是挑戰了納賽爾主義與阿拉伯統一的原則，導致埃及與伊拉克的關係惡化。伊拉克的作法並沒有錯誤，固然要處理阿以問題，但英美在整個西亞地區有其影響力，保持友好關係也至關重要。即使伊拉克政府不見得完全傾向於英美，《巴格達公約》之簽署還是讓伊拉克成為阿拉伯國家聯盟無法一致行動的罪人之一。埃及批判伊拉克違反了阿拉伯國家聯盟盟約，助長以色列的氣焰。不過，這些一次大戰之後逐漸出現的阿拉伯國家，對於國際事務各有各的考量，不能單純以大家同為阿拉伯人、同為穆斯林的表象，就認為他們對同一件事都站在同一立場。與此同時，埃及與敘利亞於1958年組成阿拉伯聯合共和國 (United Arab Republic)，對伊拉克政治也造成影響。伊拉克與約旦隨後也合併成阿拉伯聯邦 (Arab Federation)，有對抗埃敘合併的意涵。然而，這樣的合併並非反對人士所願，導致伊拉克1958年爆發革命，由英國支持而成為伊拉克王室的哈希姆家族遭到推翻，也象徵著英國勢力退出了伊拉克。

二、伊拉克與阿以問題

一直到了1977年沙達特前往耶路撒冷與以色列簽署和平協議之後，讓伊拉克又與阿以問題連上關係。沙達特之舉，促使了伊拉克與敘利亞的關係走近，在1978年伊敘也有兩國合併的討論。1978年的《大衛營協議》之後，埃及遭到其他阿拉伯國家孤立，伊拉克此時召集阿拉伯國家會議，抨擊沙達特向以色列求和，因而要制裁埃及。此外，1990年伊拉克攻打科威特的時候，總統海珊 (Saddam Hossein) 強調如果美國要介入科威特問題的話，那伊拉克就會攻打以色列。這有意要在對抗美國介入時，也將阿以問題牽扯進來，以取得鄰近阿拉伯國家的支持。伊拉克對抗科威特，不僅是伊拉克對抗美國，也衍生成阿拉伯國家與以色列的對抗。海珊聲稱，要用化學武器消滅半個以色列。伊拉克與科威特的波斯灣戰爭開打之後，海珊用了導彈襲擊以色列的特拉維夫與海法等地區。不過，美國與以色列卻沒有武力對抗，其實美以也瞭解如果武裝對抗的話，可能真的會成為更廣大層面的阿以對戰。此外，敘利亞、埃及等阿拉伯國家沒有受伊拉克的影響，畢竟伊拉克侵犯科威特與阿以問題是不同層面的事情，侵犯也不是各國能夠認同的。於是，美以還有阿拉伯國家對於伊拉克的態度冷淡，也就讓波斯灣戰爭沒有擴大成阿以之間的再次衝突。

三、敘利亞與埃及關係反覆

敘利亞在阿以問題之中，也因為這個難解的習題而造成內政與外交之動盪。1950 年代初期，敘利亞歷經兩次軍事政變後，席塞克利上校 (Colonel Adib al-Shishakli) 掌握了權力，於 1953 年當選總統。然而，在政治極端嚴峻的情況下，席塞克利仍不敵各方政敵，有一派主張與伊拉克聯合，也有人表示要與埃及友好。1954 年庫瓦特利掌政，主張與埃及友好。1955 年《巴格達公約》簽訂，讓阿拉伯國家之間頓時出現傾向以色列與美國的集團，而敘利亞則是走向與埃及靠攏、反西方與親蘇聯的路線。這也是 1958 年敘利亞與埃及聯合成阿拉伯聯合共和國的原因，而且與伊拉克及約旦的阿拉伯聯邦分庭抗禮。不過，埃敘兩國要合力對抗以色列，可能還能有點成果，可是一旦合併之後，就出現了權力分配不均的問題。畢竟埃及在納賽爾領導之下，已經成為了西亞地區呼風喚雨的國家，再加上納賽爾擔任這個共和國的總統，透過人事派遣讓敘利亞的埃及籍官員越來越多，引發了敘利亞人不滿。兩國在 1961 年發生衝突，也讓阿拉伯聯合共和國宣告結束。

1963 年敘利亞再爆發政變，主張阿拉伯國家應統一，這讓敘利亞與埃及的關係又走近，而且與 1958 年革命後退出「中部公約組織」的伊拉克商討聯合事宜，於 4 月達成協議，要在 5 月舉行三國聯合的公投，在往後的二十個月內選出聯邦總統，建立聯邦制度的國家。不過，敘利亞此舉受到國內批判，有人重視敘利亞本身，注重「敘利亞民族主義」(Syrian Nationalism)，不認同這種阿拉伯國家聯合的「泛阿拉伯主義」(Pan-Arabism)。最後，敘利亞政局混亂的情況，使合併的機會消失。1967 年的「六日戰爭」，敘利亞戰敗，戈蘭高地讓以色列占據。如同埃及要取回西奈半島一樣，敘利亞也想方設法要取回戈蘭高地。1970 年 12 月，敘利亞與埃及、利比亞簽署《的黎波里憲章》(*Tripoli Charter*)，有意建立阿拉伯聯邦 (Federation of Arab Republics)。1977 年，敘利亞、約旦、黎巴嫩、巴解簽署了經濟、文化、軍事方面的合作協議。敘利亞的舉動，不單純只是要促成阿拉伯人的團結，以一致對抗以色列，還有意擴大敘利亞在西亞地區的領土與影響力。

1977 年沙達特訪以色列，敘利亞的阿薩德相當不滿，畢竟「拒絕承認以色列」是他的基本立場。敘利亞與巴解譴責沙達特訪問以色列是背叛了阿拉伯人，甚至是背叛了埃及自己，所以敘利亞終止他們與埃及的外交關係。於是，埃及與以色列的和談，其實僅止於解決埃以之間的問題，並非是巴勒斯坦的問題。沙達特的目的就是希望能取回西奈半島，可見阿以問題難以解決，似乎不是西亞強權優先考量的問題了。1979 年比京與沙達特正式簽訂和約之後，阿拉伯國家決定撤回駐開羅的大使、斷絕對埃及的政治與外交關係、石油禁運、終止埃及在阿盟的成員資格。此時阿拉伯國家聯盟排除埃及之後，便將 1945 年設在開羅的總部移到了突尼斯 (Tunis)。

四、敘利亞與黎巴嫩

巴解在約旦的黑九月事件之後轉進黎巴嫩，在黎巴嫩南部（後稱黎南） 持續與以色列發生衝突， 致使黎巴嫩的天主教馬龍派 (Maronite) 政府不堪其擾❶。敘利亞擔憂馬龍派與以色列合作一同鎮壓巴解。另外，敘利亞也希望與黎巴嫩建立不可分割的關係，以避免以色列勢力進入黎巴嫩，而且敘利亞也要趁機取回戈蘭高地。於是，1976 年敘利亞出兵黎巴嫩。馬龍派與以色列計畫在黎南設立安全區 (safety zone)，而且擊敗了敘利亞在黎巴嫩境內的軍隊。最後馬龍派與以色列在 1983 年簽署了《以黎協議》(*Israel-Lebanon Peace Agreement*)。

此後，黎巴嫩讓以色列在其南部的安全區有極大的權力，以色列軍官可主導安全區的治安。這樣的協議簽立，代表以色列在阿拉伯國家之間，除了取得埃及友好之外，又取得了黎巴嫩的合作關係。1983 年，敘利亞強硬反對以色列與黎巴嫩的協議，因為敘利亞與黎巴嫩有唇亡齒寒的關係，一旦黎巴嫩被以色列擊敗之後，敘利亞可能就只能面臨以色列的威脅了。敘利亞聯合黎巴嫩內部反政府勢力，要求黎巴嫩政府下臺以及廢除《以黎協議》。為了解決問題，黎巴嫩政府在 1984 年 2 月與敘利亞和談。最後在 3

---

❶ 黎巴嫩自十九世紀下半葉以來，就存在著宗教派別色彩濃厚的政治型態，有基督教徒與穆斯林並存，有別於其他鄂圖曼的西亞省分。當一次大戰結束之後，黎巴嫩在法國的委任託管之下，當地各教派也仍致力於保持這樣的特色，法國人的統治也難以將之改變。

月 5 日黎巴嫩政府撤除《以黎協議》，受到巴解與敘利亞的熱烈贊同。以色列原本和緩了對黎巴嫩的關係，轉眼間又得面對敘黎合作的局勢。

五、巴解與阿以問題

在巴解方面，阿拉法特將法塔赫的武裝行動帶入巴解之中，《巴勒斯坦國民憲章》就加上了幾個條款，例如「武裝鬥爭是解放巴勒斯坦的唯一正確途徑」、「突擊隊活動是巴勒斯坦人民解放戰爭的核心」、「巴解組織是巴勒斯坦各種力量的代表」、「應該對巴勒斯坦阿拉伯人民收復國土、解放祖國、返回家園的鬥爭負責」。於是，就阿拉法特來說，巴勒斯坦應該是個「國家」了，而不再只是讓其他阿拉伯國家決定他們未來的命運。

1967 年戰爭之後，這個國民憲章又有修改，稱「巴勒斯坦是巴勒斯坦人民的家園；巴勒斯坦的疆域以英國委任統治時期的邊界為準，是不可分割的領土單位；1948 年巴勒斯坦的分治以及以色列的建立完全非法。因此，必須把猶太復國主義從巴勒斯坦領土上趕出去。」法塔赫要在巴勒斯坦這裡建立他們自己的國家，不僅是不同於其他阿拉伯國家，更要把以色列除去。由於法塔赫的態度強硬，所以像是約旦在 1970 年代還有意把約旦河西岸再次與約旦合併在一起，巴解就嚴厲反對，還聲明要推翻約旦王室的政權。對於聯合國第 242 號決議巴解也認為應該要修改。例如「日內瓦的和平會議」，法塔赫就認為「如果這個第 242 號決議還是把巴勒斯坦問題當作難民問題來看的話，那巴解就拒絕參與會議。」由此看來，巴解逐漸將自己作為巴勒斯坦真正的代表，而不再只是作為阿拉伯國家與以色列爭執的一個地區而已。於是，阿以之間要追求的和平，西方強權有他們的立場，阿拉伯國家也有自己的立場，巴解也是一樣，這也是阿以問題難以解決的主要因素。

總之阿以問題變得相當複雜，已經成為阿拉伯國家、巴解、以色列的三方關係。所以，阿以問題影響層面相當大，不單純只是猶太人與巴勒斯坦人的問題，還成為整個西亞地區動盪與否的關鍵要素。埃及、敘利亞、約旦、伊拉克的內政，都因為阿以問題而有所變動。這幾個國家的外交關係，同樣也因為阿以問題而改變，時而合作、時而對立。埃及與以色列友好，約旦也與以色列友好，這些都奠基於國家利益，如何能使阿以問題不要傷害到自己國家的安全，就是最優先的考量。黎巴嫩、敘利亞、伊拉克就成了阿以問題的另外一面，反對著埃及、約旦對以色列的友善關係。其中權益受損最嚴重的就是巴勒斯坦的阿拉伯人，無論阿以問題趨緩或緊張，巴勒斯坦人都沒有機會選擇他們所要的和平。所謂「和平」是牽涉在不同的利益關係之中，符合埃及利益的「和平」才叫做和平，配合美國與以色列的「和平」也叫做和平，大家都為了各自定義與認可的「和平」打了許多戰爭，可是終究沒有人關注巴勒斯坦人所要的是什麼樣的和平。

第十章 | *Chapter 10*

「大」以色列與「小」巴勒斯坦

第一節　巴勒斯坦獨立

巴解在成立之後，是否能夠成為處理阿以問題的主要角色，其實是個複雜的問題。當以色列一再拒絕與巴解對談，又當約旦、埃及相繼走上對美國與以色列和談的時候，更讓阿以問題難以符合巴解所想要的方向。如同巴勒斯坦的作家拉家薛哈德 (Raja Shehadeh) 說，當時有以色列的報導說過，「永遠不會接受大以色列的土地分裂，絕不同意在約旦河與地中海之間建立巴勒斯坦人的國家。」薛哈德認為，不得再屈從於這種威脅，這會讓以後的猶太人以為這是他們的家，但這根本與事實相反。於是，局勢越加混亂，巴解就更難以在阿以問題談判之中取得正式的地位。於是，巴勒斯坦的國際地位以及領土範圍越來越「小」，而以色列則是持續壯「大」。

一、「雷根計畫」

美國處理阿以問題已有一段時間，在 1978 年《大衛營協議》之後確實有所成果。但 1982 年以色列進攻黎巴嫩，卻又讓阿以問題再度陷入膠著。美國總統雷根於是提出了「雷根計畫」來處理阿以問題。計畫內容大致為：

1. 讓約旦河西岸與加薩的巴勒斯坦阿拉伯人可以自治；
2. 五年過渡時間讓巴勒斯坦選出自治的政府；
3. 美國不支持這個過渡期間以色列增加屯墾區；
4. 美國不支持獨立的巴勒斯坦國，也不支持以色列長期控制這個區域；
5. 美國認為，巴勒斯坦人應與約旦共同治理西岸與加薩。

由此可見，雷根是遵照著 1947 年分治方案的決定，並沒有新的解決方式。巴解的阿拉法特卻認為這項計畫有其正面意涵。畢竟，美國已經支持了巴勒斯坦人在西岸與加薩的自治，無論有無其他的附帶條件，至少都是跨出了一步。這或許是長年下來巴解的武裝抗爭都一再遭到壓制的關係，阿拉法特已經轉而傾向於先行取得部分權益。但是，巴解內部並不完全同意「雷根計畫」，而且以色列也堅決反對。約旦國王胡笙則頗為認同「雷根計畫」，因為計畫中讓巴勒斯坦人與約旦共同治理西岸與加薩，這正好是約旦長久以來又插足西岸的意願。

之後阿拉法特與約旦國王在 1982 年開始對談，於 1985 年簽署了《約巴協議》(*Jordanian-Palestinian Agreement*)：

1. 以土地換取和平，以色列需撤出 1967 年侵占的阿拉伯領土；
2. 約旦與巴勒斯坦若建立了聯邦，巴勒斯坦在這範圍內可行使自治權；
3. 解決難民問題；
4. 巴解為巴勒斯坦參與國際會議的唯一代表。

結果，巴解內部依然沒有同意阿拉法特的策略，以色列也一再反對與巴解對談，也就是不可能承認巴解為解決巴勒斯坦問題或是參與任何國際會議的代表。最後，《約巴協議》也就無法執行，阿拉法特被迫在 1987 年廢除了這款協議。在情勢無法扭轉的情況下，約旦於 1988 年 7 月底也宣布斷絕他們在西岸的行政與法律關係。這顯示出巴勒斯坦問題對於約旦國內影響過大，嚴重的社會動盪長期困擾著約旦，此時放棄對於西岸的主導地位，顯示約旦就此與阿以問題切割開來，也不再與阿拉法特談判。於是，1988 年 7 月之後，巴解就失去了解決阿以問題的可靠夥伴。

二、巴勒斯坦大起義及其獨立

在一切僵持不下時，巴勒斯坦發生了讓局勢惡化的事件。1987 年 12 月 8 日，以色列貨車與二輛巴勒斯坦車輛，在加薩走廊相撞，四名巴勒斯坦人都命喪黃泉，引起一場巴勒斯坦大起義 (Intifada)。民眾發起示威遊行，或向以色列投擲石頭。他們也在電線桿上懸掛巴勒斯坦旗子，宣示解放，儘管馬上就遭到打壓，卻也是種對以色列的反抗。同一年，巴勒斯坦新勢力：哈馬斯 (Ḥarakat al-Muqāwamah al-Islāmiyyah, HAMAS)，也就是「伊斯蘭抵抗運動」(Islamic Resistance Movement) 誕生。1988 年的《哈馬斯章程》(*Hamas Covenant*) 提到：「神是我們的指標，神的使者是我們楷模，《古蘭經》(*Quran*) 是這個組織的律法，聖戰是我們主要的路線，為神犧牲是我們最崇高的願望。若有敵人要強占穆斯林的土地，那每一個穆斯林都有義務擔起聖戰的責任。為了對抗猶太人強占巴勒斯坦的行動，我們必須為了聖戰揭竿而起。」

人民再次起義，大概是看到了上層人物無論如何都無法解決問題。對此，美國批判了以色列對巴勒斯坦人武力反擊的作法，在隔年 1988 年 3 月，美國國務卿舒茲 (George Shultz) 發表了「舒茲和平計畫」(Shultz Plan)，內容如下：

1. 以阿雙方應透過談判來解決衝突；
2. 美國不排斥在國際會議裡讓以阿雙方直接談判；
3. 聯合國的第 242 號與第 338 號決議必須是談判基礎，雙方也不再使用暴力行動；
4. 國際會議不得干擾。

從內容來看，其實美國的和平計畫始終沒有太大的更動，緊抓著第 242 號與第 338 號決議，仍然是在符合美國與以色列利益的設定框架，對於阿拉伯國家與巴勒斯坦的阿拉伯人都沒有意義。而且聯合國的那兩號決議並不能配合 1988 年的情況，即使如美國這樣強大的國家在阿以問題上也沒有可靠的解決辦法。而且，以色列總理夏米爾 (Yitzhak Shamir) 也反對這個計畫。這也可以看得出來，美國在阿以問題之中，儘管他們偏袒以色列立場，但以色列的同意或反對也讓美國難以完全按照他們的利益行事。

1988 年 11 月 15 日阿拉法特在阿爾及利亞召開會議， 發表《巴勒斯坦獨立宣言》，讓局勢頓時之間改變了。阿拉法特的作法表示他已經看到巴勒斯坦人沒有主權所帶來的問題，為了避免讓鄰近強權牽制，也不至於因為沒有阿拉伯國家支持而失去處理問題的權益，阿拉法特透過自我宣示獨立堅決要讓外界知道，巴解是個政治實體，阿以問題應該要有巴解發聲的空間。

阿以問題發展至此，美國干涉已是既定事實，誰也無法改變，那只能進入美國設定的框架之中，照美國的遊戲規則才可能有進一步的發展。不過，1988 年阿拉法特宣示獨立，其實是接收了 1987 年大起義的氣勢與反對以色列的浪潮，不完全就是阿拉法特的功勞，外在環境反而才是讓獨立成功的主要推手。否則，阿拉法特不可能不知道強調主權的重要性，只是 1980 年代的發展才讓獨立的氛圍出現。在巴解宣布獨立之後，以色列也感受到已然無法忽略巴勒斯坦這個「實體」國家的存在。這種情況如同二十世紀以來猶太人在巴勒斯坦的力量越來越大、對阿拉伯人愈顯威脅的情況一樣，都已經成為無法忽視的既有事實。不過，以色列仍然無意與巴解談判。

三、巴解的外交策略

阿拉法特想要突破巴勒斯坦阿拉伯人長久以來受到的壓迫，所以獨立後，積極尋找外交盟友。1990 年至 1991 年的波斯灣戰爭，阿拉法特就表明支持伊拉克的海珊。因為海珊主張只要以色列撤離巴勒斯坦地區，伊拉克就有可能從科威特撤軍。伊拉克對科威特的進攻，固然有石油利益的考量，但其實也是伊拉克收復失土的行動。畢竟伊拉克原本是由鄂圖曼帝國的摩蘇爾、巴格達、巴斯拉省（包括科威特）合併而來，在英國委任託管結束之後，伊拉克就此獨立。但科威特這地方卻是 1923 年英國與當地酋長合議與伊拉克區分開來的，而且在伊拉克獨立之後英國人還管理著科威特的事務。

此後伊拉克不斷想方設法要把科威特納入自己的領土之內，1980 年之後的兩伊戰爭，海珊仍要求著幾座科威特島嶼的主權，但沒有結果，再加上兩伊戰爭讓伊拉克經濟衰敗，進攻科威特若能取得利益，對重建伊拉克經濟有莫大好處。1990 年戰爭爆發後，美國布希（George W. H. Bush，也稱老布希）政府就展開外交動員，要組成反伊拉克聯盟。相較於兩伊戰爭時期美國支持伊拉克的情形來說，布希家族在波斯灣的石油利益受損，伊拉克此時反而成為頭號敵手。1990 年伊拉克攻打科威特，海珊將伊科問題與阿以問題連結在一起，使美國想要的阿以和平又淪為泡影。

不過，伊拉克將波斯灣戰爭與阿以問題結合在一起，許多研究指稱其他阿拉伯國家並沒有響應。畢竟要將波斯灣問題與阿以問題結合在一起，僅是海珊與伊拉克政府對抗西方強權的作法，並沒有與整個阿拉伯國家聯合一起的普遍性。伊拉克與以色列沒有領土交界，所以受阿以問題影響最大的不會是伊拉克，阿拉伯國家若在此時加入戰局，必然會帶來更多難解的問題。巴解在此時也未獲得好處，波斯灣國家支持科威特，也因而停止他們對巴解的資助。

第二節　和會開啟與協議簽署

一、阿以協議

1990 年代初期，蘇聯解體，這代表以往影響著西亞地區的頭號強權已然消失。冷戰時期以來的美蘇對立、爭奪西亞盟友的局勢，在蘇聯解體之後也有了新的轉變。而且，波斯灣戰爭也是影響阿以問題的一個因素。在伊拉克以飛彈攻擊以色列的情況之下，以色列竟然完全無法抵擋，美國遂派遣軍隊進入以色列。美國國務卿貝克 (James Baker) 在這時間點展現的氣勢已經與以往不同，全然凸顯了往後美國在西亞地區獨享霸權利益的態勢。有些研究會認為美國改變了對於阿以問題的態度，想要提高巴解的地位，也促使以色列終止過於激進的行動。不過，這樣的說法只能呈現一半的事實。美國確實是改變政策了，但完全不在於解決問題，而是要更加強調在他們利益之下的「和平」，無論巴勒斯坦或是以色列，全部都得看美國的政策走向。例如，貝克批判以色列在巴勒斯坦占領區的屯墾 (settlement) 政策❶，是西亞世界走向和平的障礙。可是，比京說過「屯墾區是猶太復國主義的靈魂」。美以在這方面的立場，已經有了很明顯的差異。美國政策之轉變，也讓巴勒斯坦人與以色列人更加困擾，因為接下來的美國在西亞世界沒有任何對手，一切都是由美國決定。如此一來，以色列更加不會同意巴勒斯坦的地位，也對美國產生反感。

1991 年 8 月 3 日，巴解願意參與美國召開的和平會議，但強調要有幾項保證：

1. 和會必須以聯合國第 242 號與第 338 號決議案為目標；
2. 承認巴勒斯坦人民有合法的政治權；
3. 巴解可自行決定與會代表；
4. 以色列需立即停止占領區的屯墾行動。

由這幾項保證來看，巴解已稍微調整路線，至少同意了聯合國的決議。

但這一切都不可能實現，問題就在於以色列夏米爾政府還是不願意與巴解對談。這其實就是巴以問題僵持的重點，但也看得

---

❶ 以色列自 1967 年以來開始進行屯墾政策，刻意在占領區內讓猶太人遷入，使用當地水源與進行農地耕作，遍及巴勒斯坦各地，切割了巴勒斯坦人居住區的完整性。

出巴解走上國際路線對以色列帶來的威脅。儘管美國支持以色列，可是巴解的和平模式一旦符合國際主流方向時，反而比較沒有理由可以拒絕巴解爭取和平的權力，以色列的反對反而成了所謂和平的阻礙。巴解也作了更多的政策調整，不再強調只有巴解為和會代表，代表團由巴勒斯坦當地的人來組成，另外也沒有堅持要以色列先承諾撤離占領區。1991 年 10 月，和平會議在西班牙首都馬德里開啟。這對巴勒斯坦人有特殊的歷史意涵，也就是他們首次在阿以問題談判之中為自己發言。以往無論是埃及與以色列或者約旦與以色列之間的和談，看似要解決阿以問題，但其實僅是解決埃及與約旦層面的阿以問題，並不是全面的阿以問題，而且完全沒有巴勒斯坦當地人的話語權，1991 年的馬德里和會完全改變以往的情況。不過，這次和會只有象徵性質，讓各方表達立場，卻沒有談論問題的解決方案。

二、《奧斯陸協議》

1992 年，工黨的拉賓 (Yitzhak Rabin) 當選以色列總理、裴瑞斯 (Shimon Peres) 擔任外交部長，這兩人的政策似乎是有調解巴以問題的意圖。拉賓政府禁止在巴勒斯坦繼續建立猶太屯墾區，而且也有官員與巴解協商。雙方在談判之後有了相互共識，以色列願意分階段從巴勒斯坦占領區撤離，而巴勒斯坦自治政府會接管這些地區。巴勒斯坦人雖樂見拉賓政府的誠意，但還是堅持應以成立巴勒斯坦自治政府為主要架構，而這個自治政府的權力不該是由以色列給予。而且，巴解要求以色列，不管巴勒斯坦自治

圖 39：以色列總理拉賓（左）與阿拉法特（右）簽署「奧斯陸協議」後，雙方握手致意。中為美國總統柯林頓 (Bill Clinton)。

協議是否達成，都應該要先承諾會依照聯合國第 242 號決議撤出占領區。

1993 年 8 月，拉賓與阿拉法特在挪威簽署了《奧斯陸協議》(*Oslo Accords*)，強調「以土地換和平」(land for peace) 來表達相互讓步的意願。協議後來成為《原則宣言》(*Declaration of Principles*)，在 9 月 13 日於美國白宮的草坪上簽署。阿拉法特表明，「巴解承認以色列生存與和平及安全的權利。」此項聲明突破了巴以衝突的困境，畢竟巴解從未承認以色列。此時拉賓既已直接與巴解談判，而以色列也獲得巴解承認，雙方都跨越了原本設定的藩籬與障礙。阿拉法特也向拉賓保證，巴解會廢除憲章之中否定以色列生存的條款，其他條款若牴觸了《奧斯陸協議》就會失效，而且巴解會接受聯合國的第 242 號與第 338 號之決議。這項協議其實算是巴解的一項成就，畢竟這也代表了以色列第一次承認了巴解。

在這項協議之中，巴以同意在談判永久地位有結果之前，均不得提議或採取任何改變西岸與加薩現狀的行動。而巴勒斯坦人可以建立自治機構，在九個月內舉行巴勒斯坦全民選舉。聯合國的第 242 號與第 338 號決議，還是雙方談判的基礎。然而，協議只是政治人物之間所要達到的理想狀態，現實卻不見得能讓他們順利地執行他們的和平政策。例如猶太人在西岸與加薩的人口越來越多，要將他們都遷移實在是不可能的事情。更重要的是，儘管這是巴以之間的協議，美國其實才是最主要的幕後角色，畢竟這樣的和平是符合美國所需。若不合美國利益，就不會有這種協議出現。問題就在於雙方這樣相互承認之後，其實形同是 1947 年以來的分治方案 ， 或許在 1990 年代的氣氛之下巴以問題有所突破，可是卻又是繞了一大圈還在原地打轉，依然是四十多年前的聯合國決定方案。

1994 年 5 月，以色列與巴解簽署了自治協議，阿拉法特在加薩建立了巴勒斯坦自治政府 (Palestinian Authority)，以色列則是撤離加薩。不過，如同前文所述，上層政治人物之間的努力，卻不是其他人能夠理解的。對於非政府的組織來說，他們沒有政治責任，一旦發生問題也不是由他們負責。所以，很多事情是可以不依照政府的計畫來進行。1993 年以來，哈馬斯多次針對以色列發動攻擊行動，反對任何與以色列和談的機會，也抵制巴勒斯坦自治政府的選舉。阿拉法特的巴勒斯坦自治政府也必須對哈馬斯施壓，促使了巴勒斯坦人之間又陷入對峙的狀態，頓時抹煞了《奧斯陸協議》的成果。1995 年以色列總理裴瑞斯遂下令停止對巴勒斯坦的任何協商，封閉了西岸與加薩。

第三節　阿以問題的其他面向

眾多阿拉伯國家對於以色列又採行什麼樣的態度？不可否認1990 年代影響阿以問題發展的關鍵點之一，就是美蘇冷戰之解體。在二十世紀後期，以色列比阿拉伯國家占優勢。以色列有美國當作絕佳的後盾，而埃及、約旦也陸續與以色列達成友好協議。敘利亞藉著介入黎巴嫩內戰來打擊以色列，也試圖加強自己在阿以問題的影響地位。這也代表著要以武力對抗以色列的阿拉伯勢力，僅剩下巴解以及敘利亞。蘇聯解體之後，更象徵著阿以問題的決定角色已經完全往美國與以色列方面傾斜，沒有任何轉圜的空間，所謂的和平就必然是美以標準之下的「和平」了。阿拉法特傾向與國際對談的作法，其實也是種往美國標準傾斜的「和平」策略。這並非是阿拉法特屈從於國際情勢，而是比較能夠解決問題的方式，也是國際政治的現實面。

一、敘利亞介入黎巴嫩內戰

1970 年代，巴解因為「黑九月事件」而轉至黎巴嫩境內，但這卻引起了黎巴嫩長期的內戰。黎巴嫩的教派政治相當明顯，馬龍派主導政權，儘管不見得就與其他穆斯林教派有所衝突，可是當穆斯林歡迎巴解進入黎巴嫩，就引起馬龍派的反對了，戰爭隨之而起。又當 1977 年之後埃及與以色列進入和談程序，敘利亞在 1980 年介入黎巴嫩內戰，有意加強本身在阿以問題的影響力。畢竟敘利亞仍想要取回戈蘭高地，但也想要主導巴勒斯坦問題，甚至不願意協助阿拉法特，巴解在黎巴嫩的武裝部隊還遭到敘利亞攻擊。這還是凸顯整體阿以問題之中，每個阿拉伯國家都僅止於解決各自問題的情況，阿以問題的解決方案幾乎不可能讓大家滿意。敘利亞在 1982 年對黎巴嫩的貝卡山谷 (Bekka Valley) 進行空戰時，接受蘇聯的戰力補給。蘇聯向敘利亞保證，會支持敘利亞在黎巴嫩的行動，也會尊重他們的權利。以色列則聲稱其北方的加利利，靠近黎巴嫩南部，受到了巴勒斯坦人的攻擊，所以以色列在 6 月進攻黎巴嫩。以色列當然不會只有處理巴解所引起的糾紛，很明顯地就是要再與敘利亞一戰。美國與蘇聯都介入調停，但沒有明確成效， 甚至黎巴嫩總統賈梅耶 (Bachir Gemayel) 也在此戰中遭到炸死。

黎巴嫩政府開始與以色列談判，強調了「黎巴嫩的領土完整與主權獨立，而且以色列、敘利亞、巴解的軍事力量統統撤出黎巴嫩。」最後，黎巴嫩與以色列簽妥了協議，同意讓以色列在黎南建立安全區，而以色列軍官可以在這區域內維護治安。當然，敘利亞強烈反對這樣的協議，總統阿薩德還強調，這會威脅到敘利亞的安全。1989 年， 敘利亞與黎巴嫩簽署了 《塔弈夫協議》

(*Taif Accord*)，重點在於「要求以色列撤離安全區，歸還占領地」、「黎巴嫩不得威脅敘利亞的安全」。此時敘利亞仍不願意放棄他們在阿以問題的領導地位，而且可見敘利亞感覺到黎巴嫩的動盪，有可能影響著敘利亞的安全。畢竟兩國相鄰，若黎巴嫩遭到以色列攻擊，甚至淪陷的話，那敘利亞也會直接受到衝擊，敘黎是有唇亡齒寒的關係。

二、敘以的和平方案

但是在 1990 年之後，敘利亞也終於同意和以色列和談。這當然是因為蘇聯解體的關係，這樣的強權支持已然消失，敘利亞必須採取不同的策略。在美國國務卿貝克的主導之下，1991 年 7 月，敘利亞將聯合國第 242 號與第 338 號決議作為討論敘以之間和平關係的基礎。1994 年 1 月阿薩德也與美國總統柯林頓在日內瓦舉行高峰會，重申對以色列的和平立場，要與美國一同解決阿以衝突。4 月，美國國務卿克里斯多夫 (Warren Christopher) 出訪以色列與敘利亞兩國。最後以色列拉賓提出一套和平方案：

1. 以色列五年內分三階段撤軍，與敘利亞關係正常化；
2. 第一階段中，以色列自黎巴嫩撤軍，敘利亞則與以色列建立外交關係；
3. 第二階段中，以色列將屯墾居民撤離，雙方全面關係邁向正常化；
4. 第三階段中，以色列完全撤退（但沒有訂出撤退的最後界線）；

5. 進行各項安全之安排。

阿薩德卻不同意這樣的提議，因為阿薩德的底線就是 1967 年的停戰線。阿薩德的建議：

1. 以色列要承認敘利亞在戈蘭高地的主權；
2. 以色列必須從戈蘭高地撤退，雙方再締結和約；
3. 安全之安排必須要對等；
4. 以色列撤退後，敘利亞才願意來討論外交與經濟的正常化。

其實這些討論到最後僅止於擬定方案而已，以色列並沒有同意要交出戈蘭高地 。 後來 2000 年柯林頓與阿薩德又於日內瓦對談，但仍然沒有達成敘以和平的目標。阿薩德在同一年的 6 月去世，更代表著敘利亞與以色列的「和平」沒有任何成果，戈蘭高地至今仍在以色列控制之下。

三、政局搖擺的以色列

1992 年，利庫德的夏米爾在選舉之中落敗，由工黨的拉賓勝出。這樣的結果，代表著以色列在阿以問題已有搖擺不定的情況。工黨自 1948 年起就有執政經驗，雖然在 1977 年選舉失利，但在 1990 年代再次勝出，代表了利庫德政府過於強硬的態度，不盡然就是以色列民意所趨。不過，很可惜一切都不如政治人物策劃的那樣順利，阿以問題有太多外在因素會改變情勢發展。

1995 年 11 月 4 日，拉賓遭到槍殺。這起事件，更加反映出猶太人之間有嚴重不合的問題，很多時候並非所有人都一致對外，若有像是拉賓這類可能與巴勒斯坦友好的人物出現時，以色列內部就會掀起動盪，一場政治風暴就有可能產生。以色列作家亞榮布列格曼 (Ahron Bregman) 說，「拉賓被殺害之後，這個政府（以色列）就已證明自己是和平的障礙了。」然而，對巴解來說，拉賓的政策其實沒有任何友好的意圖。因為唯有讓巴勒斯坦難民完全回到巴勒斯坦，才是真正讓巴以和平的作法。當然不能說巴解這一方就都會同意與以色列友好，畢竟以色列所造成的傷害過大，幾十年來都沒有減輕，那是處於政治極端緊張的時刻，巴解對以色列的友好態度，一樣也是會讓阿拉法特執政有如走在高空的鋼索上。即使拉賓沒遭到暗殺，但情勢詭譎，拉賓也可能會受到其他外在因素影響而改變他對於巴勒斯坦的態度。

拉賓去世之後，以色列在巴勒斯坦宣布戒嚴，街道也遭到封閉，車輛與行人隨時都會遇到軍警盤查。1996 年 5 月以色列總理由利庫德的納坦雅胡 (Benjamin Netanyahu) 擔任。於是，以色列對巴勒斯坦的政策又不同於工黨時期，納坦雅胡高喊「安全的和平」(safe peace) 的口號，而且不再與巴勒斯坦談判，也不會撤離占領區。所以，這樣的情況阿拉法特也就難以約束巴勒斯坦人對以色列的回擊與抵抗。這也讓阿拉法特要尋求和談的意圖，成了騎虎難下的狀況。1999 年，工黨巴拉克 (Ehud Barak) 當選總理，又表達要阿以和談的態度。這也可以看到，整個 1990 年代以色列的幾次政權轉變，在在凸顯了以色列的政治搖擺與動盪，究竟是工黨還是利庫德能夠妥善處理阿以問題，其實以色列的選民都心存質疑。利庫德與工黨輪流執政，更是讓以色列對巴勒斯坦的政策有如在雲霧一般難以看清。

第四節　二十一世紀的新局勢

一、巴勒斯坦第二次大起義

2000 年 7 月的大衛營，美國總統柯林頓邀請阿拉法特與以色列總理巴拉克與會。柯林頓在 1992 年第一次競選美國總統時，就曾說過「我認為耶路撒冷是以色列的首都，應該要保持完整。」由柯林頓主導的會議，仍是相當傾向於以色列立場。巴以協商後有幾項基本原則：

1. 兩方同意協議目的，是要終止幾十年來的戰爭，以及達成公正與和平的狀態；
2. 兩方都有義務繼續努力達成擁有永久地位的協議；
3. 兩方基於聯合國的第 242 號及第 338 號協議為往後協商之基礎；
4. 兩方都不可單方面改變協商結果，彼此的紛爭必然要以友善溝通來改善；

5. 兩方同意美國是尋求和平的重要伙伴。

以色列似乎有讓步的意願，例如猶太人從 1967 年所占領的東耶路撒冷完全撤出，也願意將軍民從占有 95% 的約旦河西岸地區撤出。不過，阿拉法特要求難民全數回歸巴勒斯坦，巴拉克卻不同意。這一直是巴以雙方難以取得共識的一個層面，畢竟，當巴勒斯坦難民回歸之後，在當地的猶太人就會成為少數，巴拉克當然不會同意。可是，對於阿拉法特來說，難民回歸的要求正正當當，現實的本來面貌就是如此，那些難民本來都是巴勒斯坦的居民，若非猶太人強行移入巴勒斯坦，他們也不會無家可歸。然而，巴拉克卻完全不願意面對這樣的事實。2000 年大衛營的會議，並

圖 40：2000 年，美國總統柯林頓邀請以色列總理巴拉克與巴解領袖阿拉法特到大衛營進行會談。

不如 1978 年的《大衛營協議》，畢竟參與會議的角色不同，埃及沙達特當時只求取回西奈半島，並未確實談及巴勒斯坦的核心問題，2000 年當巴解要求讓難民回歸時，顯然以色列甚至美國都不會同意這樣的作法。

9 月底，以色列外交部長夏隆出訪穆斯林的阿克薩清真寺。這不知道是要宣傳以色列的實力，還是真有意要與穆斯林取得友好關係，總之對於穆斯林來說頗具挑釁意味。阿克薩清真寺對於穆斯林來說是聖地的象徵，一個猶太人來到這裡，除了示威之外實在不會讓人有比較正面與友善的觀感。這也顯示在甫結束的大衛營會議之中，以色列更加確定了在巴勒斯坦的活動不會受到阻礙。結果，夏隆這場參訪引起了第二次巴勒斯坦大起義，也稱阿克薩大起義 (Al-Aqsa Intifada)。2001 年 2 月 6 日，夏隆擔任以色列的新總理。夏隆延續利庫德既有路線，強硬回應巴勒斯坦人的抗爭行動。此外，接下來幾年的時間，哈馬斯更秉持著「不解除武裝、不同意停火、不加入巴勒斯坦政府」來對抗法塔赫的自治政府。在巴勒斯坦對抗以色列時，可見法塔赫與哈馬斯此消彼長的態勢。

二、哈馬斯勝選

2001 年的九一一事件，是改變美國對西亞政策的重要因素。阿富汗的基地組織 (Al-Qaeda) 領導人奧薩瑪賓拉登 (Osama bin Laden)❷，涉嫌指使其組織成員挾持美國四架國內航機，其中兩架撞毀世貿中心 (World Trade Center)，而一架撞擊五角大廈

(Pentagon)，另一架則是墜毀❸。於是，美國總統小布希 (George W. Bush) 開啟戰爭，試圖更加控制西亞地區，而且將北韓、伊拉克、伊朗歸類為「邪惡軸心」(Axis of Evil)。伊朗原本在 1997 年的總統哈塔米 (Ayatollah Hassan Khatami) 之後，走上「文明對話」(Dialogue of Civilisations) 的路線，其實柯林頓總統也有意在非政治方面進行交流，但 2001 年之後柯林頓已卸任，又發生了九一一事件，導致美伊關係受客觀環境影響而惡化。

2003 年，美國攻打伊拉克，沒多久後就打垮了海珊政府，伊拉克頓時成為美軍控制的國家。正當 2003 年美國進攻伊拉克的時候，以色列在約旦河西岸興建 750 公里長的隔離設施，可以阻止外來攻擊。這隔離設施很大一部分是鐵絲網、壕溝、柵欄、探測器、崗哨，另外在人口較為密集的地方則是近十公尺的高牆。隔離之後，大約有 10% 的巴勒斯坦土地圍入了以色列領土之內。這道隔離牆整整影響了二十萬巴勒斯坦人的生活❹。然而，這也只

---

❷ 2011 年，奧薩瑪賓拉登在巴基斯坦遭到美軍擊斃。美國追捕賓拉登十年的時間，但巴基斯坦政府是否知道賓拉登在其境內，卻是沒有後續的解答，當時也引起美國與巴基斯坦關係出現緊張情勢。而美軍擊斃賓拉登，卻也不代表就可以瓦解整個基地組織，畢竟距離九一一事件已超過十年，基地組織必然有更龐大的規模，可能領導階層早已由另一個人擔任。

❸ 可看保羅葛林葛瑞斯 (Paul Greengrass) 執導的《聯航 93》(*United 93*)，以紀錄片拍攝方式，呈現第四架民航機墜毀之前機內乘客反擊基地組織成員的過程。

❹ 美國影星布萊德彼特 (Brad Pitt) 主演的電影《末日 Z 戰》(*World War*

圖 41：以色列隔離牆

能減低巴勒斯坦人在以色列東部的攻擊，加薩部分依然是衝突不斷。同時，美國、歐盟、俄羅斯、聯合國制訂了一份「路線圖」(Roadmap) 要解決阿以問題，要在兩年之內在以色列占領地上建立獨立的巴勒斯坦國，巴勒斯坦就得答應不再襲擊以色列。沒多久之後，2004 年 11 月，阿拉法特去世。近半世紀以來巴解的奮鬥，在這裡告一段落，但尚未看到巴勒斯坦真正獨立，而哈馬斯這樣的新興勢力也已經壯大。以色列仍然有美國方面的支持，這並非以色列有多麼團結，而是外在的客觀條件，例如九一一、美伊戰爭，讓以色列在美國對西亞地區的政策之中站上更加重要的

Z)，其中一段是以色列修築高牆抵擋活屍進入，是否將阿拉伯人比喻為活屍一樣需要隔離？或許常人對此幕不以為意，但阿拉伯人必然不太舒暢。

地位。2008 年歐巴馬 (Barack Obama) 在競選時期也曾提到「耶路撒冷是以色列的首都，必須保持統一。」這相當明確地表示歐巴馬對於以色列的支持態度，延續著柯林頓的路線，當選之後也沒有改變。

巴勒斯坦的政局在之後有了明顯的變化，哈馬斯決定參加 2006 年 1 月巴勒斯坦的國會大選，他們打擊法塔赫的理由就是巴解的貪污、腐敗。2004 年 11 月阿拉法特去世之後，指控法塔赫的案件越來越多。最後，2006 年哈馬斯在 132 席議會之中占了 74 席。在超過半數席次之下，哈馬斯得以完全執政，由伊斯瑪儀哈尼亞 (Ismail Haniyeh) 擔任總理。哈馬斯勝選，代表巴勒斯坦將會走上有別於法塔赫的路線。之前阿拉法特的和談路線沒有明顯的成果，而外在的國際情勢卻對以色列越趨有利，只見美國對西亞地區有越來越多控制及武力侵犯，這些對於巴勒斯坦人來說都是無法接受的情況。

另外，2003 年 4 月由俄國、美國、歐盟、聯合國提出的「路線圖」，也就此終結。因為這個路線圖為巴勒斯坦人規劃一個獨立國家，就是要求巴勒斯坦人放棄恐怖主義，以色列就會從加薩走廊與約旦河西岸撤離。對美國、歐盟、俄羅斯、聯合國這所謂「中東和平四方集團」(Quartet on the Middle East) 來說，哈馬斯就是恐怖組織，哈馬斯當選等於巴勒斯坦不會放棄恐怖主義，也不會承認以色列的存在。當然這完全是西方強權的觀點，但外界的觀察立場並不必然要與西方一致，畢竟對於巴勒斯坦人來說，既然巴解沒能解決問題，就有改換政治路線的必要性。西方批判哈馬斯採取恐怖主義路線，但西方與以色列對於巴勒斯坦長期施加壓力，不也是一種恐怖主義？其實哈馬斯並不是完全走強硬路線，有很多社會工作都是哈馬斯主導的，甚至法塔赫政府都沒有這方面的成果。但在主流輿論的批判之下，哈馬斯的努力卻鮮少受到外界注意。哈馬斯在 2006 年之後的作風，其實也與以往有極大的差異，並非一再強調著武裝抗爭。但法塔赫與哈馬斯仍處對立關係，在 2007 年分裂成西岸的法塔赫政府，以及加薩的哈馬斯政府。

三、平衡觀點之建立

最後，國際主流輿論多批判阿拉伯人，也導致多數人對於阿以問題的觀感始終傾向於同情以色列一方，強調他們受到外來侵犯，所以他們的所作所為都是反擊，而不是主動侵略。阿以問題不僅難以解決，還有許多外在的錯誤印象干擾了人們對於事情的理解。美國把持輿論氛圍，所以讓以色列成為世人眼中的阿以問題受害者，人們也就忽略了阿以問題在二十世紀發生的本質了。2006 年 1 月，哈馬斯在國會選舉中勝選，美國輿論批判說這是投錯票。在美國的支持之下，以色列在巴勒斯坦不斷併吞，也不斷切割阿拉伯人的生存空間，占據了許多有價值的土地以及資源，使得阿拉伯人在巴勒斯坦幾乎沒有可以生存的區域。美國學者杭士基 (Noam Chomsky) 說：「無論加薩走廊或是西岸，對於巴勒斯坦人來說都是監獄。」杭士基反而認為哈馬斯遵守了對以色列的停火協議。很多國際輿論上看到的衝突事件，多半是巴勒斯坦人受以色列侵犯後所做的反擊。哈馬斯主張無限期停火、以色列要撤出占領區，才有可能解決兩國的問題。

法塔赫與哈馬斯都努力在對抗以色列，但法塔赫至今也只有自治政府的資格。從 2008 年的電影《檸檬樹》(*Lemon Tree*) 可以看到，許多糾紛還是要接受以色列的判決，巴勒斯坦自治政府很難有所作為。然而，若是巴勒斯坦自治政府太過於「有所作為」，反而會受到以色列更多的打壓。「自治」雖然不是最好的結果，但總是優於一無所獲。因此，儘管從對抗以色列的大方向來看，這也是巴勒斯坦自治政府的目的，但哈馬斯一再與以色列爆發衝突，卻可能更會讓得來不易的緩和狀態又趨於惡化。

在諸多國際新聞的報導中，多提到伊朗資助哈馬斯，等同於

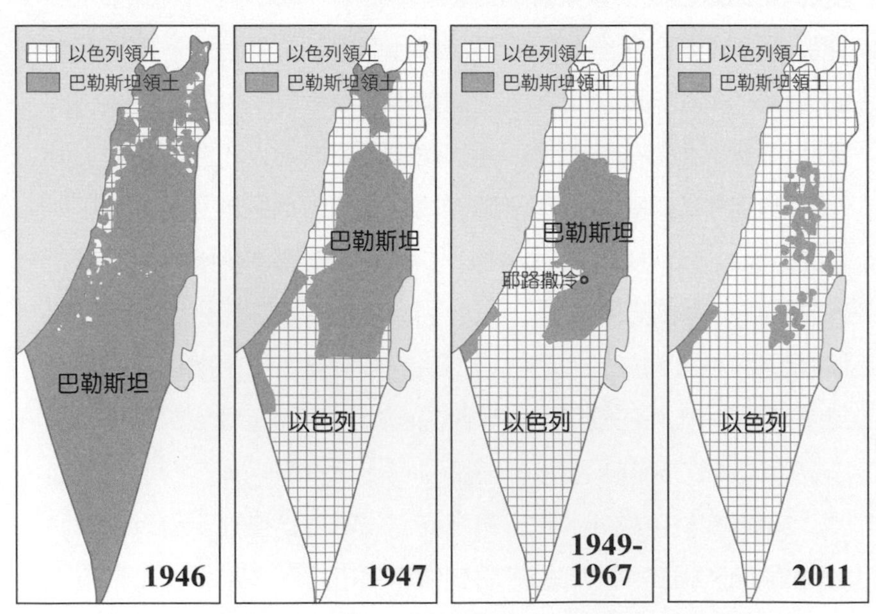

圖 42：半世紀以來的以色列與巴勒斯坦

伊朗煽動「恐怖組織」進行「恐怖行動」。在 1980 年代於黎巴嫩成立的真主黨 (Hezbollah)，為反對以色列的什葉派勢力。如同哈馬斯一樣，諸多資料都指出受到伊朗的支持。其實，這都沒有足夠的證據。即使屬實，國際之間立場相符者，互相支持本就是很一般的情況，沒有批判的必要。問題在於主流國際輿論對於伊朗、哈馬斯、真主黨的立場並不友善，就會將這三者的結合視為「恐怖主義」的串連，但換個角度想，美國肯定也在各地扶植自己認同的勢力，對受侵犯的一方而言，美國的作法也是在煽動「恐怖組織」進行「恐怖主義」。

2015 年美國與歐洲多國與伊朗進行核談判，讓伊朗可以有限度的發展核子計畫，令以色列總理納坦雅胡頗為恐慌與不安，批判那是有史以來最大的錯誤。其實美國並沒有對伊朗釋出什麼樣的善意，核子談判過程之中，美國對伊朗仍然有制裁行動，看似當時美國歐巴馬 (Barack Obama) 政府會改變美伊關係，實則不然。這也看得出來，美伊關係的走向，會讓以色列方面有安全問題的疑慮。伊朗核協議在談判過程之中，美國國會也有很多反對聲浪，甚至揚言不會通過該協議，而且歐巴馬將要卸任，也無法保證這協議能否執行。2016 年年底美國總統大選結束，新任總統川普 (Donald Trump) 的個人言論除了多次引起軒然大波之外，對巴以關係也帶來了新的問題。

2017 年 5 月，美國總統川普與巴勒斯坦自治政府總統阿巴斯 (Mahmoud Abbas) 碰面，後者說願意與美國一起來達成巴以和平。同時，哈馬斯領導人馬夏艾 (Khaled Mashal) 說，不與以色列直接對峙、也會同意 1967 年的聯合國第 242 號決議。此處又可見到 1967 年的聯合國第 242 號決議，50 年前的方案都沒有解決過問題了，今日情況都有所改變時，又怎麼可能有解決的效力？從整個歷史脈絡看來，所謂的阿以和平，只是政治高層的目的而已，不見得能夠符合不同階層民眾的期望，也不見得就可以不受國際趨勢的影響。阿以問題呈現出走一步算一步的情況，長久以來有「一國論」（One-State Solution，即巴勒斯坦包含在以色列境內）與「兩國論」（Two-State Solution，以色列國與巴勒斯坦國）之爭，但也沒有任何定論。結果，12 月川普又帶來新的消息，宣示耶路撒冷為以色列首都。隨後不意外地引起巴勒斯坦人的批判，畢竟在穆斯林的觀念裡，耶路撒冷也是聖地，怎能容許完全由以色列掌控。一旦如此，不僅巴勒斯坦人的地位將會更加邊緣化，阿克薩清真寺肯定也會淪為以色列管轄的部分。但換個角度想，其實川普真的有改變什麼嗎？其實沒有，他只是把每個人都心知肚明的事情講出來而已，不管耶路撒冷有沒有要正式作為以色列的首都，以色列都有掌控權。川普之言，只是在本來就浪潮洶湧的局勢之中，再丟入一顆小石頭罷了。一切看似新的問題，再仔細探討卻發現不過舊瓶裝新酒罷了。

其實從 1990 年代以來，巴勒斯坦對他們與以色列的關係，已經相當重視由國際主流的遊戲規則來定義。只是這樣的作法，卻越來越受這些國際規範的限制，若國際上的各項條件都有利於以色列，巴勒斯坦人就不可能獲益。2018 年 5 月 14 日，以色列建國 70 週年，果不其然巴勒斯坦又有衝突事件發生。對於巴勒斯坦人而言，大家都讚揚以色列這個偉大的小國時，卻沒有人來悼念70年前被殺害、被迫離開家鄉的巴勒斯坦人。大家歡慶以色列的「建國日」，隔天巴勒斯坦人的「災難日」則是少人關注。巴勒斯坦人必然有意要擺脫現狀，但外在環境卻難以符合他們的需求。只能說，各方求個穩定狀態，而且以色列擁有的龐大勢力，巴勒斯坦西岸與加薩是沒有辦法抵抗的。其實以色列國內必然對於巴勒斯坦問題也有不同的聲音，但外在環境對以色列友善，以致於發展機會較佳，甚至以色列的各項發展都令外界相當看好，巴勒斯坦則是完全沒有這樣的優勢。近期很受歡迎的以色列學者哈拉瑞 (Yuval Harari)❺，他的觀點不見得優異，卻可能因為國際間視以色列為多項研究的先鋒，遂成了大師之作。

2018年真主黨取得政治權力，對於以色列來說，這個處於北方的外患竟已成了黎巴嫩的政治核心。此時國際新聞很簡化地將同為廣義什葉派的伊朗政府、伊拉克政府、敘利亞政府、以及黎巴嫩政府視為相同宗教勢力之結合，認為這是什葉派對美國與以色列的威脅。其實宗教並非問題的根源，今日的情況是兩伊與敘、黎政府的反美立場所導致，而以色列為美國在西亞地區的重要伙伴，自然也就感受到壓力。換個角度看，自近現代以來西方對於西亞的壓力從未消逝過，今日以美國為首的西方勢力（包括以色

---

❺ 以色列歷史學者，2014年出版了《人類大歷史》(*Sapiens: A Brief History of Humankind*) 翻譯成多國語言，相當暢銷，其續作2016年《人類大命運》(*Homo Deus: A Brief History of Tomorrow*)、2018年《21世紀的21堂課》(*21 Lessons for the 21st Century*) 也都受到相當大的關注。

列)，對於西亞地區才具有挑戰，而且並沒有減弱的跡象。

杭士基批判了美國在阿以問題上塑造阿拉伯人的負面形象，有遮蔽實情之虞，而以色列歷史學者佩普 (Ilan Pappé) 對於巴勒斯坦問題的研究，也如杭士基一樣希望能夠矯正主流觀點。他在《現代巴勒斯坦史》之中提到了以色列學術界的問題，尤其是以色列在 1948 年建國之後大舉屠殺了巴勒斯坦阿拉伯人，若干學者的研究因為提及這項史實而遭到控訴。另外，也有反對猶太復國主義的學者受到批判。於是，巴勒斯坦史的撰寫就充斥著相當偏向於猶太人為主的民族主義氛圍。佩普強調研究巴勒斯坦歷史要擺脫過於民族主義的角度，以超然且中立的角度來理解歷史，才能夠以更開放的視角來認識巴勒斯坦問題。人們對於現代以色列的歷史，必然得一併理解巴勒斯坦人及阿拉伯國家的觀點，才不至於完全受主流輿論的侷限。

附　錄

大事年表

西元前	
約 1674～1552 年	下埃及的希克索王朝，可能就是猶太人建立的勢力
約 1570 年	〈大風暴石碑〉記載了埃及底比斯法老與希克索人交戰，希克索人離開埃及，即《舊約聖經》雅各前往迦南地的故事原型，是為第一次猶太人出埃及
約 1360 年	埃及法老阿蒙霍特普四世推動一神教觀念，自己改名為易肯那頓，可能為往後猶太人一神信仰的起源
約 1335 年	摩西出埃及，為猶太人第二次出埃及
約 1330 年	《阿瑪那泥板書信》寫道，巴勒斯坦地區有哈比魯人作亂，可能就是指希伯來人，即猶太人
約十四世紀	士師時代開始
約 1006 年	大衛以耶路撒冷為以色列政治中心
970 年	所羅門登基
931 年	古以色列分裂為北以色列與南猶大兩國
722 年	北以色列國亡於亞述
586 年	南猶大國亡於巴比倫
547 年	古伊朗居魯士允許猶太人回到耶路撒冷
約 525 年	伊朗岡比西斯二世先後派遣猶太人設巴薩與所羅巴伯管理耶路撒冷

538 年	大流士允許猶太人回到巴勒斯坦，還有重建聖殿
515 年	耶路撒冷聖殿重建完成
約 458 年	伊朗派遣以斯拉到耶路撒冷，擬定政治合約
約 445 年	伊朗任命猶太人尼希米為猶大省的省長
332 年	馬其頓王亞歷山大在擊敗伊朗之後，兼併了巴勒斯坦
323 年	亞歷山大去世，他的王國陷入分裂局勢，分出埃及的托勒密與敘利亞的塞琉古，巴勒斯坦成為兩王朝勢力爭奪的重要地區
285 年	托勒密開始將猶太經典翻譯成希臘文，即《七十士譯本》
198 年	巴勒斯坦成為塞琉古王朝的領土
167 年	馬提亞反抗塞琉古的統治
166 年	馬提亞之子猶大，外號馬加比，延續抗爭運動，史稱「馬加比起義」，建立了哈斯蒙尼朝代
63 年	羅馬的龐培攻下耶路撒冷，哈斯蒙尼朝受到羅馬控制
48 年	凱撒命猶太人安提帕特兩子：希律主管加利利，而法薩埃爾管理耶路撒冷
37 年	哈斯蒙尼朝正式為羅馬所滅，立猶太人希律為王
27 年	屋大維當上羅馬皇帝，也掌控了耶路撒冷
7 年	耶穌誕生
4 年	希律去世。彌賽亞運動正盛，以希西家作為代表
西元後	
26 年	羅馬派遣彼拉多至耶路撒冷擔任總督
33 年	耶穌釘死於十字架
36 年	安提帕處死施洗者約翰。保羅自稱接受了耶穌的啟示

	與使命
48 年	羅馬士兵在猶太人的逾越節期間做出不雅舉動，導致了嚴重的猶太人暴動
50 年	由耶穌之弟「公義者」雅各召開第一次耶路撒冷大會
57 年	保羅遭到羅馬官員逮捕
62 年	「公義者」雅各遭猶太當權者打死
66 年	猶太人反對羅馬統治，掀起猶太戰爭
67 年	保羅遭到羅馬政府斬首
67 年	猶太將軍約瑟夫淪為羅馬將軍維斯帕先俘虜
69 年	維斯帕先登上羅馬皇帝
70 年	猶太戰爭結束，猶太人勢力遭到擊潰
132 年	科克巴起義，遭到羅馬鎮壓，至此羅馬在巴勒斯坦的統治大致底定
1896 年	赫茨爾出版《猶太國》，推廣猶太復國主義
1897 年	巴塞爾會議召開，為第一屆世界猶太復國主義者的大會
1904 年	赫茨爾去世
1915 年 5 月	先知穆罕默德後裔、哈希姆家族的胡笙有意對抗鄂圖曼帝國，派遣三子費薩爾前往敘利亞，與當地人取得共識，試圖成立廣大的阿拉伯王國，協商內容稱為《大馬士革議定書》
1915 年 7 月	胡笙與英國高級專員麥克馬洪談論阿拉伯人建立王國一事，陸陸續續的通信文件統稱為《胡笙－麥克馬洪通信》
1916 年	英法簽署《賽克斯－皮科協議》，將美索不達米亞劃分

	成英法控制區，今敘利亞一帶為法國勢力範圍，伊拉克與約旦一帶為英國勢力範圍，耶路撒冷由國際共管
1917 年	英國外交部長貝爾福發表《貝爾福宣言》，有意要在巴勒斯坦建立一個猶太民族家園
1919 年	哈希姆家族的費薩爾與猶太復國主義者魏茨曼簽署《費薩爾－魏茨曼協議》，猶太人得以在巴勒斯坦地區建立家園，而猶太人則說服英國人要遵守他們對哈希姆家族的承諾
1920 年	國際聯盟成立，公布委任託管原則
1920 年 3 月	費薩爾在敘利亞登基，主張阿拉伯人領土包括巴勒斯坦、外約旦、黎巴嫩
1920 年 7 月	法國帶著國際聯盟賦予的委任託管權力進軍敘利亞，擊潰費薩爾甫建立的王國
1921 年	在英國協助之下，費薩爾在伊拉克登基，其兄長阿布杜拉在外約旦擔任國王
1922 年	《委任統治書》正式頒布，特別有處理巴勒斯坦地區的條款。巴勒斯坦地區劃分為「巴勒斯坦」與「外約旦」兩地
1922 年	邱吉爾發表白皮書，強調英國無意將巴勒斯坦變成猶太民族家園
1929 年	耶路撒冷猶太代辦處成立，班古里安擔任執行委員會會長，而且主張為巴勒斯坦勞工利益謀福利
1929 年 8 月	哭牆事件，阿拉伯人與猶太人都以哭牆為神聖之地，因舉辦紀念活動而爆發衝突
1930 年 1 月	以色列的工黨成立，由班古里安領導

1930 年 10 月	英國發表《帕斯菲爾德白皮書》，希望猶太人對於建國一事讓步
1936 年 4 月	阿拉伯穆夫提阿明侯賽尼宣布巴勒斯坦罷工，向英國要求禁止猶太人繼續向巴勒斯坦移民、結束委任託管，英國拒絕之後，罷工就成為了抗爭運動
1939 年 5 月	英國再次發表白皮書，強調將巴勒斯坦變成猶太國家並非既有政策，也不是原本對阿拉伯人的保證，更不是委任統治的目的。基本的意思就是不會支持一個猶太國家建立
1945 年	阿拉伯國家聯盟建立，參與國家有伊拉克、約旦、埃及、敘利亞、沙烏地阿拉伯、黎巴嫩
1946 年 7 月	猶太復國主義者比京主導大衛王飯店爆炸案
1946 年 12 月	美國猶太復國主義者主張要在巴勒斯坦建立猶太共和國。猶太復國主義大會原本由魏茨曼主導，與英國合作進行建國行動，此時班古里安勢力興起，逐漸地美國成為猶太人建國的合作對象
1947 年 2 月	英國將巴勒斯坦問題交給了聯合國
1947 年 11 月	聯合國通過分治方案，即第 181 號決議，巴勒斯坦應有一個猶太國與一個阿拉伯國
1948 年 5 月	以色列建國，班古里安擔任第一任總理。英國結束在西亞地區的委任統治，阿拉伯國家聯盟進攻以色列
1948 年 9 月	埃及宣布在加薩建立「全巴勒斯坦阿拉伯政府」
1949 年	阿拉伯國家與以色列簽署停戰協定
1949 年 12 月	以色列總理班古里安宣布耶路撒冷為首都
1950 年 2 月	約旦與以色列簽署和平條約，約旦併吞約旦河以西的

	部分，但約旦因為與以色列和談而遭到阿盟開除成員資格
1952 年	埃及革命之後，成為反對英國、帝國主義的國家
1956 年	蘇伊士運河戰爭爆發，埃及總統納賽爾封鎖以色列港口，隨後與敘利亞出兵攻打以色列
1959 年	阿拉法特成立「巴勒斯坦民族解放運動」，其名稱的字母縮寫相反排列成為「法塔赫」，主張武裝暴力行動對付以色列
1964 年	「巴勒斯坦解放組織」成立，簡稱巴解。《巴勒斯坦民族憲章》表明巴勒斯坦是巴勒斯坦阿拉伯人的家園，當地阿拉伯人擁有合法權力，拒絕接受《貝爾福宣言》與 1947 年聯合國分治方案
1967 年 6 月	以色列對阿拉伯國家發動攻擊，稱為「六日戰爭」，占領了約旦河以西的領土，也占領戈蘭高地，以及西奈半島。以色列也沿著蘇伊士運河建立了「巴列夫防線」
1967 年 9 月	聯合國第 242 號決議，呼籲以色列撤離占領區，以求阿以之間的和平
1970 年	因巴解炸毀美國班機、挾持人質，約旦政府鎮壓巴解，稱為「黑九月事件」。最後，巴解轉進黎巴嫩
1972 年	「黑九月」組織在慕尼黑奧運期間，綁架以色列選手，要求以色列政府釋放遭逮捕的巴勒斯坦人。此後以色列政府動用情報人員殺害「黑九月」組織成員
1973 年 10 月	埃及又聯合敘利亞對以色列發動突擊行動，阿以戰爭再度爆發，此次戰役以色列稱為「贖罪日戰爭」，阿拉伯人則稱「齋戒月戰爭」

1973 年 10 月	聯合國第 338 號決議，要求阿以停火，以第 242 號決議為解決紛爭之基礎
1974 年	拉賓當選以色列總理
1977 年 6 月	利庫德集團在國會選舉中勝選，比京擔任以色列總理，主張「大以色列」路線
1977 年 11 月	埃及總統沙達特出訪耶路撒冷，也在以色列國會發表演說
1978 年 9 月	埃及總統沙達特與以色列總理比京簽署《大衛營協議》，隨後兩人共同獲得諾貝爾和平獎
1981 年	沙達特遭到暗殺死亡
1982 年	以色列出兵黎巴嫩以打擊巴解
1987 年	約旦河西岸與加薩的巴勒斯坦人發起反抗以色列的起義。哈馬斯成立，進行武裝攻擊行動
1988 年 11 月	阿拉法特發表巴勒斯坦的獨立宣言
1988 年 11 月	利庫德勝選
1989 年	以色列將西奈半島歸還埃及
1990 年	伊拉克攻打科威特，掀起波斯灣戰爭，同時也攻打以色列
1991 年	馬德里和會召開，阿拉伯國家與以色列首次共同談判，巴解也出席會議
1992 年	工黨在大選中獲勝，拉賓擔任總理
1993 年	以色列拉賓與巴解阿拉法特簽署《奧斯陸協議》，隨後在華盛頓發表《原則宣言》
1994 年 5 月	阿拉法特在加薩建立巴勒斯坦自治政府
1995 年	拉賓遭到暗殺身亡

1996 年	利庫德集團勝選，納坦雅胡出任以色列總理，高喊「安全的和平」
2000 年	阿以在大衛營談判不成。以色列外交部長夏隆出訪穆斯林的阿克薩清真寺，造成巴勒斯坦人繼 1987 年以來的第二度起義，另稱「阿克薩大起義」
2003 年	以色列在約旦河西岸興建隔離設施，妨礙了巴勒斯坦人進出西岸的自由
2004 年	阿拉法特去世
2006 年	哈馬斯在巴勒斯坦國會中勝選
2007 年	巴勒斯坦自治政府，分成西岸的法塔赫政府以及加薩的哈馬斯政府
2008 年	納坦雅胡再度當選以色列總理
2014 年 7 月	以色列與哈馬斯爆發衝突，8 月才達成停火協議
2017 年 5 月	哈馬斯表態遵照聯合國第 242 號決議，不再主張消滅以色列，但也不會停止對以色列的敵意；美國總統川普 (Donald Trump) 與巴勒斯坦自治政府主席阿巴斯 (Mahmoud Abbas) 對談，川普將協助巴以和平
2017 年 10 月	哈馬斯宣布與法塔赫和解
2017 年 12 月	美國總統川普承認耶路撒冷為以色列首都
2018 年 5 月	美國將駐以色列大使館從特拉維夫遷至耶路撒冷

參考書目

1. 國際關係研究所，《中東問題文件匯編：1945–1958》，北京：世界知識出版社，1958。
2. 喬治冷佐斯基著，王兆荃譯，《世界局勢中之中東》，臺北：臺灣商務印書館，1970。
3. 布賴特著，蕭維元譯，《以色列史》，香港：基督教文藝出版社，1972。
4. 阿巴埃班著，閻瑞松譯，《猶太史》，北京：中國社會科學出版社，1986。
5. 劉竟、張士智、朱莉著，《蘇聯中東關係史》，北京：中國社會科學出版社，1987。
6. 弗洛伊德著，李展開譯，《摩西與一神教》，北京：三聯書店，1988。
7. 西奧多赫茨爾著，肖憲譯，《猶太國》，北京：商務印書館，1993。
8. 張士智、趙慧杰著，《美國中東關係史》，北京：中國社會科學出版社，1993。
9. 吳釗燮，《中東的戰爭與和平：衝突降低與爭端解決》，臺北：志一出版社，1996。
10. 艾瑞克霍布斯邦著，李金梅譯，《民族與民族主義》，臺北：麥田出版社，1997。
11. 楊灝城、江淳，《納賽爾和薩達特時代的埃及》，北京：商務印書館，1997。

12.塞西爾羅斯著，黃福武與王麗麗譯，《簡明猶太民族史》，濟南：山東大學出版社，2000。

13.加利格林伯格著，祝東力、秦喜清譯，《聖經之謎：摩西出埃及與猶太人的起源》，北京：光明日報出版社，2001。

14.莊新泉，《美索不達米亞與聖經：從亞伯拉罕到亞歷山大》，臺北：基督橄欖文化，2001。

15. Elizabeth Clare Prophet 著，梁永安譯，《耶穌行蹤成謎的歲月：追尋耶穌失蹤的十七年》，臺北：立緒文化，2001。

16.蒲慕州，《法老的國度：古埃及文化史》，臺北：麥田出版社，2001。

17.周煦，《冷戰後美國的中東政策 (1989–2000)》，臺北：五南圖書出版公司，2001。

18.拉爾夫伊利斯著，李旭大譯，《耶穌——最後的法老》，臺北：波希米亞文化出版公司，2004。

19.拉爾夫伊利斯著，鄭瑋、李旭大譯，《大風暴與出埃及》，臺北：波希米亞文化出版公司，2004。

20.杭士基著，李振昌譯，《海盜與皇帝：真實世界中的新舊國際恐怖主義》，臺北：立緒文化，2004。

21.約瑟福斯著，王麗麗等譯，《猶太戰爭》，山東：山東大學出版社，2007。

22.保羅梅爾編譯，王志勇中譯，《約瑟夫著作精選》，臺北：聖經資源中心，2008。

23.詹姆斯泰伯著，薛絢譯，《耶穌的真實王朝》，臺北：大塊文化，2008。

24.陳天社，《埃及對外關係研究 (1970–2000)》，北京：中國社會科學出版社，2008。

25.優西比烏著，瞿旭彤譯，《教會史》，北京：三聯書店，2009。
26.李雅明，《出埃及：歷史還是神話？》，臺北：五南圖書出版公司，2010。
27.艾蘭佩普著，王健、秦穎、羅銳譯，《現代巴勒斯坦史》，上海：上海人民出版社，2010。
28.沙亞科亨著，鄭陽譯，《古典時代猶太教導論》，北京：中國社會科學出版社，2012。
29.施羅莫桑德著，王崇興、張蓉譯，《虛構的猶太民族》，上海：上海三聯書店，2012。
30.冀開運，《伊朗與伊斯蘭世界關係研究》，北京：時事出版社，2012。
31.維克多切利科夫著，石敏敏譯，《希臘化文明與猶太人》，上海：上海三聯書店，2012。
32.拉加薛哈德著，馬永波、楊于軍譯，《漫步巴勒斯坦——消逝中的風景》，臺北：書林出版有限公司，2012。
33.約瑟夫，《猶太古史記》，臺中：信心聖經神學院，2013。
34.賽門蒙提費歐里著，黃煜文譯，《耶路撒冷三千年》，臺北：究竟出版社，2013。
35.塔博著，黃中憲譯，《保羅與耶穌》，臺北：貓頭鷹出版社，2014。
36.雷薩阿斯蘭著，黃煜文譯，《革命份子耶穌：重返拿撒勒人耶穌的生平與時代》，臺北：衛城出版，2014。
37.多爾戈爾德著，王育偉與關媛譯，《耶路撒冷：伊斯蘭激進派、西方及聖城的未來》，北京：世界知識出版社，2014。
38.諾亞弗洛格、馬丁薛伯樂著，王瑜君、王榮輝譯，《認識以色列人與巴勒斯坦人從古到今的紛爭》，臺北：商周出版，2015。
39.亞榮布列格曼著，林書嬿譯，《被詛咒的勝利：以色列佔領區中的離散與衝突》，臺北：聯經出版社，2015。

40. 約瑟夫斯著，楊之涵譯，《駁希臘人》，上海：華東師範大學出版社，2016。

41. 王三義，《英國在中東的委任統治研究》，北京：世界知識出版社，2008。

42. Cohen, Michael J. *Palestine: Retreat from the Mandate: The Making of British Policy, 1936–45*, New York: Holmes & Meier Publishers, 1978.

43. Smith, Pamela Ann. *Palestine and the Palestinians 1876–1983*, London & Sydney: Croom Helm, 1984.

44. Smith, Charles D. *Palestine and the Arab-Israeli Conflict: A History with Documents*, Boston: Bedford/St. Martin's, 2010.

45. Harms, Gregory with Ferry, Todd M. *The Palestine-Israel Conflict: A Basic Introduction*, London: Pluto Press, 2012.

46. Lukacs, Yehuda. *The Israeli-Palestinian Conflict: A Documentary Record, 1967–1990*, Cambridge: Cambridge University, 1992.

47. Ilan Pappé, *The Making of the Arab–Israeli Conflict 1947–1951*, London and New York: I. B. Tauris, 2015.

圖片出處：18: shutterstock; 25: depositphotos; 27: Bundesarchiv, Bild 146–1987–004–09A/Heinrich Hoffmann/CC–BY–SA 3.0; 34: Government Press Office (Israel); 35: Photo by Remy Steinegger; 36: AP Photo; 37: ITAR–TASS Photo Agency/Alamy Stock Photo; 38: Ali Kaveh; 39 、 40: Vince Musi/The White House; 41: Shutterstock

國別史叢書

俄羅斯史——謎樣的國度

俄羅斯為何有能力以第三羅馬自居？俄羅斯為何得以成為世界上領土最大的國家，在二十世紀後半期與西方的山姆大叔分庭抗禮？且看此書為您盡數這隻北方大熊的成長與奮鬥。

波蘭史——譜寫悲壯樂章的民族

十八世紀後期波蘭被強鄰三度瓜分，波蘭之所以能復國，正顯示波蘭文化自強不息的生命力。二十世紀「團結工會」推動波蘭和平改革，又為東歐國家民主化揭開序幕。波蘭的發展與歐洲歷史緊密相連，欲了解歐洲，應先對波蘭有所認識。